学前教育家文库

黄人颂文集

凤凰出版传媒集团
江蘇教育出版社
JIANGSU EDUCATION PUBLISHING HOUSE

目录

总 序

我国学前教育理论与实践的研究，始于20世纪初期的南京高等师范学校（南京师范大学的前身）。从南京高等师范学校到南京师范大学，在将近一百年的时间中，经过几代学前教育学人绵延不断的探索、传承、弘扬和发展，成就与积累了极为丰硕的学术成果，形成了我国学前教育学术宝库中一份十分珍贵的财富。为了使后继者得以在前人已有成就的基础上继续前进，为学前教育学术发展搭建一个历史平台，南京师范大学学前教育专业与江苏教育出版社决定联手出版《学前教育家文库》。

早在20世纪20年代，时任南京高等师范学校教务主任的陶行知先生创建了教育科，并任首届主任，就在这里开始了近代中国学前教育的奠基工作。陈鹤琴先生在这里开始了儿童心理、家庭教育、幼稚教育的研究与教学工作，创办了我国第一个幼教实验中心——南京鼓楼幼稚园；陶行知和陈鹤琴的学生张宗麟先生首先自愿成为陈鹤琴研究幼教的合作伙伴，在鼓楼幼稚园进行了课程、设备、故事、读法等项研究，后又成为陶行知在南京郊区开辟农村幼教基地的得力助手，陈鹤琴也曾被晓庄乡村试验学校聘为幼稚师范院院长。他们的论著如：《儿童心理之研究》《家庭教育》《幼稚教育概论》《幼稚园的演变史》《幼稚教育论文集》（一、二两册）等书，在幼教界影响深远。他们是中国化、大众化、科学化幼教道路的开拓者和领路人。他们作为先行者的实践业绩和理论建树，其影响一直延伸至今。

新中国建立后，经 1952 年院系调整，由南京大学、金陵大学、上海震旦大学、广东岭南大学等相关系科组合，在南京师范大学建立了当时全国惟一的幼儿教育系，陈鹤琴先生被国务院任命为南京师范学院的首任院长。陈鹤琴在幼教系亲自教授儿童心理学、教育史等课程，还设置了儿童教育研究室和儿童教玩具研究室及玩具工厂，开创了教学、研究、生产三结合的体制，并建立了南师附属幼儿园——附属幼儿师范学校——幼儿教育系的三级完整的幼教体系。在陈鹤琴先生的带领下，南师幼教系的老师们还分别深入各种类型幼儿园进行各科教学、玩教具、游戏、设备、营养、混龄教育等项研究，与幼儿园建立了鱼水关系。陈鹤琴所倡导的热爱儿童、热爱幼教的奉献精神，中西融通、不断探索的创新精神，理论和实际紧密结合的务实精神，深深地影响着一代又一代的南师学前教育学人，这种奉献、创新、务实的精神已蔚然成风，逐步形成为南京师范大学幼教人的传统风格。

改革开放后，南京师范大学学前教育专业进入了历史性突破的新时期。20 世纪 70 年代末，为促进全国幼教事业的复兴，南京师范大学学前教育专业肩负起筹备全国幼教研究会的重任，在南京召开了成立大会和第一届学术年会；80 年代初，南京师范大学学前教育专业首批执行教育部和联合国儿童基金会幼教师资培养的合作项目；80 年代末，承办了我国第一次幼教国际会议；90 年代初，被国务院学位委员会批准设立了我国首个幼儿教育学科博士点；本世纪初，被教育部确定为首个国家级学前教育重点学科。南京师范大学学前教育专业已成为当代我国学前教育领域中的先导和中坚。

近三十年来，南京师大学前教育专业以不断拓展理论视野和深入幼教实践来提高队伍素质、完善课程建设为根本方针。在教学方面：努力加强学前教育学、儿童心理学、儿童教育哲学等基础理论课，逐步增设了学前教育史、学前教育研究方法、学前课程论、儿童游戏论等科目，将幼儿园各科教学法改造成学科教育学。20 世纪 80 年代中期承担了多项全国高校“七五”规划教材编写项目，由人民教育出版社出版了《学前教育学》及《学前教育学参考资料》，《中国学前教育史》及《中国学前教育史资料选》《学前儿童发展与教育科学研究方法》《学前儿童语言教育》《学前儿童音乐教育》《学前儿童美术教育》《幼儿科学教育》《学前儿童数学教育》《儿童营养学》等教材，填补了高师学前教育专业课教材的空白。在硕士和博士学位点的建设方面，设有学前教育基本理论、学前教育课程论、学前审美教育、学前科学教育、学前语言教育、学前道德启蒙、幼儿社会性发展、学前健康教育等专业方向。在科学研究方面：20 世纪 80 年代初，率先进行幼儿园综合教育的研究，由此拉开全国幼儿园课程改革的序幕；承担了全国教育科学“七五”规划重点项目“农村幼儿教育研究”，“八五”规划重点项目“学前儿童艺术综合教育”、“幼儿道德启蒙教育”，“九五”规划重点项目“我国幼儿园课程体系的研究”、“学前儿童审美教育”、“幼儿园师幼互动的研究”等。此外，本专业教师还在健康、语言、社会、科学、数学、音乐、美术、游戏等教育研究领域自主开展研究。所有研究不但为本学科的发展奠定了坚实的基础，也在全国产生了较好的影响。出版了《农村学前一年综合教育课程设计》《学前儿童艺术综合教育》《幼儿道德启蒙的理论与实践》《师幼互动行为研究》《幼儿审美教育学》《儿童教育新论》《儿童精神哲学》《幼儿园课程指导丛书》《幼儿园课程实施指导丛书》《幼儿园课程研究论文集萃》《托儿综合教育课程》等书。近年来，还重视与国内外同行的合作研究，多次举办国际、国内学术研讨会，在刊物上开展学术思想争鸣。总之，南京师范大学学前教育学人的研究覆盖了学前儿童的生理与心理、正常儿童与特殊儿童、托儿所与幼儿园、教学与游戏、分科教学与综合教学、城市与农村、正规与非正规保教形式，涉及幼儿教育系统工程的方方面面。他们的研究成果不仅有利于自身教育质量的提高、师资队伍的专业成长，也促进了全国幼教界教育改革的步伐，为建设有中国特色的幼教事业作出了重要贡献。

这次出版的《学前教育家文库》共11卷，包括：陶行知、陈鹤琴、方观容、黄人颂、赵寄石、汪爱丽、卢乐珍、屠美如、王志明、张慧和、唐淑11位教授、专家的个人专卷。用以彰显他们的开拓创新和求真务实精神，供人们分享他们的丰硕成果，以期薪火传承，发扬光大！在这里我深深祝愿本文库的出版将促进我国学前教育学术更加繁荣、事业更加兴旺！

鲁　洁

2005年10月

序　一

我认识黄人颂教授是在 1993 年 11 月，那时黄教授刚从美国中心密歇根大学任访问教授数年后归国，受华东师范大学时任校长邀请，到教育系作专题演讲。作为当年教育系的一名行政人员，我安排了黄教授的整个行程和工作。

在见到黄人颂教授以前，我对这个名字已经十分熟悉，原因很简单，大凡从事学前教育工作的人，都学习过学前教育学一类的学科，而我国学前教育界最为熟悉的著作之一，就是由黄教授主编，由人民教育出版社出版的《学前教育学》以及与之配套的《学前教育学参考资料》。我自开始从事学前教育的教学和研究起，就拜读黄教授主编的那本《学前教育学》，并一直将她的这本著作选作学生必读的参考书。据我所知，《学前教育学》自 1989 年初版，迄今还在印刷，在十七八年中销量达十五万余册，可以说，在我国学前教育领域内，很少出现过如此富有影响力的类似著作。

黄教授在我校讲学期间，我和她朝夕相处了短短一旬。迄今，当时的情景依然历历在目。作为我国一名资深的学前教育学者，黄教授治学严谨、博学多识，她的精神、她的态度，深深地打动了华东师范大学教育系的教师和学生。作为我国一个已有相当名望的长者，黄教授谦虚谨慎、一丝不苟，她的风范、她的气度，让我们后辈为之折服。届时，黄教授尚未洗尽从异国他乡归来的倦意，却不辞辛苦，悉心准备，将她在访美数年中获取的资料和自己的心得体会毫无保留地贡献给了听众，给每个人留下了至深的印象。

我浏览了黄教授的各种著述，包括她为学科建设写下的论文和著作、她的实验研究报告、她的译文译著，以及她的专题讲座文稿等等，字里行间，充满了黄教授对学前教育事业的满腔热情，反映了黄教授对学前教育学术的真知灼见，渗透着黄教授一生奉献于学前教育的执着精神。将黄教授的这些文稿贯通一体，细细读来，似乎能让人感悟到新中国学前教育事业发展的一丝轨迹，也似乎能让人回味到老一辈学前教育人的高风亮节。黄教授曾在数个高校工作过，自1956年起，一直在对我国学前教育有重要影响的高校——南京师范大学工作，黄教授为学科建设所作的贡献是有目共睹的。

我曾数次到南京师范大学黄教授的寓所拜访过她，让我感动的是，黄教授过着十分简朴的生活，而且满足于这种简朴的生活。我之所以为此感动，并非只是黄教授的生活方式本身，我看到过很多学界名人同样如此；是因为她对别人的奉献，而且这种奉献是不求回报的。黄教授曾将她省吃俭用的节余捐给学生，资助他们的学业，激励他们努力学习、不断向上。

今天，我看到了《黄人颂文集》即将付印，为之感到高兴。作为黄教授这一代人的后辈，我觉得中国学前教育事业之所以有这样的发展，其原因之一，是有黄教授这样一批学人为之做出了一生的努力，他们的工作值得让人们知道、学习和继承。

朱家雄

2006年7月

序 二

《黄人颂文集》是这位跨世纪的老人在五十多年漫长的幼教生涯中辛勤耕耘、长期积累的硕果，是她不断探索、实践、研究、思考的学术珍品。它凝聚了黄老师毕生的心血，是学前教育理论的宝贵财富。作为她的学生，我为之高兴，为之庆贺！

早在20世纪50年代，祖国的各项建设和幼教事业正在兴起，刚过而立之年的黄老师借鉴苏联的幼教理论，结合我国当时的幼教状况和她的实践经验，编写了《幼儿教育的理论和实践》，由江苏人民出版社于1954年出版。这是黄老师的第一本专业著作，该书阐明了向幼儿进行体、智、德、美全面发展教育的任务、内容和方法等。对于在专业书籍稀少时期，仅靠记笔记学习的学生和幼教工作者，这本书好似祈望的"及时雨"，适时地传播了幼儿教育的新思想。

十一届三中全会后，幼教界迎来了绚丽的春天。经历了一二十年风风雨雨的黄老师，以轻松的步伐、饱满的精神投入到学前专业的教学和科研中。她招收了我们专业第一个学前教育基础理论硕士研究生，更承担了国家"七五"计划中高师重点教材《学前教育学》的主编重任。

在黄老师的幼教历程中，她还长期从事幼教的实验研究，对幼儿游戏更是情有独钟。黄老师在研究游戏过程中所取得的第一手经验、新见解、新思想丰富了儿童游戏理论，唤起幼教工作者树立"重视儿童游戏的价值，给孩子们有个快乐的童年"的理念。

我与敬爱的黄老师相处四十多年，由不知到相知。在我的心目中，她是一位积极进取、勤奋好学、不事张扬、默默奉献的学者。无论是力争去北京师范大学听取苏联专家讲学，还是赴美国访问、考察；无论是编写教材，还是教学、科研，放在首位的始终是学习。即便年老体弱，她还在学习中外文资料。正如她所说："学然后知不足，只有专注勤奋，才能在知识的海洋中遨游。"她的一生就是不断学习，不断探索，不断追求新知，学无止境的一生。

她更是一位严谨治学，执著于幼教事业，热爱祖国、热爱儿童的幼儿教育家。无论是走在平坦的道路上，还是遇到不测风浪，只要事业需要，她都会认真、专心致志地投入，遇到困难仍会坚持，从不气馁，永不放弃。

她还是一位平和待人、关爱晚辈的长者和朋友。我们相处多年，她总是以平静的姿态和语言交流思想、讨论问题，既不训人，也不红脸；她经常关心我的专业学习、事业进步和身体健康。最难忘的是她在美国访问时，还为我联系参加一个专业学术会议；在我生病休养期间，80 岁高龄的黄老师还来探望我，让我感激不尽。

黄老师的这本文集展示了她广博的学前教育的知识和经验，也反映了她为幼教奋斗不懈的一生。我不仅要学习文集中的专业知识，更要学习她积极进取、勤奋好学、实事求是、严谨治学的风格和执著于祖国幼教事业的可贵精神！

王志明

2006 年 8 月

作者的话

这本文集收集了我自新中国建立到21世纪的一些文稿,其内容包括学科建设、实验研究、专题文选与讲座及其他四部分,以学科建设与实验研究为其中重点。这些作品反映出我在学前教育领域里学习与研究的一些印迹。

整理旧作的过程中我回顾了在幼教事业中经历的路程,个人的成长离不开国家、社会的培养,同时也受着老师和前辈直接教育和引导的影响。感谢金陵大学的老师陈文僊博士,她乐观的、不畏艰辛的创业精神一直鼓励着我;感谢幼教前辈陈鹤琴院长,1951年,当时的我只是一名慕名求教的幼儿园工作人员,陈老以对事业的热爱,介绍我去北师大跟随苏联幼教专家学习,以后又鼓励我写文章发表,引导我走上不断学习、研究的道路。1978年在一次会议上还遇到陈老,又听到他关于"一砖一瓦"(意即一块砖、一片瓦也可能有用处)的发言,直至今日印象仍很深刻。面对这些旧作,还应该感谢幼儿园老师们的协作,特别是朱仲芬、樊维斌、葛绍耕、张敏和曾宝宜、彭寒岫、间柄东等长期协作的老师们;也感谢我的家人对我的呵护和支持,家庭是人生的港湾。

在整理旧作时遇到的最大难题是内容的取舍,删减最多的是已经出版成册的部分，保留了一部分尚未发表过的内容。我曾希望能对旧作进行检查、修改，随着岁月的蹉跎，也未能做到。如有不妥之处，请读者多指正。

黄人颂

2006 年 12 月

第一篇

学科建设

改进教学工作的一点经验

自新儿童教育的理论逐渐推广到各地，并正式提出废除单元制教学后，怎样改进教学工作成为幼稚园教育工作中的一个主要问题。常听见大家问道："废除单元制教学后怎样教学？""教员怎样做每天的工作计划？"要回答这些问题，首先要了解新儿童教育的工作，不是单纯从形式上废除单元制教学，采用教学计划，而是在事实上有着基本的不同；新的儿童教育的基础建筑在国家政治上，要培养一代健康、乐观、爱劳动、爱祖国、彻底为共产主义奋斗的新人物，在儿童整个生活里，求得体、智、德、美四育的全面发展。所以怎样改进教学工作，主要应在学习新幼稚园教育的基本理论的基础上，结合具体情况，在工作中实验改进。做每日教学计划只是其中的一项工作方式。下面是在一个托儿所中初步改进工作的实验计划，做得不够完全，现在提出以供同工者研究和指正。

南京市托儿所是所有 100 名儿童日夜全托的托儿所，儿童年龄由二足岁至七岁，分为第一、二、三、四 4 个组。开办两年不到，采用单元制教学。目前有教师 2 人，保育员 25 人，由于人员中请病产假的较多，儿童疾病的护理及设备条件不够，在实际工作中存在一些困难，在工作改进上也是很式微。现在分两部分来谈。

一、实施经过

"教育者必须先受教育。"要改进工作，实施全面发展的新儿童教育，首先要唤起同志们学习的热情。我在 7 月中旬作了一次报告，说明新旧教育的不同点、北京实验托儿所的工作，及今后的工作方向，并在详细说明了改进工作的意义，然后和大家一起拟订实施计划。兹述于后。

（一）结束并整理过去教学工作

在今年1月中，初步拟定各组的课程标准和进度及本期的单元与教学大纲。为整理本期教学工作，故在7月6日暂停教学活动10日，以5天时间总结本期工作及整理教材。从这些工作中，使教师体会到单元制教学的割裂和没有系统，为新工作学习做准备。

（二）进行短期重点业务学习

自7月26至31日，教师两人、助教两人参加突击式学习，以在最短时间内初步了解新教育的概要和精神。（其中助教两人因班上工作忙，未能正式参加）学习的方式是先做好学习的计划，规定时间，进行下列学习步骤：粗读、辅导学习人报告学习提纲、细读、做笔记，联系实际工作提问题、讨论问题。关于学习内容，主要学习材料为《幼稚园教养员工作指南》、《幼稚园暂行规程（草案）》，及《幼稚园暂行教学纲要（草案）》，在这些材料中，提出重点学习大纲：

1. 教育目标

保证儿童身心健全发展；训练儿童感官，发展智力；培养“五爱”道德及优良品质；培养儿童艺术兴趣与爱美观念。

2. 保教方针

保教合一，教养员对本班儿童全面负责；教材尽量利用环境与实物，并以多种多样的方法，便于儿童发展兴趣；必修作业与自由作业适当的配合；贯彻集体主义教育，在集体中并注意发展个性；密切联系家长。

3. 教学原则

注意儿童活动的积极性与兴趣性，教材教法的顺序性，重视自觉的原则、复习的原则，并注意儿童个别的差异。

4. 儿童发展特点

按照小、中、大三班儿童发展的特点和实际相联系。

5. 幼稚园必修作业的项目时间分配及内容

必修作业的项目分为：体育、语言、认识环境、图画、手工、音乐及计算等七项。时间分配：大班每日3节，每节30至45分钟，中班每日

2节，每节20分钟，小班1节，15分钟。重点学习体育、游戏及认识环境三项教学内容。

6. 教养员做每日工作计划的方法

在这突击式的学习中，使教员了解新教育大纲的轮廓和方向，缺点是辅导学习的同志，未能抓紧，各项学习材料没能事前提出完整大纲。

(三) 工作制度的改进

过去保教人员工作时间最少9小时，为了加强工作人员学习，及有计划、有目的地工作，提高工作效率，希望能将工作时间改为"三八"制。根据目前具体条件，先以第四组为典型实验，第四组五岁至六岁儿童24人，教师1人，从保育员中培养助教1人、保育员2人。工作时间分上下午班，上午班教员1人，保育员1人。教员工作时间为6点半至14点半，保育员时间为5点半至12点，(儿童6点半起身，第四组夜班由第三组兼)，下午16点至17点半；下午班助教一人，保育员一人。助教时间：12点至19点，保育员时间自12点半至21点。学习时间分别为上下午，为2小时。休假为星期六星期日各半日。同时由教员及助教每日中午共同做每日工作计划，业务方面有系统地学习《幼稚园教养员指南》。在第四组实验两周后，所得收获如下：① 因为教员工作有计划、有准备，儿童生活内容丰富、变化多，和实际生活接触多，而扩大了眼界；因为教员是有计划地领导，注意力集中，所以孩子的纪律和组织有显著的进步，教员和助教参加儿童一切生活活动，紧密地执行了保教合一。② 工作人员工作能有条理，较紧凑，学习时间增多，在工作中随时提高政治与业务，增加工作的热情。根据实验，制度本身对工作与学习都有改进，可是目前因工作人员病产假有8人之多，暂时无法施行。

(四) 改进儿童生活日程和内容

过去儿童的课程活动和自由活动每天都是相同的，连小班儿童也能说出，音乐后是故事，故事后就到户外玩。现在根据新的标准，制订每周各项必修作业的次数与时间，譬如今天上午必修作业是计算，明天是体育；并增加儿童游戏、散步、参观等各项活动，例如到饼干工厂、火车站、百货公司，看马路上傍晚的灯火等，扩大了儿童眼界，并丰富了生活内容。在所内设立了动物园，由各组分别饲养鸽、鸡、鸭、鹅、兔和羊等，各组种有盆花，孩子们经常参加阿姨们的种植活动，这些活动给整个托儿所增加了蓬勃活跃的气象。

从初步改进工作中，我们体会到新儿童教育的理论和苏联的先进经验是我们学习的方向，但是还要从实际工作中求出自己的经验，才能逐步提高和完成幼儿教育这一阶段的任务。在实施中，领导要抓得紧，具体指导工作和检查工作，大家多学习、多讨论，并且要做好总结，这些我们都没有很好地做到。

二、学习做工作计划

根据以前所谈的，我们在学习和工作实施中做了一些工作计划的准备，就是首先对新教育的目标、方针、进行方式和教育内容有了概念。因为我们学习不够，整个托儿所不能制订全年工作计划，而只能暂订每月工作计划，如 8 月份增加儿童游戏和体育活动，以锻炼儿童身体；配合本所 9 月两周年纪念日，举行体育表演会；散步时注意夏日花草植物的成长，并饲养动物种植植物。9 月份，认识附近社会环境，到工厂、商店、车站参观，熟悉劳动人民的生活；注意儿童卫生习惯的培养。10 月份，结合国庆纪念日，通过讨论、看书、看电影及参观成人大游行，培养儿童对节日的概念和爱祖国、爱人民的情感，在游戏和图画中启发儿童表现这些丰富的印象。在教员每日工作计划里要能体现每月的计划，然后参照《幼稚园暂行教学纲要（草案）》，了解一年中各项作业进行标准，根据本组儿童一般的水平和个别的情况，再订出每日工作具体计划。关于怎样做工作计划，分四项步骤说明：

1. 每日工作计划的内容

教员每日工作计划的内容包括儿童每日整个生活的内容，体、智、德、美四育全面发展教育的实施，所以不仅是必修作业，一切生活细节包括游戏和散步都必须在计划内。分别说来有必修作业、游戏、散步-观察、生活事项、值日工作、儿童自己做所能做的事、早操、个别儿童教育及家长联系工作等项。

2. 步骤和方法

教员每日工作计划，是一次写好一周至两周的工作计划。但在刚开始做时，是比较困难的，所以先试做一天的计划。规定每日12点半至14点，各组的教员和助教两人，共同做明日计划。参考《幼稚园教养员工作指南》，根据每日工作计划、实际环境、儿童的水平，先选择教材，写在草稿上，然后把教材分配在各项活动中。如要了解铁路是用什么筑成的，放在散步的项目下面；训练儿童掷球和接球的能力，放在必修作业的项目下面，下一次也可以用游戏的方式进行。写计划的时候，最初要写得很详细，必修作业应写明目的、准备和过程，生活方面新的内容要写出。

3. 格式和实例

工作计划最好以活页白纸，格式分日期、工作内容、工作效果三项，写时每项要有空格，否则工作效果会写不完。下面举一实例。

第四组(五至六岁儿童)每日工作计划

日期：9月14日

一、工作内容

早晨：

1. 早操：旗操，增加“上肢平伸两脚跳开，上肢放下两脚并拢”一节。注意跑步时慢跑、快跑、快走的程序。

2. 升旗——注意王梦庚、琦琦、小弟立正的姿势。

3. 指导孩子洗手的方式，倒水的动作。

4. 与李灵敏谈话。

5. 值日饲养动物，先给孩子认识鸽子吃什么、白鹅吃什么。

早饭后：

1. 必修作业：认识水果。

目的：训练儿童触觉与味觉。

准备：梨、石榴、柿子、红菱、苹果。

过程：先让儿童认识这些水果的颜色、形状，叫出名字，然后放在布袋里请儿童摸水果并叫出水果名字，再由教员请儿童摸出指定的水果来。

做完后分食，一样样尝水果的味道。

2. 活动性游戏：捉迷藏(户外)。

目的：发展儿童体力与听觉。

方法：一个儿童蒙起眼睛来，其余儿童挽手走圆圈围住他，边走边唱“捉迷藏，捉迷藏，来到草场上，圈个圈，圈个圈个圆团团”，唱完蹲下。蒙眼的孩子唱：“我来摸，我来摸，摸到不要跑”，全体唱：“这是谁，这是谁，请你猜一猜”，被猜中者做摸的人，三次摸不到的人唱歌。

3. 户外活动：共同搭大积木，要搭一所很好看的大房子。

4. 注意儿童吃饭时坐的姿势。

下午：

1. 必修作业：体育。

目的：训练掷物和接物的能力。

准备：小足球一个。

过程：儿童排队形走单行或圆形，相距一米轮流传球，以后成单行。重做上次跳跃动作，由教员手托足球高儿童三尺左右，让孩子排队依次跑过来，用跳跃姿势左手拍球，拍下者算胜。做两次后，排好队后解散。

注意平时不太活动的杨戈生。

2. 散步：到铁路边观察铁路是用哪些材料做成的，在枕木间有什么东西。

在排队出发前，告诉儿童要注意几点：① 看见火车来时立刻站开；② 不拿铁轨内的小石子；③ 不乱跑，一定要听阿姨话。

注意回答孩子的每个问题，注意每个孩子的行动，特别注意胡肖琳、吴品、王梦庚。

3. 在草地上休息，漫谈在铁道边看见的东西。

晚饭后散步，送小羊、小鹅回去睡觉，整理它们的屋子，并把门关好。

二、工作效果

儿童站队比较整齐，李玲敏上肢未能伸平。

都跑得太快，小琳、小布嘴未闭好。

小弟站的姿势对。他不像过去那样怕羞，能很好回答问题，但不知道爸爸妈妈在哪里工作。

提醒孩子注意洗手背。

儿童们很有兴趣。

孩子们多半喜欢去摸红菱，因为不经常吃。每个孩子都摸到指定的水果，摸到苹果与柿子要难分辨些。随后由值日分给儿童吃，都吃得很香，吃完自己清洁桌子。

孩子争取做摸者，只有少数能守规则不说话，多数儿童故意出声，让摸者猜中，自己可做摸的人。下次要注意让孩子遵守游戏的规则。

这是第一次集体搭房子，很快地就完成这种任务，搭好后孩子做小人家玩，自己分配角色，马仁超做爸爸，屠小莉做妈妈，小玲做小弟弟，忙着做点心招待“解放军”。

大部分坐得很好，仁超等几个大孩子桌子嫌太矮。

每个孩子都有兴趣，自己传球，组织得很好，王梦庚没参加。杨戈生今天做得很高兴。

孩子看见铁路有铁轨、枕木及小石子。在火车开过的时候观察轮子怎样在铁轨上走过，看见火车过时马路边的两条长竹子倒下来，大家问为什么这两根长竹子要倒下来。

展开漫谈，孩子们对此次外出很有兴趣。

戈生问：“为什么小羊睡觉不要床？”

写一天的工作计划时，教学中的顺序和系统的原则较难掌握，在教员逐渐熟悉每一作业时，方可以逐渐做到。以后要准备做一周的计划。只有在做的时候，不断用心钻研和学习，才能使工作逐步提高。

《新儿童教育》第七卷第五期

1951 年 11 月

参加保教教研组以后对保教工作的体会

我参加北京师范大学保育系学龄前儿童教育教研组学习，在教研组学习结束后，参观了北京公私立保托机构共十六所，因为学习的时间很短，未能将学习的内容深入和贯彻，今天仅就我所知道的，报告给大家，以供研究参考。

教研组研究学习的工作，是从1950年9月份开始的，由苏联幼稚教育专家戈林娜同志直接领导，主要参加研究的人员，有保育系的教员及专门研究员，及师大婴幼园、第一附小、第二附小附属幼稚园教员，保育系本届毕业同学，及北京各保托机关的旁听同志等。今天的报告分为三部分，第一部分报告在教研组的学习，第二部分介绍北京实验托儿所的工作，第三部分学习的收获与体会。

一、在教研组学习的报告

（一）学习的内容

教研组主要研究课程为“学龄前儿童教育”，由戈林娜同志编写并译成中文。内容计分17讲：① 学龄前儿童教育方法与课程；② 学龄前儿童共产主义培育目的及任务；③ 幼稚园；④ 幼稚园教育方法；⑤ 苏联幼稚园的作业；⑥ 游戏；⑦ 劳动培养；⑧ 体育培养；⑨ 德育培养；⑩ 智育培养；⑪ 艺术培养；⑫ 儿童数字概念的发展；⑬ 儿童入学准备；⑭ 幼稚园与家庭；⑮ 幼稚园的组织及其领导；⑯ 教养员工作计划与统计；⑰ 苏联幼稚园的教养员。

（二）学习的方式

主要的是传达报告及实习讨论。在传达报告方面，最初学习材料由戈林娜同志讲授，以后改为先发出讲义材料自学后，由保育系张天麟教授传达报告及主持讨论，每周两次，各两小时。

实习讨论方面，由中央教育部指定北海托儿所、六一幼儿园及芬斯厅幼稚园为三实验托儿所，及师范大学保育系婴幼园为实习机构，三实验托儿所于每周二上午，按照教部实习教学计划轮流担任实习，曾分别做过下列各项活动：语言教学、怎样培养儿童劳动习惯、一般作业、自由选择游戏、一般的体育活动、道德教育、怎样过儿童节、智慧教育及艺术教育等。婴幼园每星期三及星期六上午，由大、中、小三班轮流担任各种作业活动的实习。

此外再有讨论会及辅导两项，但举行次数较少，而使参加学习的同志，得益最多的就是实习及讨论。

（三）实习及讨论的实例

教研组参观讨论的实习，如包括保育系毕业班同学实习，共为40次以上，现在以北京市实验托儿所的参观实习为一例。

实习日期地点及起讫时间：

1951年6月5日　北京市实验托儿所

9:00～11:20　参观实习　　11:20～13:00　分析讨论

实习内容：

一、建筑材料游戏

班次：中班（儿童四岁至五岁），参加儿童17人。

时间：9:00～9:40。

地点：中班活动室。

目的：发展儿童创造力、想像力，及养成互助友爱的精神。

准备材料：各类的中型积木。

活动进程：

1. 教养员组织儿童入活动室，告诉儿童今天做建筑材料的游戏，特别提醒说："各人做各人想做的东西，不要重复。""要分开，不挤在一处。"

2. 17个儿童分在9处搭积木。有的独做，有的几人合作。一个女孩独自最先搭好一架飞机，又搭一所房子，后来在别处看别人做的，又玩小汽车，然后又搭架飞机推着走。4 个孩子先搭一辆客车，坐着小人，然后改为炮车，加长轨道，又搭桥，使炮车过桥。一个男孩搭好一座很逼真的游泳池，有池和跳水的地方，他拿一个小木人，跳水游泳，反复地玩着多次，后来又加搭了汽车房，里面有一辆汽车。有一个孩子搭好木船，另一个女孩注意地看了说："啊，船呀！"帮助整理好，并加上两桨。一个女孩在搭房子，挂一红球做电灯，有一个小人，房前门槛很高，教养员问："小人如何出来？"女孩说："那就没有办法了。"想了一会后把门槛拆去。另两个孩子搭房子，一个男孩说："再远一点，把房子搭到这儿来吧！"就把房子拆了另搭。另一个女孩搭一方台，下面有三角，教养员问她搭的是什么，她说是鸟窝，可是看起来不像。孩子们都在很有兴趣地搭积木，教养员随处提醒启示，用的声音很小。35 分钟后，孩子共搭了 12 样建筑，飞机四，炮车一，汽车一，游泳池一，鸟窝一，木船一，房子三，尚有 7 个儿童仍在兴趣浓厚地改变或欣赏自己的作品。

3. 活动结束，小朋友喝开水，准备下午再欣赏讨论。

二、摸水果游戏(略)

三、数数(略)

四、用各种材料制作玩具(略)

以上所说的是连续的四班四种教学过程，看完以后紧接着举行分析讨论座谈会。

在会议中，先由教养员报告准备经过及自己的分析，然后由参观实习的同志分析批评，最后由戈林娜专家做总结。我在参观实习之前，先看了有关的讲义；参观的时候，仔细观察，学习分析与批评，讨论时组织自己意见，同时听取其他同志的批评与专家的结论，补充及巩固自己对实习的分析，有时回校后，再去查明不深切了解的地方。这样的学习使理论领导着实习、实习实践了所学理论而互相结合。因为时间的关系，仅将戈林娜专家对上述每项活动的总结报告简录如后。

一、建筑材料游戏的分析与总结

1. 建筑材料的游戏帮助儿童发展想像力及创造力，在苏联很重视，不占必修作业的时间，主要的在早饭前、散步或在户外活动时，每天都玩，户内外各有一套积木。

2. 教养员对游戏的组织与领导很好，孩子各人做各人的，不重复，需用什么材料就拿什么，没有争吵，仅有一个孩子因做的东西被别人碰坏而哭了，应早予注意，告诉他离远一点，别挤在一起。

3. 孩子的创造力很强，会灵活动脑。如炮车一会有门，又过桥，逐步变化而复杂。汽车、游泳池和房子都做得很好。有两个女孩建筑鸟院。孩子不但把日常看见的建筑表现在游戏里，也可以做出未看过的，这种创造力是最宝贵的一点，不但不能限制，而且要加以鼓励和启发，要孩子讲出这是什么、为什么、和原来的不同、有什么用。

4. 教养员在发展儿童语言方面做得太少，要注意孩子把游戏联系起来，如飞行员可在一起谈话，但也不是都要集体地玩，单独地玩可以发展儿童主动地想。

5. 除建筑材料外，要给孩子补充玩具，丰富游戏的内容，如洋娃娃有各种不同的衣服，如医生、海军、空军和工人的服装，另外有小旗子、五角红星、麻绳、铁丝、电话机、汽车、小画片及照片等。在建筑材料快完成的时候，再给补充材料。

6. 因为进行时间长，最后谈话未进行，但当天必须谈话，对于以前不能做出东西而当天做得好的孩子要特别鼓励，对能力强的，不说比别人做得好，只能说做得像。

二、摸水果游戏分析与总结

1. 开始时没有很好引起儿童兴趣，教养员说话快，做的程序快，儿童注意力不集中，加之两星期前做过，今天没有变换而是重复的进行，应是由浅到深进行各种各样的变化。

2. 目的虽较多，但做时也可以让孩子自己摸、嗅、尝。在说话时可以说出是长的还是圆的。

3. 教养员对儿童纪律不关心，在儿童坐好时，没表示高兴；秩序不好时，也不管，很平淡，所以孩子也不注意。未注意儿童进食时的文化卫生习惯，樱桃孩子摸过的，然后又拿来吃；花生未剥壳，和去皮的苹果香蕉放在一起,很不卫生。对儿童饮食,随时要有警惕性 。

4. 作业事先要有充分准备,应该有些东西给参观同志看,希望教养员记住以后改正。

三、数数的分析与总结

1. 计算在生活里是很重要的,除了数字外,还有远近和时间,如早上、晚上和昨天、明天,孩子学习抽象的名词很困难,必须在生活里具体说明,在每项作业里多多应用。

2. 数字的范围,小班数到 5,中班到 10,大班到 30。教孩子认数的时候,必须让孩子知道,一个就是一个,不组织在一起,就是一个;组织在一起就是两个,再加一个就组织成三个。儿童必须看见具体的过程才能了解,要儿童有一个印象,二是由两个单独东西组织的。

3. 作业的开始部分,以一个猪妈妈、两个猪哥哥出来玩,是三个,以后加了一个小猪,成为四个,在教法上是很好的。然后走了两个,剩两个,也很好,但是做得太少。应该请小朋友出来,自己去做,这是必修作业,每人应该有一套能数的东西,如石子、树叶、花生、颜色塔或珠子都可以,给孩子自己计算,一个,再有一个就是两个……除必修作业外,随时都可以用手指、玩具或拍手来数数。教养员要多准备计数的教具,从易到难,教儿童认数。

4. 后段的喂兔子和前段没有联系,是单独的两个,这样使孩子不清楚,内容复杂,应是孩子坐在桌边用萝卜来数,不要拿萝卜去喂兔子,和数数没有联系起来。

5. 喂兔子要用小盘,把食物扔在地上让兔子吃,显得孩子对兔子不关心。孩子赶鸭子时拔毛是不好的。

四、制作玩具的分析与总结

1. 教学的准备和组织都很好,准备的材料多,材料分开放,孩子很自由,要什么就拿什么,所以孩子做出的样子很多。教养员的领导很好,孩子有兴趣、有纪律。每人都完成了一个玩具,这是第一次做,成绩是很好的。假若每个教养员都能这样组织领导儿童,儿童就不会闹了,因为没有时间闹。这种作业,每周至少一次。工具和材料都放在专门的柜子里，儿童在游戏和散步时，都可以自己拿着做。

2. 孩子最喜欢玩自己做的玩具，同时会使孩子爱惜玩具，爱护劳动成果。要教育孩子爱护东西，只有让孩子自己劳动时，才能体会深刻。所以必须让孩子多做能做的事，尤其是自己做玩具。

3. 教养员没有注意教孩子钉钉的技术，孩子不会使劲，钉十几次都没有钉好。孩子糊糨糊不用漆布，剪的纸屑有的扔在地上；座位很挤，做房子的孩子，糨糊也没有地方放，这些以后都要改正。整个作业做得很好，教养员不要满足，要时时提高。

四个教学活动中，建筑材料游戏和儿童自做玩具都做得很好，数数是第一段好，摸水果的游戏要再研究改进。

分析批评就这样结束，不但使参加学习同志学到很多东西，同时也使实验托儿所工作得到了提高。

二、介绍北京实验托儿所工作

北京实验托儿所工作由于教育部的领导、苏联专家的指导和托儿所工作同志的努力，有着显著的进展，其中尤以苏联专家指导为主要的推动力。专家业务的指导，从环境的清洁、训练儿童揩鼻涕的卫生习惯、做玩具、过节日，到怎样试行全面发展的新儿童教育，改进了托儿所具体的工作。同时专家忘我的工作态度，鼓舞了保育工作者的热情和信心。北京实验托儿所半年来由于有领导有计划地做实验，业务上、政治上都大大提高一步，值得我们吸取经验，努力学习。下面分作几项报告。

（一）保教人员的工作与学习

托儿所一般都分大、中、小三班，每班 25 人，保教人员的配备，每班教养员两人，大班保育员两人，中班及小班保育员四人。儿童年龄大班五至七足岁，中班四至五足岁，小班三至四足岁。工作时间分上下午两班，教员和保育员同时上班，教员负责领导全班儿童教育生活工作，所以叫做教养员。譬如在大班，上午班 7:00～14:00，教养员一人与保育员一人上班，下午班 14:00～21:00，另一位教养员和保育员上班，夜班每班固定一人。工作时间紧张认真，一分钟不能离开孩子，每句话和每一个动作，都要有目的、有计划、有效果。

学习制度很严格，每天两小时政治业务学习，一小时读报，做学习提纲与总结，每周有五天是这样紧张的学习，星期六和星期日不学习，就是工作人员的休假时间。

保育员一般是初中文化程度，教员有的是从保育员中培养起来的。工作人员大部分是年青的团员，待遇多是包干制。紧张的工作与学习制度充满着活泼、热情与朝气。

（二）儿童生活的方式

在新儿童教育下，儿童生活充满了丰富的内容和多样的变化，在教养员有目的、有计划的领导下，过着有纪律有组织的集体生活，同时充分发展儿童的创造力和兴趣。儿童生活日程简单说明如下。

儿童在6:30起身，喝水，大便，盥洗和叠床；7:45升旗早操，大班中班分开早操，小班在户外游戏；8:00早餐，接着值日工作；9:00开始必修作业，大班30分钟，中班20分钟，小班15分钟。大班是两节必修作业以及就是喝水和户外活动，是有计划有领导的游戏或是散步，在午饭前先由值日帮助准备，12:00午餐，1:00～3:00午睡，起床后用午点，大班中班下午有一节必修作业，喝水后进行户外活动，18:30晚饭盥洗，19:15降旗，19:30洗澡，20:30入睡。儿童每日生活、散步、游戏和必修作业，教养员都进行系统的计划，安排多种多样的变化，因此每天都有不同的丰富内容。

（三）新儿童教育的教学计划工作

废除教学方向的单元制教学，在本年三月份开始试行教学计划工作。关于儿童整个生活教育，由教养员做每日的工作计划，大班和中班一次可做两周的计划，小班一次做一周的计划。在最初做计划，因为一般的准备条件不够，只能做逐日的计划，在五月份后，开始做一周或两周的每日工作计划。

现在谈谈如何做一天工作计划。首先教养员应详细地研究苏联《幼稚园教养员工作指南》，作为参考的主要材料，同时研究幼稚园原用的教学课程材料，这样对幼稚园的教学能有更清楚概括的认识，并了解儿童年龄的特点和本班具体情况。在做计划的时候，一班两个教养员在一块商量，按照体育、游戏、国语、认识环境、美工、音乐及计算等七项课目，先选择大纲材料，逐一写下，并按有系统的、由浅入深的原则分配材料，然后选择教学方法。如是在游戏里、散步时或是在必修作业时以各种方式进行，而且要注意复习。计划要先写明日期和班次，以下分为两项，一边是教学内容，一边是效果，计划写在教学内容下，儿童的反应、教学的收获和教训及个别儿童的情形写在效果项下。一天的工作计划，不但能使教员工作有计划、有准备，使整个工作有系统，而且可以检查自己工作，使业务水平逐渐提高。

（四）试行新儿童教育工作后的改进各点

其一，真正执行保教合一的原则，教养员对儿童全面负责。不仅是在教学中，而是在儿童整个的生活里进行教育。

其二，根据儿童和成人相处的实际生活环境，以多种多样的教学方式，开阔儿童眼界，增进知识及培养品质。利用直觉教学法，广泛应用实物、环境来教育儿童，注意认识环境、认识自然、开辟自然角、动物园和园地。

其三，教学改进为有目的、有计划、有效果的工作，注重教材的系统性和顺序性，教学课程增加体育、观察、游戏几项，游戏是教学中最重要的一种方式。

其四，儿童健康第一，要时时注意儿童的文化卫生习惯，在任何活动中，注意儿童坐立的姿式，揩好鼻涕，动和静的活动相间换，不要让儿童疲劳，任何原因不影响儿童合于卫生的作息制度。

其五，更好的发展儿童的创造力。在教养员有领导、有计划的教育下，有系统地丰富儿童印象，启发及发展儿童的创造力，譬如带领儿童参观地毯公司各种地毯的图案，然后让他们自己布置图案展览会，增加他们对图案的印象，因此创作的图案画内容格外丰富，技巧也比较纯熟。又如创造性的游戏，孩子都喜欢玩火车的游戏，老是搭了积木，或是搬着椅子，“呜呜”坐火车，但是在参观火车站，有了买票、检票、进月台、上下火车和接送旅客的实践经验后，游戏的内容就会格外丰富。

在这种认真的全面教育和严格的隔离预防工作下，儿童都很健康，有礼貌，有纪律，很活泼。夏季计划里的重点是做好锻炼体格与认识自然的工作。

实验托儿所的工作也存在着某些缺点，但是一边改进一边发展，进步得很快，整个工作充满着信心、热情和朝气，是新中国幸福儿童生活的缩影。

三、学习的收获与体会

（一）初步树立学前儿童教育正确的观点

首先要认识到教育与政治是紧密结合的。教育是走向共产主义建设的重要环节。新的社会需要新人物组成，新社会的创造与新人物的培养是一个程序的两方面。我们需要培养一代彻底建设共产主义的新人，人的品质是在最初几年里形成的，因此幼稚教育是教育的基础，我们的目标是培养全面发展的、善于劳动的、爱国的、意志坚强的、健康的、生活乐观的新人。因此教育工作者，没有坚定的政治立场，不能很好地学习马列主义，就没有做好教育工作的基本条件。政治觉悟是推动工作的原动力。没有政治的配合，有限的业务知识就会阻碍工作的进步。

其次，新的儿童教育是保证儿童全面发展的教育，根据上面的目标，从完成儿童德、智、体、美四项的培育，使每个孩子全面发展，注意儿童的健康，通过各种方式和制度，保证儿童正常的发育和锻炼，发展儿童智力，培养儿童优良品质、兴趣和人生观，实施艺术教育，培养儿童的艺术兴趣和爱好，利用艺术发展创造力。体、德、智、美四项培育的任务是互相交错、紧密联系的。

（二）具体完成儿童全面发展的教育

第一，幼稚教育工作方式要有明确的目的，然后周密计划，有系统，有顺序，最后有效果，在严格的检查工作后，证实工作的效果，并得出经验教训。要做到在幼稚园内，没有一项没有目的的活动，没有一件没有用处的设备。着重每项工作的目的性、计划性和效果，并且以认真严肃的态度来执行。

第二，工作人员基本工作条件是要有和霭的态度，热爱儿童，能正确领导，对儿童有高度的要求。热爱儿童，不是溺爱，而是建立在热爱祖国的感情上，为了热爱祖国，更热爱祖国事业的继承者；为了革命事业的成功，而对儿童有高度的要求，培养儿童必备的品质，为小学教育打下良好的基础。工作人员随时都要想到，我们是在为祖国进行一项革命事业。

第三，教育有决定性的作用，教养员领导正确与否，决定这班儿童能否有纪律、有进步和有丰富的生活内容，也决定教养员在儿童间是否能树立很好的威信。因此保教人员的水准必须随时提高，“教育者必须先受教育”，在工作中必须注重政治与业务学习。

（三）学习苏联专家国际主义的精神和严肃认真的工作态度

苏联专家以忘我的精神和认真严肃的工作态度来推动幼教工作。譬如每次的参观实习，总是从上午九点开始到下午一二点，专家和我们一起认真从实际工作中发现问题，作出严正的批评与指导。有时上午实习讨论，下午讲杂志，时间拖到四五点钟。专家在帮助幼稚园各项工作改进方面非常的认真，很注意儿童的文化卫生习惯，要求每个孩子不拖鼻涕，注重儿童健康，教导我们要克服困难，想办法。例如有一次实习讨论后，专家谈到婴幼园喂鸭子，那时师大正建筑房子，专家设计了鸭子的游水池，提出用一点盖房子的砖和水泥，不要花好多钱，并且当时即和婴幼园的主任到婴幼园去，指定动工的地点。类似的例子很多，深深地教育着我们，如何在实际工作中认真工作，发挥工作的创造性和主动性。

（四）初步批判旧教育自由发展的观点和单元教学制

资产阶级的幼稚教育主张自由发展，认为儿童发展是生物成熟的过程，由遗传、命运或环境所决定。教育者的工作亦在创造适当的条件，认为教育没有效力而放弃领导，如认为对儿童游戏的干涉会影响儿童的发展，这种残余思想在儿童的自由活动中表现出一部分，成人任其自由和放任，没有领导作用。新的儿童教育完全相反，是有计划、有领导的，教育有决定性作用，应随时启发与领导儿童。

单元制教学各单元孤立不联系，造成教学的片面和割裂，没有系统性和顺序性，不能促进儿童的全面发展。新的教学方式是由教养员做出一天工作计划，根据儿童心理与发展，注意儿童的积极性、兴趣和自觉性，强调教学中的顺序与联系，利用直觉教学，并以多种多样的方式练习和巩固。

（五）保托事业有辽阔远大的前途

保托工作者要克服困难，做好工作，只有在人民政权的领导下儿童才会这样被爱护。随着经济建设高潮的到来，文化教育建设的高潮也到来了，保托事业随之发展。在东北，1947年保托机构仅有7所，50年初增加83所，50年末为158所，现在(1951年5月统计)有264所。祖国的需要，鼓舞着我们工作的热情。新的保托事业的路途是艰巨的，在工作中我们会遇见许多困难，但是在我们学过共产党党史，就了解今天中国人民的胜利是在如何困难的情况下斗争而来的。今天我们走的幸福大道是无数先烈用血肉填筑的，同时更有无数人正以生命来保卫祖国的安全和建设，难道我们还嫌路不够平，还怕困难不能克服吗？我们必须在实践中更努力地工作，在新中国建设的道路上迈进。

我们要虚心学习苏联先进的经验，但决不是生搬硬套，而要结合自己具体情况，推行新教育，总结经验，为幼教工作开辟大道。列宁曾经说过："旧的习惯和痕迹，在一个转变以后，相当的时间内，不免要驾于新生的东西上面，当新的刚生长，旧的在这时期，比新的有力，我们必须仔细帮助新幼芽的生长"。愿我们大家共同朝向保托事业远大的目标而努力。

《新儿童教育》第七卷第三期
1951年9月

幼儿教育的理论和实践(节选)[1]

第一章 绪 论

第一节 全面发展的幼儿教育

自从有了人类社会以来,就有了教育。教育是决定于社会关系,决定于生产条件的,它随着生产条件与社会关系的发展而发展着。因之教育具有历史性,在有阶级的社会里,教育有阶级性。马克思和恩格斯曾经说过:“掌握有物质生产资料的阶级,因而也掌握有精神生产资料……”在资本主义社会中,教育成为资产阶级统治和剥削劳动群众的工具,教育的目的是为着训练一些为他们制造利润的驯良的奴仆。在社会主义-共产主义的社会里,阶级的压迫和剥削被消灭了,教育是革命事业组成部分之一,成为人的个性发展的重要条件,其目的是培养一代全面发展的社会主义社会和共产主义事业的建设者和保卫者。

全面发展是新社会的教育的基本原则,因此也有人称新的幼儿教育为全面发展的幼儿教育。全面发展的说法是由马克思和恩格斯首先提出来的,按照他们的意思,全面发展是指人的个性的全面发展,就是智育、综合技术教育、德育、美育和体育统一的全面的发展。在资本主义社会中,由于建筑在剥削基础上的劳动分工,机器越发达,人就越成为机器的附属品,人只能在某一方面发展,而被限制其他一切方面

〔1〕 除本章外还撰写下列各章:第二章,幼儿体育;第三章,幼儿智育;第四章,幼儿德育;第五章,幼儿美育;第六章,结尾。

的发展。在新社会里，由于人是社会的主人，由于国家的生产建设是需要熟悉全部生产过程及具有全面发展才能的人来管理的，因之教育成为使人全面发展的工具。在新社会中，用个性全面发展的教育来代替狭隘的、片面的教育，乃是历史发展的必然结果。

共产主义教育的目的，在教育系统的各个阶段中都是同一的，各类各级教育的目的都是一样的。个性全面发展的原则，在教育系统的各个阶段中都是要实施的，而各个教育阶段实现的程度则不同。幼儿教育是指对三岁至七岁幼儿的教育，是人民教育系统中最初的一个阶段。幼儿教育的目的，在使幼儿能有初步的体、智、德、美四育的全面的发展，为小学教育打下良好的基础，使他们将来能成为全面发展的祖国的建设者和保卫者。

新教育体系的基本问题之一，就是关于个人发展的因素——遗传、环境和教育——的统一的问题。马克思列宁主义一方面批判了反动的教育无能、遗传不变论，另一方面也否定了教育万能、环境决定论。它明白地肯定教育在人的发展中是起主导作用的。它根据客观事实科学地承认遗传性，承认各个人的天性、气质、感觉器官和思维能力的差异，但是它更进一步地肯定，初生时的禀赋并不是既成的知识、观念或见解，也不是性格或某种职业的倾向，而只是潜能，只是发展的前提条件，而且这些都是要靠教育力量形成和改善的。它指出，人从出生就有求知欲，他的禀赋可以通过教育而加强与完善，也可以因无教育而迟钝与消失。教育可以使发展的可能性变为现实。它指出，环境影响人，人也改造环境。工人阶级的前途，即人类的前途，有赖于对工人中正在成长的一代的教育。而且，它更肯定幼儿时期的教育在人的全部教育中的重要性。从一个人在各个生长发育阶段的发展来说，人的个性的发展是在学龄前时期奠定基础的。这就说明教育在人的全面发展中的主导作用。

全国解放以来，随着整个国家政治、经济、文化事业的发展，由于人民政府和党的政策的正确领导，及妇女积极参加生产劳动和社会活动的增多，幼儿教育在我国教育史上开辟了新的纪元。

幼儿教育是人民教育的最初一环。它的具体任务和内容是由教育的目的和幼儿年龄的特点所决定的，因而不同于学校教育。幼儿一般的年龄特点是：活泼、积极、喜爱游戏，有求知欲；感情易激动，并支配着行动；注意力不稳定，易疲倦；在生理和心理方面有很大的可塑性。幼儿园的教养员要根据社会主义-共产主义幼儿教育的目的、原则和方法，明确幼儿教育工作具体的任务和内容，才能保证教育目的的实现。

幼儿教育的任务，就是幼儿体育、幼儿智育、幼儿德育和幼儿美育的统一的实现。

一、幼儿体育

幼儿体育是幼儿全面发展教育的有机部分，以保证幼儿身体的正常发育和健康。幼儿时期是身体生长发展重要的阶段，因而幼儿体育有特别重要的意义。幼儿体育主要包括下列各方面：幼儿园的环境、房舍和设备，尽量合乎卫生和教育的要求；合理的生活作息时间；科学护理幼儿的日常生活，如充分的睡眠，适当的营养，经常保持皮肤和服装的清洁，培养良好的生活习惯和卫生习惯等；发展和训练幼儿走、跑、跳、攀登、爬行、投掷等基本动作；充分利用空气、日光和水，锻炼幼儿身体，以增强幼儿身体的抵抗力。

二、幼儿智育

幼儿智育是组成全面发展教育的有机部分。智育主要的意义在教导幼儿认识现实周围环境，扩大幼儿眼界，培养幼儿对待现实生活和劳动的积极态度，培养幼儿认识自然和爱好科学的兴趣。在幼儿认识环境的过程中，同时发展幼儿感觉、知觉、观察、注意、记忆、想像，以及思维和语言的能力，培养幼儿智力劳动的习惯。

三、幼儿德育

德育也是幼儿个性全面发展的有机部分，以初步培养幼儿共产主义道德品质。在教养员经常的、有系统的教育下，通过现实生活，成人行动的榜样、范例及文艺作品、图片等，初步培养幼儿爱祖国、爱人民、爱劳动、爱科学和爱护公共财产的国民公德；在幼儿的集体生活中，培养幼儿友爱、团结、守纪律的集体生活的习惯;培养幼儿坚强的意志及诚实、勇敢、有礼貌等优良的品质。

四、幼儿美育

幼儿美育也是全面发展教育的有机部分。幼儿美育主要的意义在以生动的艺术形象加深幼儿对于现实环境的印象和观念,培养幼儿的爱美观念和艺术兴趣,增进幼儿的想像力和创造力,影响幼儿个性的形成。教养员教育幼儿观察生活的美和自然界的美,欣赏艺术作品和表演,领导幼儿进行美工、音乐、讲述故事、诗歌等艺术活动,以实现美育的任务。

幼儿体、智、德、美四育在实际教育工作中是互相联系而统一的。通过体、智、德、美四育实现全面发展的幼儿教育,使幼儿得到初步的全面的发展。幼儿园的教养员要全面地统一地进行教育,不可偏废,不可孤立割裂地实施某一项。目前有些幼儿园偏于教学工作,而忽略了幼儿身体健康的教育;有些幼儿园只着重在幼儿的生活和保健,而忽略了其他方面的教育;同时,在一般幼儿园中德育的实施是很不够的,尤其对于幼儿的劳动习惯和独立性,以及集体生活习惯的培养等尚未重视。这些都是亟需注意和改进的。

第二节 幼儿教育的原则

教育的原则决定于教育的目的,它是保证实现教育目的必须遵循的准绳。幼儿教育的原则和整个教育的原则是一致的。教养员要根据幼儿教育具体的任务和内容及幼儿的实际情况,在教育实践中掌握和运用原则,以进一步地得到创造性的经验。

一、教养员的主导作用

在幼儿园中,教养员要始终不渝地遵循着教育的目的,具体地贯彻实施,以培养一代全面发展的祖国的建设者和保卫者。幼儿教育的内容和方法是通过教养员而贯彻执行的,在整个教育和教学的过程中,教养员起着主导作用。因为幼儿最富于模仿性,最容易受影响,他们所得的印象在一生中都很深刻,教养员的言行举止都是幼儿的标准。只有在教养员正确的领导和教育下，幼儿才能得到适当的教育，才能健全地生长和发育。反之，教养员不正确的教育，就有害于幼儿身心的发展。所以教养员要特别明确自己在教育中的主导作用。苏联教育家乌申斯基说过，儿童只有在人的直接影响下才能受着教育和发展着，人的直接影响对于幼小的心灵是滋育万物的阳光，任何东西都不能代替。

教养员的主导作用应体现在教养员对全班幼儿全面的负责，对每个幼儿的生活、保健、教育全面的负责。教养员主要的工作是把全班幼儿组织成为一个友好的集体，能顺利地进行教育，并注意使每一个幼儿受到充分的关怀和教育，使之能有初步的全面的发展。教养员应掌握全班幼儿年龄的特点和每个幼儿个性的特点，并对幼儿提出适当的要求。教养员不只是在作业中，更重要的是在幼儿整个活动中，在幼儿园中生活的全部时间中，全面地进行教育，并且密切联系家长，取得家长在教育上的一致和合作。

在实际工作中可以明显地看出，由于教养员领导不同，两个幼儿园或两个班的幼儿在身心发展上会有着很大的差别。在教养员正确领导下的幼儿是健康的、活泼愉快的、爱好劳动的、有纪律的，在游戏和作业中，能表现出对于周围生活丰富的印象和正确的态度。反之，在教养员不正确的领导下，幼儿则会表现出相反的情形。有很多教养员体会到幼儿在教养上表现的“好”或“不好”，是决定于教养员自己的。如果教养员能随时注意培养幼儿的礼貌，幼儿就会是有礼貌的；如果教养员重视幼儿的游戏并予适当的指导，幼儿游戏的内容就会丰富起来。有些教养员，她们往往觉得孩子不好，认为某些孩子无法教育。这种想法是完全不对的。如果教养员时时注意领导幼儿，给予他们启发、指导、鼓励和关怀，在教育工作上就会有很大的进步，同时也会增加自己在工作上的信心。

在另一方面，过去资产阶级教育的“自由发展”的理论，在目前幼教工作中尚存在着相当大的影响。他们认为人如生物般的成长，要从小任幼儿自由发展，不可加以限制，否则就会妨碍他们的发展，因此对于幼儿没有明确的要求，任其自流，抹杀了教育的作用。例如在幼儿园的图画作业中，幼儿“自由”画画，教养员只在旁边照顾；在户外活动中，幼儿“自由”游戏，教养员只照料幼儿不要跌倒或出事故，甚至还有些教养员就当做是自己休息和闲谈的时间。这一点是要彻底改进的。

在目前幼教实际工作中，对于这项原则的运用，有这样的情况：有些教养员把主导作用只限在作业中，因而只注重在作业中的领导，而忽略在生活和游戏中全面地领导幼儿。如在幼儿早晨来园后，教养员不组织他们进行各项活动，幼儿随便东荡西荡，无事可做，有的就顽皮闹事，一直到早操或作业时，教养员才来组织幼儿的活动。由于教养员没有负起这段时间内领导幼儿的责任，就浪费了一天中最好的一两个小时的时间。她们没有利用这段时间带领幼儿进行值日工作、个别谈话、游戏及其他多种多样的活动。还有些教养员把自己的主导作用变成对幼儿的统治和命令，把每分钟都领导幼儿误解为每分钟都要管住幼儿，把幼儿紧紧地压制在自己手下，要幼儿听从自己的命令而行动。这样就抑制了幼儿的主动性和积极性。这些教养员把幼儿游戏和其他多种多样活动的时间，都变成组织集体活动的时间，不允许一个幼儿随便走开，不让他们做自己所喜爱的事；在作业中，她们尽量避免让幼儿发言或有表情和动作，不愿进行教学游戏，以为幼儿一说话、一行动就搞乱了秩序，只有使他们规规矩矩坐着不动，才是教养员领导作用的表现。在日常生活中也是要幼儿听命令行动，例如有些教养员在组织幼儿吃点心时，先叫幼儿全部坐好，等着教养员的命令，再分组洗手。教养员往往是等着，看哪组先坐好、不说话，就先请哪组去洗手。幼儿洗完手后还要坐好，同样地等待教养员的命令，再分组倒开水，然后值日生才发饼干。教养员还命令值日生说：“小朋友请用。”吃完后，幼儿仍要坐好，等着教养员逐一呼名请他们出去玩。这些做法都是不恰当的。教养员的主导作用，是应该积极地培养幼儿的主动性和独立性，指出幼儿思想和行动的方向，启发和诱导幼儿达到预定的教育目标，以培养新社会的新人物，绝不是培养一些畏缩的、被动的人。

二、教育工作中共产主义的思想性

列宁曾说，在任何学校中，最主要的是课程的政治思想性。教育是为政治而服务的，教育工作中每一项具体的目的和步骤都要和国家的政策相结合，这样才能实现教育的目的，才能把幼儿培养成为具有共产主义道德和品质的人。因此，教养员本身就要具有一定的思想水平，把幼儿道德教育贯彻在实际生活中，重视各项教学教材的思想性，以初步培养幼儿“五爱”道德和优良品质。教养员要教给幼儿可靠的科学知识，以及正确反映新社会现实的新事物，为幼儿对事物的科学态度打下根基。如在幼儿运动性游戏中，结合军队行军、作战等动作，以培养幼儿热爱解放军和志愿军的感情及勇敢、坚韧的品质；在语言教学的教材中，选用有教育意义及反映新社会、新事物的故事、诗歌及文学作品等，以培养幼儿优良的道德品质；在认识环境中，教幼儿认识现实生活中生动的事物，认识成人的劳动、认识自然知识等。这样，就可以通过幼儿园中各项教学的教材，通过幼儿本身的多种多样的活动，贯彻共产主义思想性的原则。目前有些教养员只在形式上注重作业和教材的思想性，而忽略了以现实环境中生动的事实教育幼儿，多数的幼儿园对于教导幼儿正确认识现实环境的工作进行得不够好。还有些教养员生硬地强调思想性，牵强附会地把各项教学变为政治课程。如在故事教材中全部选用志愿军、解放军、劳动模范等故事，而不采用民间流行的或动物方面的故事和童话；把体育教学中动作的训练，一定要硬加上“志愿军攻堡垒”、“爬过电网”等名词，而和实际情况不完全符合。这样做，不仅灌输给幼儿一些不正确的概念，而且忽略了各项教学本身的目标和内容，忽略了幼儿的兴趣和接受能力，是不正确的。还有些教养员常常为了迁就幼儿的理解能力，不正确地解释某些现象，或随便答复幼儿的问题。如有教养员回答幼儿“天气为什么会热”的问题，她告诉幼儿因为太阳是很热的，地球一靠近太阳，天气就变热了，慢慢地球走远了，天气就凉快了。教养员想简单告诉幼儿天气热的道理，就随便歪曲事实，给幼儿不正确的观念，这也是不恰当的。对孩子们不能理解的事实和现象，我们可以不讲解，或者回答他们等长大了上学以后就可以知道，而绝不可不根据科学的事实，随便地讲解。

三、集体主义的精神

集体主义是无产阶级队伍的有力武器，社会主义社会是建立在集体的基础上的。从幼儿时代起，以集体主义精神来进行教育，就是共产主义教育中的重要原则。集体主义教育原则的意义，是要求每一个人意识到自己是集体中的一员，在有着共同目标的、密切相关的集体中生活，大家一致为实现这目标而努力。这就是在集体中、为了集体、通过集体的教育原则。

在幼儿园中，要结合幼儿年龄的特点来进行集体主义的教育。集体主义原则的意义，主要在使幼儿习惯于集体生活，在使本班和全园组成一个巩固的、友好的集体。教养员领导幼儿共同地生活、游戏、劳动和进行作业；教养员时时提出集体的共同目的，支持着整个集体的努力；养成幼儿互相关心、友爱、团结和互助的品格，培养幼儿养成集体生活的习惯，爱护集体，逐渐走向能抑制自己不合理的欲望，而服从集体的利益；同时通过集体本身，使幼儿彼此间互相模仿和学习，从中受到教育。教养员在另一方面要预防幼儿感染到个人主义自私自利的思想，纠正幼儿个人主义的行为，耐心地、正面地向幼儿进行积极的教育。

教养员一方面要把幼儿组成友好的集体，一方面在集体中要照顾到个别的幼儿。因为集体不是相类似的个体之和，而是有区别的个体的组合。幼儿不但有年龄的特点，同一年龄的幼儿也有个体的差异。为了健全整个集体，保证整个集体有全面发展的可能，对于集体中每个具体的幼儿，必须给予个别的注意和教育，使其身心能有健全的发展；同时要注意以个别幼儿的特长，来丰富集体的内容。例如一班中幼儿的身体有强弱的分别，应注意使身体较弱的幼儿有较长的睡眠时间，在体操和身体锻炼时可给予特别的照顾。教养员要注意发展幼儿所长，对其某些方面作较高的要求，并培养其仔细认真工作的习惯。教养员对能力较低的幼儿应多予练习和复习的机会，并给予帮助和鼓励，使每个幼儿成为集体中的优秀成员。

有些教养员对集体主义原则的体会是不正确的：他们以为集体主义就是要求幼儿时时共同在一起，行动上一致，事事都是一样。因此把排队进出，不使幼儿分散，把集体活动和不许幼儿单独地、自由地活动，作为集体教育的手段；在集体生活中，不允许有个别的情形，不注意个别幼儿的特点，不进行个别教育，把幼儿的生活变成为刻板的受压制的生活。这是完全违反集体主义原则的。还有些教养员在实际工作中，仍然模糊了教育的目的和任务，无论在幼儿生活、游戏、劳动或作业中，往往只照顾几个能力较强的较活泼的幼儿，如选他们做小组长，交给他们较多的任务，让他们在游戏中做主角，在作业中常请他们发言等，使这些幼儿觉得自己胜人一筹而骄傲，产生个人主义的趋向，同时使一班中年龄较小的、能力较弱的幼儿感到畏缩和自卑。这是很不恰当的。

四、了解幼儿年龄特点，正确地进行教育

学龄前期承接着先学前期和学龄初期，这一段过程可说是由满足生活和发育的活动到为入学的学习劳动准备基础的过程。在这一阶段，幼儿的身体和心理的成长发育都很快，一般分为学前前期（三至五岁）和学前晚期（五至七岁），各期有不同的特点。幼儿园中根据幼儿的年龄分班（三至五岁——小班，五至六岁——中班，六至七岁——大班）进行教育，各班的教育任务和具体的内容也不同。

幼儿年龄的特点包括：在学前前期中，身体对疾病的抵抗力较弱；骨骼柔软，肌肉嫩弱，小肌肉尚不发达；动作不灵活，走、跑不稳，而且比较吃力；神经系统不稳固，易疲倦；知觉、记忆和思维有具体性和情感性的特点，注意力不稳定；情感支配行动的力量大，意志控制力尚弱。在正常生长和发展的情况下，到了学前晚期，幼儿身体逐渐长得结实、强壮，增加对疾病的抵抗力；骨骼和肌肉较强健，动作逐渐灵活和正确；神经系统渐趋成熟，能初步控制自己的行动，且疲劳感减弱；手部小肌肉发展，能较精细地、有目的地剪纸、画图、捏

塑泥工等；知觉、注意、记忆等能力的有目的性和可支配性逐渐增长；抽象的思维开始萌芽，语言的能力开始发展，能以连贯的语言表达自己的思想感情；眼界逐渐扩大，知识增加，对有系统的学习开始感兴趣；逐渐能以意志抑制自己的冲动和愿望，对自己所做的事有初步的自觉性和责任感。

幼儿年龄的特点，不仅是由生理上的发展和成长，同时是由幼儿的生活条件和教育来影响的。教养员重要的任务不是消极适应幼儿的发展，而是明确幼儿发展的方向，根据教育的目的和任务积极地促进幼儿的发展，在进行教育的同时考虑幼儿年龄的特点，这样幼儿的身心才能得到健全的发展，而顺利地进入学龄初期。

在幼儿园中，教育和教学工作要和幼儿的实际生活相结合，尽量利用现实环境、实物、玩具、图片、实际事例和动作的示范，多利用各种游戏方式，以契合他们的接受能力，培养和启发幼儿的兴趣，发展幼儿的自觉性和积极性，力避抽象和生硬的说教。教育和教学工作是建立在前后联系的基础上的，是一个渐进的、连续的过程，教材内容和教学方法有一定的系统和顺序。

关于各班详细的年龄特点、教育任务和内容，可参阅苏联《幼儿园教养员指南》及中央教育部暂订的幼儿园教学纲要。教养员一方面要了解各班幼儿年龄特点、教育任务和内容，同时更要了解本班幼儿具体的发展水平，了解他们的生活条件及身体的和心理的发展，才能给予他们适当的教育。譬如幼儿园招收一班大班的新生，他们过去未进过幼儿园，就绝不能生硬地按照书本上大班的要求去进行教育，而需按照实际情况进行分析与研究来逐渐达到纲要上的要求。

目前还有些幼儿园尚未按照规定的年龄分班，而强调智力的高低，把年龄不够的幼儿放到中班，或是把年龄已超过的儿童放在小班，这是不适宜的。（在小型的单班幼儿园中，在一班中有三至七岁不同年龄的幼儿，但教育工作应按幼儿的年龄分小组进行）教养员应使每一个幼儿进入与他年龄所合适的班别。自然在一班中，每个幼儿有其个别的特点，教养员不但要对儿童集体进行教育，还需根据儿童的特点进行个别的指导。

五、明确各项教育工作的目的性、系统性和计划性

明确各项教育工作的目的性是改革教育工作的重要原则。教养员首先要明确教育的目的和任务，清楚地、深刻地意识到要把幼儿培养成为一个什么样的人；善于明确每一项具体教育活动的目的，把每项具体工作，哪怕是最细微的事，都要有机地和总的教育目的及任务联系起来。教养员只有明确每项工作的目的，不屈不挠地向教育的目标迈进，才能实现新幼儿教育和积累新的经验，逐渐扫清旧的资产阶级教育在幼儿园工作中留下的坏的残余和影响。

在以前的幼稚园中，一切工作都没有明确的目的，对于幼儿没有一定的要求，任其自流；幼儿的一切活动都流于形式，而没有想到为什么要这样做。这样的教育，对于幼儿身心的发展是没有什么好处的。例如在以前的幼儿园中，每班都有一张儿童清洁检查表，教养员每天早晨组织儿童坐成半圆圈型，检查每个儿童的手、脸和服装的清洁，然后分别记上最清洁、清洁和不清洁的记号。这项工作就到这里为止，教养员并没有积极地培养幼儿自觉爱好清洁的习惯，也没有积极地去联系家长，使家长了解培养幼儿清洁习惯的重要性，只是检查清洁对于幼儿的保健和健康方面是没有意义的。又如在幼儿园中每天早晨举行全体的朝会，大家唱早安歌，但是幼儿们互相见面或和教养员见面时并不问好，这样并不能培养幼儿有礼貌，朝会只是形式，没有教育上的意义。诸如此类的例子是很多的，而且目前在有些幼儿园中还仍然存在。幼儿园每一项教育工作，幼儿的每一项活动，都应该有目的、有意义。如果教养员可以根据工作的目的性来重新分析每一项工作，就可以决定哪些应该改革、怎样改革，就能逐渐克服目前幼儿教育工作中形式主义和教条主义的毛病。

工作中的系统性是和目的性、计划性有机联系的。过去的幼稚园采用单元教学的方法，各科围绕一个中心单元，割裂开来孤立地进行教学，因此只能教给幼儿一些片面、零碎的知识。旧的单元

教学在目前的幼儿园中还有很大的影响，有些教养员习惯于孤立、点滴地进行教育工作，抓一点，做一点，做一点，丢一点，不成顺序，也没有联系和复习；另一方面，由于教养员不能掌握各项教学的全部内容，故教材也就无法系统化。要克服这个缺点，教养员必须认真学习新幼儿教育的目的和任务，熟悉各项教学的教材和具体的内容与方法，认真计划好自己的工作，保证教育工作的系统性。

幼儿园的各项工作必须有计划、有步骤地进行，这是要通过认真制订计划、严格执行计划才能达到的。首先，幼儿园的主任要拟订全园的一年或一学期的工作计划，经过全体工作人员的讨论和上级的批准后，再以之为根据拟定全园每月的计划。这些计划必须根据幼儿园的具体条件和幼儿的实际情况，以便切实可行。事后还要检查计划的执行情况，总结经验教训。教养员根据全园总的计划，根据幼儿园教学纲要，参考苏联《幼稚园教养员工作指南》，拟订每月大纲材料，然后拟订每天的计划。这样做，才能使幼儿园的整个工作内容具体化，才能按照计划按部就班、有条不紊地进行。目前有些幼儿园，只有教养员有工作计划，整个工作尚无计划，或是把计划当作形式而不实施，这样就使工作陷入事务的盲目忙乱中而停滞不前。也有些教养员对于本班幼儿教养的一学期或全年的工作并无初步的预计，也不能掌握每月的工作分量，只是孤立地今天订明天的工作计划，甚至在一班中，上午班和下午班的教养员各人订各人的工作计划，互不接头。这样只能说有零星的某一点工作的计划，而不能使每一项具体而细微的计划成为整个计划的一部分，使整个工作能有步骤、有计划地实施，这样是不符合工作的计划性的意义的。

教养员要明确各项教育工作的目的性、系统性和计划性，并且统一地掌握和运用，才能提高工作的质量。

六、密切联系家长

幼儿是在家庭中成长的，家庭对幼儿的影响很大。父母、家人的言行或一举一动，都感染着幼儿并被他们模仿。家庭可以给幼儿良好的教育，也可以给幼儿坏的影响。幼儿园是教育幼儿的机构，它的目标和任务是培养一代新中国的建设者和保卫者，使他们能有初步的全面的发展，并减轻母亲抚育子女的负担，使她们能参加学习或生产劳动及各种社会活动。幼儿园的责任不止于在园中教育幼儿，同时要主动地密切联系家长，保证在幼儿教育上的一致性，并且向广大群众进行幼儿教育的宣教工作，扩大幼儿教育的范围和影响。幼儿园和家庭联系工作的重点，应按照幼儿具体的情况、家庭生活的条件和家长的文化程度，在幼儿教养最基本的问题上，向家长提出不同的建议和要求，例如关于幼儿卫生习惯和生活习惯的培养，怎样培养幼儿劳动兴趣和独立性，父母对待幼儿正确的态度及目前存在的偏差等问题。另一方面，关于园内工作和幼儿教养上的问题，亦要取得家长的合作和协助，并虚心参考家长的建议，改进工作。幼儿园和家庭联系的方式是多种多样的，如日常接触中的个别谈话、家庭访问、通过通信解答问题、家长到幼儿园来参观、举行各班家长会议和全体家长会议，组织家长代表会等。

幼儿园和家庭联系的关键，在于幼儿园主任和教养员对于家庭联系工作重要性的认识，在于她们对待家长的态度是否诚恳友好。目前有不少的幼儿园，忽视与家长联系的重要性，不把联系家长的工作作为幼儿园主要工作之一，而认为是额外的负担，或只限于完成幼儿园内教养幼儿的工作，而没有积极地求得幼儿在身心方面的全面发展。因此她们对于幼儿家庭教育抱着漠不关心的态度，甚至把家庭教育不好当作幼儿园教育不能有实效的挡箭牌："这些孩子家庭教育差，所以没有办法。"有些幼儿园只在形式上一学期召集一两次家长会议，大都是看看孩子的表演；另外，只在某一幼儿有特别问题时，才同家长个别联系。当有一部分家长把幼儿园认为是职工的福利，而向幼儿园提出更多的要求时，有的幼儿园，尤其是机关寄宿制的幼儿园，往往和家庭的关系处理得不好。如家长例假日不能把孩子按期接回家，希望幼儿园能代制幼儿的衣物等，或是提出对孩子教养方面的个人意见时，幼儿园的工作人员没有向家长耐心说明幼儿园的任务和工作内容，让家长进一步了解幼儿园的工作，或虚心接受家长的意见，因而造成彼此间的隔阂。这些情况都说明幼儿园工作上有很大的缺点,使家庭教育不能和幼儿园的教育取得一致,甚至在某些问题上背道而驰。幼儿同时受着两种不同的教育和影响,不但不能巩固良好的习惯、行为及对待周围现实的正确的态度,反而会无所适从,养成不诚实的习惯和两面的态度。在目前的社会环境中,人们的思想意识中新旧的观点正在交替,因此,密切联系家长,与家长在教育工作中取得密切的配合,是一个特别重要的问题。只有这样,才能使幼儿教育的效果事半功倍,才能实现使幼儿初步的全面发展的教育目标,而不至于对幼儿有坏的影响。

第三节　幼儿园教育工作的内容

幼儿园是实施幼儿教育、使幼儿能顺利地全面发展的教育机构。解放以来,在全国各地,根据不同的具体条件和需要,先后成立了各种类型的学龄前儿童的保教机构:幼儿园,小学中附设的幼儿班,机关日夜托儿所(寄宿制幼儿园),学校、工厂日间托儿所,群众性的里弄街道幼儿园,季节性的农忙托儿所及变工互助托儿站等。(目前托儿所大半根据实际需要,收托儿童的年龄有从两个月至七岁的,所以也有一部分是幼儿教育)在各种类型的学龄前教育机构中,幼儿园是学龄前教育机构的基本类型。

幼儿园教育工作的内容,决定于幼儿教育的目的、任务和原则。通过幼儿园的实际教育工作,幼儿体育、幼儿智育、幼儿德育和幼儿美育得以统一地体现,全面发展的幼儿教育得以实现。在幼儿园中,按幼儿年龄分为大、中、小三班,各班教育工作的具体任务和内容,按照幼儿年龄的特点有所不同,但又是互相联系的。

幼儿园各班教育工作的内容有下列组成部分:体育、游戏、语言、认识环境、图画手工、音乐、计算等。这些组成部分各有本身独立的系统和内容,同时又是互相联系的,尤其在小班的教育工作中,这种联系的关系更为明显。小班常常在讲故事中教幼儿唱歌,或在图画手工中教幼儿说出物体的名称。幼儿园各项教育工作统一的关系,可以一例说明，例如“认识环境”本身有具体的内容和方法，同时可在谈话中促使幼儿更深刻地认识环境，幼儿通过图画手工又能反映和巩固从认识环境中所得的知识和印象。其他各组成部分，也有同样的统一的关系。在实际工作中，教养员要深刻地了解各部分独立的体系和互相的统一性。

关于幼儿园教育工作内容的组成部分主要的目标和内容，简单分述如下。

一、体育

主要目标在保护和锻炼幼儿体格。包括：培养幼儿良好的生活习惯和卫生习惯；通过体操、运动性游戏、舞蹈和律动，发展幼儿走、跑、跳、攀登、爬行和投掷等基本动作，发展各部肌肉，训练集体动作，以及培养幼儿对于游戏和运动的兴趣。

二、语言

主要目标在发展幼儿语言能力，培养幼儿对文学的兴趣，以及培养优良的道德品质。包括：通过谈话、看图讲述、听故事、重述故事、念儿歌、朗诵诗歌与文学作品及语言游戏等，训练幼儿正确发音，增加幼儿语汇，发展连贯性和文艺性的语言，学会语言生动地表达自己的思想与感情。

三、认识环境

认识环境是幼儿园教育工作内容中的主导部分。主要目标在启发幼儿正确认识周围环境的兴趣，培养对待周围事物正确的态度，扩大幼儿眼界，丰富知识，并发展观察、注意、记忆的能力，发展语言和思维。包括：认识日常生活环境，认识社会环境，认识自然环境。如认识幼儿园中常见的用具、家具，参观邮局，观察蝌蚪的生长过程，认识花、草、树木，观察自然现象等。

四、图画、手工

主要目标在培养幼儿艺术兴趣及艺术创作的技能，发展幼儿的想像力和创造力。图画有意愿画、主题画和装饰画，幼儿用蜡笔、彩色铅笔、水彩与毛笔及粉笔画图画。手工有泥工、纸工（剪、贴、折）和编织及利用各种材料制造玩具的工作等。

五、音乐

主要目标在培养幼儿爱好音乐的兴趣及对韵律节奏的感觉，能正确地唱歌、表演、听音乐做动作。包括：唱歌、听音乐、律动、乐器演奏和音乐游戏等。

六、计算

主要目标在培养幼儿对数学初步的观念、应用计算的兴趣，并培养幼儿运用思维的能力和爱科学的精神。包括：认识 30 以内的基数和序数，计算 15 以内的加法和 10 以内的减法，认识几种几何图形，有初步的时间和空间的概念；懂得大小、长短、轻重的比较，认识斤、尺、升等度量的单位；认识日历上的日期和钟上的时间。

第四节　幼儿教育实施的方式

幼儿体、智、德、美四育，是统一地贯彻在幼儿园教育工作内容的各组成部分中而体现的。幼儿园教育工作的各组成部分，是在幼儿整个活动中以多种的方式而进行的，那就是通过幼儿的日常生活、游戏、劳动和作业。这些不同的方式内部是互相联系而统一的。教养员要统一地、灵活地运用各项教育方式，把全面发展的教育工作的内容贯彻在幼儿整个生活和活动中，才能保证幼儿身心能有初步的全面发展。

一、日常生活

由于幼儿年龄发展的特点，幼儿只有对自己在生活中亲身体验和接触的事物，才易于接受和认识；幼儿教育必须贯彻到幼儿日常生活中，才能有更好的效果。所以，通过日常生活是实施幼儿教育的主要方式之一。教养员要善于在幼儿日常生活中，有目的、有计划地领导幼儿，以进行全面发展的教育。如通过幼儿的日常生活，培养幼儿良好的生活习惯和卫生习惯，训练和复习走、跑、跳等基本动作；认识日用品、家具、食物的名称和用途；认识周围生活环境，复习、巩固和运用已得的知识和技能，模仿和练习说话，培养幼儿集体生活的习惯，培养幼儿欣赏自然界的美和生活中的美，在幼儿照料自己的日常生活中培养其独立性和爱好劳动的习惯等。幼儿的生活和教育是密切联系的，使之全面发展的教育必须在其生活实践中培养、巩固和加深。这也是幼儿教育区别于学校教育的特点之一。

过去在旧的幼稚园中，教员把幼儿的生活和教育分开，以为生活方面是由父母或是保育员负责，自己是教员，只负责上课，只有上课才是进行教育。这样把教育和实际生活脱节，变成空洞的教条和形式，对幼儿毫无益处，而且是非常错误的。全面发展的新幼儿教育，要求教养员对全班幼儿全面负责，在幼儿整个生活中进行教育。目前有些教养员，还受着旧的错误看法的影响，不重视在日常生活中进行教育的意义，不善于有目的地领导幼儿在日常生活中增加练习和巩固知识和技能，只重视作业。这是需要改进的。

二、游戏

游戏是一种有意识、有目的的活动。游戏通过幼儿自己的动作，又有丰富的、多变化的内容，能使幼儿快乐，使他们的生活丰富起来。幼儿喜爱游戏，大部分时间都在做游戏。游戏不但在幼儿生活中占着极重要的地位，同时也是进行全面发展教育重要的手段和方式。

游戏是进行体育的重要方式。在运动性游戏中，幼儿练习跑、跳、捕捉、平衡和竞赛等动作和活动，并加强血液循环、呼吸和新陈代谢的机能，产生活泼、愉快的情绪，同时培养自己勇敢、坚持、忍耐和遵守纪律的品质。游戏也是进行智育的重要方式之一。通过教学游戏，幼儿认识和反映周围的事物和现象，发展感觉和观察、注意、记忆的能力，发展思维和语言，如在游戏中认识和分辨物品的大小、形状、颜色、用途、性质和特征；将一堆物品或一些图片，按性质进行分类和概括；学习数目的计算，增加语汇，纠正发音等。幼儿园中认识环境、语言和计算等教育工作，大部分是通过游戏方式而进行的。让幼儿在创造性游戏中扮演成人的角色，反映对现实环境的印象和态度，进一步了解生活、巩固知识，对于幼儿智育也有很大的意义。游戏也是幼儿园中进行德育方法之一，通过游戏可以培养和巩固幼儿良好的道德品质和习惯。在创造性游戏中，幼儿共同在集体中活动着，反映和体验社会行为的规则，人与人之间的关系，对待劳动、公共财物的态度。在游戏中，幼儿共同商议和决定游戏的内容，学着把自己的愿望服从于集体的意见，发展创造力和想像力，培养爱祖国和勇敢坚忍的品质。在运动性游戏中，幼儿实际掌握游戏的规则，培养纪律性、自制力和对集体成就的关注。游戏对于形成幼儿个性、组成友爱的集体，有很大的作用。幼儿在游戏中发展想像力和创造力，巩固知识和印象，这对于其是进行美工、音乐、舞蹈和表演的良好条件之一。游戏也是进行美育的方式。因此，游戏是幼儿个性全面发展的工具之一，是幼儿教育实施的重要方式。教养员应重视游戏，正确地领导和组织幼儿游戏，以实现全面发展的幼儿教育。目前不少的教养员在这方面是做得不够的，尤其在户外活动时组织幼儿进行游戏方面做得更少。创造性游戏，因为缺少教养员的启发和有计划地丰富游戏内容，在一般幼儿园中尚未开展。教学游戏常限于教具和实物的准备，不能使全班幼儿人手一份材料进行游戏，故只是教养员做游戏，幼儿观看，或是少数幼儿轮流参加游戏，这样就减少了游戏在教育上的效果，同时也减少了幼儿的兴趣。运动性游戏目前在一些幼儿园开始进行，但大部分在体育作业中进行，在户外活动中进行得还很不够，内容也较枯燥，老是插红旗和障碍竞赛等。教养员如何领导幼儿的游戏、展开游戏、怎样通过游戏进行全面发展的幼儿教育，以及怎样选择和整理本国的游戏材料，都是幼儿教育中重要的必须解决的问题。教养员要更积极地展开工作，得出创造性的经验。事实上，有些教养员并不是不知道该怎样做，而是对工作的创造性不够，或是因省事、怕麻烦，妨碍了工作的推进，这一点是首先要克服的。

三、劳动

幼儿劳动的意义主要在于教育上的价值。在幼儿园中，劳动也是教育的重要方式之一，在幼儿劳动的过程中，实施着全面发展的教育。教养员通过使幼儿观察成人的劳动及自己简单的劳动，培养幼儿对劳动的兴趣和爱好以及尊重劳动的态度；练习和发展手的动作，运用知识和技能；接触自然，实验物质的性能（如沙、土、水等），培养幼儿对科学的兴趣；在幼儿制作玩具的劳动中，发展幼儿的创造能力和艺术兴趣。例如，幼儿在照料自己生活的劳动中，自己穿脱衣服，整理床铺，仔细洗干净手、脸，能培养和巩固良好的生活习惯和卫生习惯，发展独立性；认识和复习衣物的名称、颜色和质料，实验肥皂和水的性质，增加知识。又如幼儿在户外劳动中，种植玉蜀黍、饲养鸡鸭，能学习认识动植物的名称、外形和用途，熟悉它们的生长过程，以及与人的关系，培养责任心和爱护动植物的态度。

四、作业

作业是教养员有目的、有系统地向幼儿进行全面发展的教育，做好入小学准备的主要方式。教养员要在规定的时间内，以一定的组织领导全班幼儿进行。教养员对作业必须有充分准备，事先周密计划作业的目的、内容和进行的程序，以有系统地传授幼儿知识，发展各项能力。作业能吸引全班幼儿的注意力，培养幼儿集体工作和脑力劳动的习惯。在幼儿园中，作业是实施教育的重要方式。教养员的主要工作之一，也是掌握各项教学有系统的教材，运用教学原则和多样方法进行作业，以提高教学的质量。作业是有系统地进行教育和教学的主要方式，但是作业不是一项孤立的、单独的教育方式，而是和幼儿的日常生活、游戏、劳动等方式密切配合的。目前有些教养员孤立地重视作业，只注意怎样把作业做好，而忽略在日常生活、游戏和劳动中同样地向幼儿进行教育，从教育的效果看来，这样做对幼儿身心健全发展的益处很少，也使作业失去了它原有的价值和意义，是很不恰当的。

幼儿园中因各班幼儿年龄不同，每次作业的时间和每周作业的次数也是不同的。小班每次作业时间为 10～15 分钟，中班为 20～25 分钟，大班为 25～35 分钟，在最后一学期可延长至 45 分钟，以和小学每节课的时间衔接。关于各班每周作业项目和次数，列表于后，以供参考。

作业项目 / 次数 / 班别	体育	认识环境	语言		图画手工			音乐	计算	合计
			谈话	故事歌谣	图画	泥工	纸工			
小班	1	—	1	2	1	1	1	2	—	9
中班	2	1	1	2	2	1	1	2	—	12
大班	2	1	2	3	2	1	1	2	1	15
共计	5	2	4	7	5	3	3	6	1	36

表中所列小班的认识环境作业、小班和中班的计算作业，应结合其他各项作业和在户外活动中相机进行。

第五节　幼儿园的教养员

幼儿教育的目的、任务和内容，是通过教养员在幼儿园中实现的。教养员是幼儿教育的实施者，担负着培养新中国的建设者和保卫者的巨大任务。在新社会里，幼儿园教养员的工作和教师一样地被评价很高，她们都是人类灵魂的工程师。

教养员的工作是光荣的，责任也是很重大的。教养员不但要善于组织本班幼儿成为一个友爱的集体，同时要注意每个幼儿的特点，使其健全地发展。每日在其周围有二三十个天真的、好动的、易于感受的幼儿，教养员要对他们全面负责，灵活地领导他们并进行教育。在教养员的每日工作中，要手、脑、眼睛、耳朵并用。有时教养员手里在帮一个女孩扎散掉的辫子，眼睛要注意在玩军队游戏的幼儿及游戏进行的情况，耳朵要听着在念儿歌的幼儿念得是否正确，嘴里还要提醒拉着小汽车的幼儿："汽车翻了，里面的客人跌倒了，赶快扶起来。"教养员是这个集体的领导者，有目的、有计划地进行着教育工作，领导全班和每一个幼儿过着愉快的、丰富的和有意义的生活。

教养员本身的个性是幼儿教育重要因素之一。幼儿是好模仿和易受影响的，教养员的道德面貌、情绪、举止行动，甚至说话的声调和态度，都对幼儿有直接的影响。幼儿在入园后，三四年中一直受着教养员的教育影响。因此教养员本身应该是积极热情而诚挚的，具有高度思想水平，热爱祖国，热爱劳动，是幼儿园的集体中积极的成员，有着新时代新人物的气质。教养员的一举一动对幼儿都有教育的意义，都是幼儿的榜样。加里宁说："……正因为这样，所以一个教师也必须好好检点自己，他应该感觉到，他的一举一动都处在最严格的监督之下，世界上任何人也没有受着这样严格的监督。孩子们几十双眼睛盯着他，须知天地间再没有什么东西，能比孩子的眼睛更加精细，更加敏锐，对于人生心理上各种微末变化更富于敏感的了，再没有任何人像孩子的眼睛那样能捉摸一切最细微的事物。这点是应当记住的。"〔1〕有一次，有几位教养员训练班的同学到一个幼儿园去实习，她们发现某班中有些幼儿对同伴常常两手叉着腰，瞪着眼睛，觉得孩子们会有这种凶狠的态度很奇怪。后来一了解，原来这班的教养员就常有这样的态度。这位教养员的不好态度，对孩子们造成了一种很坏的影响。

幼儿教育工作要求教养员具有一定基本常识和业务理论水平。教养员应有历史、地理、自然、文学和艺术的基本知识，尤其要特别注意学习生理学、心理学、教育学、学龄前教育学，以及幼儿园的教材教法，同时要具备下列若干工作上的技能和技巧：会画画，会做泥工、纸工，会做玩具和教具，能唱歌、舞蹈，善于讲述故事、朗诵诗歌等。由于目前幼儿教育是一项新的工作，大批未经过幼儿师范师资训练的青年，积极地担任起幼儿园教养员的工作，他们在工作之前虽未具有幼儿教育的理论和经验，但由于虚心地学习苏联的先进经验，并在实际工作中运用和实践，进步非常快，已逐渐掌握了工作上

〔1〕 摘自加里宁 1938 年 12 月 28 日《在〈教师报〉编辑部所召集的城乡优等教师会议上的讲演》。

必需的理论和技能。所以教养员本身的修养和条件，不在于过去有多少年的工作经验，不在于过去是否受过专门训练，其关键在于有一定的政治修养，有从事新幼儿教育工作的专业思想，对这一事业有积极性和创造性。

教养员本身不但需要具有一定的政治修养与业务能力，并且要真正地关心和爱护幼儿，尊重幼儿的人格，对幼儿提出适当的要求，这是做好幼儿教育工作重要的前提。教养员要爱好和忠于自己的工作，了解幼儿是未来的新社会的建设者和保卫者，因而对幼儿有真诚的关怀和爱护之情；要以诚挚可亲的态度接近幼儿，了解他们的思想和感情，重视他们的兴趣和愿望，关怀他们身心的健全发展。教养员要尊重幼儿人格中优良的素质，并通过不断教育，使这些优良的素质得到发展与巩固；珍视幼儿一切细微的创造和成就；启发、指导、支持和帮助幼儿进行多种多样有益的活动，随时提出幼儿力所能及的要求，引导他们走上身心全面发展的大道。有些教养员对幼儿是冷峻的或拘谨的，幼儿就不易和他们亲近而信任和爱戴他们，缺少这种彼此间良好的关系，就不易进行教育。同样，过于溺爱、放纵幼儿的教养员，或是在教育工作上无一定方向的教养员，他们对幼儿没有适当的要求，只希望敷衍幼儿能不吵不闹，幼儿也同样不会信赖和敬爱她们，反而会因为这种不正确的态度，造成幼儿不尊重教养员、不守纪律的现象，在工作上产生很多的困难。热爱幼儿，并正确领导他们的教养员，就能得到幼儿的爱戴。有一个六岁的幼儿说："我最爱我们的谢老师，她教会我们许多事情，她会画图画，又会讲故事，在上课时她要我们用心听，不能闹。"

摆在教养员面前的是新中国的幼儿教育工作。这一项工作，对于我们国家的前途是有非常重大的意义的；当然，这一项工作在某些方面又是存在着一些困难的。目前，新中国的幼儿教育尚未取得完整的一套经验，这还有待我们虚心学习苏联的先进经验，认真结合实际情况，创造性地实践和总结经验。旧的资产阶级的儿童本位教育思想和单元教学的教育方法，在目前幼儿教育工作中还留有残余。怎样扫清这些旧的残余，树立全面发展教育的思想基础和业务基础，是教养员努力的方向和目标。苏联幼儿园的教养员在这些方面有着很大的贡献，许多教养员成为优秀教师，成为儿童教育事业的革新家，提供了创造性的工作经验。他们是我们的榜样。我们要举起战斗的旗帜，顽强地学习和工作，为新中国的幼儿教育事业取得辉煌的成就而努力。

思考提纲

一、试述全面发展幼儿教育的意义，你在以往是如何认识的？

二、幼儿教育的目的、任务、原则和内容相互的关系怎样？

三、"教养员主导作用"这一原则的意义是什么？

四、如何在幼儿园中实施集体主义的教育原则？你以往是怎样实施的？

五、试以"明确每一教育工作的目的性、系统性和计划性"的原则去分析目前幼儿园中几项实际工作。

六、为什么幼儿园要重视联系家庭的工作？

七、幼儿园教育工作的内容包括哪些组成部分？

八、在幼儿园中应如何统一地运用幼儿教育的各种方式？你以往是如何进行的？

九、一个教养员应如何联系实际，明确今后的努力方向？

江苏人民出版社 1954 年版

学前教育学(节选)[1]

第一章　学前教育学的对象、任务及其发展

第一节　学前教育学的对象和任务

一、学前教育学的对象

每一门科学都有自己特有的研究领域。“科学研究的区分,就是根据科学对象所具有的特殊的矛盾性。因此,对于某一现象的领域所特有的某一种矛盾的研究,就构成某一门学科的对象。”[2]学前教育学是教育学的一个分支学科。由于教育对象的年龄不同,分为学前教育、普通教育、高等教育和成人教育等教育阶段。各教育阶段的具体任务、内容和方法都不相同,具有各自的特点和规律,需要分别进行研究。学前教育是指从初生到六岁前儿童的教育。学前教育学就是专门研究学前教育的规律的科学。对儿童的教育从出生后就开始了,从初生到三岁前这一阶段为婴儿教育,三至六岁前阶段为幼儿教育。三岁前是儿童发展和教育极为重要的时期,婴儿教育和三至六岁前幼儿教育是相互连接、性质相近又密切联系的。因此,学前教育学应统一探讨和研究从初生到六岁前儿童的教育。结合当前我国学前教育理论和实践情况,本书前四章及后面关于家庭教育、托儿所、幼儿园和小

〔1〕 除本章外还撰写下列各章:第二章,学前教育与社会关系;第三章,学前教育和儿童发展的关系;第四章,教育目的与学前教育任务;第五章,婴儿教育;第六章,幼儿体育;第七章,幼儿园的游戏。

〔2〕《毛泽东选集》第1卷,人民出版社1968年版,第284页。

学的衔接，学前教师及其培训，科学研究等章节，对婴儿教育和幼儿教育作了相应的统一论述，第五章讲述婴儿教育的特点和具体内容、手段、方法，其余各章则分别论述幼儿教育的内容、手段、方法。

从国际上看，目前对学前教育的年龄分期尚未统一。有的国家是指初生至五六岁儿童的教育，有的国家则指从二三岁开始到六七岁入学前儿童的教育，我国以前也曾把学前教育单指三至六岁前儿童的教育。但近二三十年来，一些国家，如苏联，把托儿所和幼儿园合并为统一的学前教育机构，学前教育包括从初生至六七岁前儿童的教育。美国将初生到小学低年级儿童的教育称为早期教育，而学前教育则指三至五岁前儿童的教育。

仅仅明确学前教育学研究哪一年龄阶段的教育是不够的，还需指明所研究的是什么性质的学前教育。教育具有社会性和历史性，各国的政治经济制度和生产力发展水平不同，妇女参加社会活动和就业人数的比例及科学技术、教育和传统文化的发展等因素也都不同。因此，各国学前教育在教育性质、目的、任务等方面是各有特点的。我国的学前教育学是研究在社会主义初级阶段的条件下对初生至六岁前儿童进行教育的规律的科学。

学前教育包括学前社会教育和家庭教育。学前社会教育指由社会提供设施或资助，指派专人实施或辅导的各种机构或组织，其形式多种多样，在我国以托儿所、幼儿园为主。托儿所收托三岁以下婴儿，幼儿园收托三至六岁前幼儿。此外，还有多种形式的家庭托儿站、游戏小组、巡回辅导、咨询等。学前教育学主要研究托儿所、幼儿园教育，但也应对家庭教育有指导作用。托儿所、幼儿园教育和家庭教育在教育目的、任务和原则等方面是基本一致的，这样就提供了学前教育学指导家庭教育的可能性。同时，家庭教育对儿童身心的发展有极为重要的影响，而且尚有一些儿童未进托儿所、幼儿园，学前教育学兼顾到指导家庭教育，也是必要的。

二、学前教育学的任务、内容及学习方法

学前教育学的任务在于总结我国学前教育的经验，研究学前教育

理论，并引进国外学前教育的理论和实践，以探讨我国学前教育的规律及今后发展趋势。通过学前教育理论研究，提高学前教育科学水平，指导学前教育实践，帮助托儿所、幼儿园和家庭科学地对儿童进行教育，为培养一代新人打好基础。学前教育学也为国家和有关部门制定学前教育的政策、措施和进行教育改革提供理论依据。

学前教育学以教育学和心理学的基本原理为基础，研究学前教育的任务、内容、手段和方法，揭示在儿童和教育者的共同活动中，怎样对儿童施加教育影响，促进儿童在体育、智育、德育、美育几方面主动发展的规律。学前教育学研究和阐明以下内容：本门学科的对象、任务和学前教育学的产生和发展；学前教育与社会的关系；学前教育与儿童发展的关系；教育目的和学前教育任务；三岁前婴儿教育的内容和手段；幼儿教育的内容，即体育、智育、德育、美育诸方面的具体规律；幼儿教育手段，即游戏、教学、日常生活等教育手段的理论和实施；托儿所、幼儿园与家庭；托儿所、幼儿园、小学在教育上的配合和衔接；婴幼儿教师培训及学前教育科学研究等。

学前教育学与其他教育科学分支学科有着密切的联系。普通教育学提供了教育的基本规律；教育史研究各种具体历史条件下，教育思想和实践的发展；托儿所教育研究托儿所的教育和教学工作；幼儿园各科教育分别研究语言、常识、计算、体育、音乐、美术各科教育的理论与特点。学习这些教育学科可以提高学前教育学的理论水平，了解学前教育思想的来龙去脉，丰富和加深学前教育学的内容。

由于各门学科的相互渗透，学前教育学与其他相邻学科的相互关系也日益密切。生理学提供儿童生理发展的规律和特点，心理学和儿童心理学研究心理发展的客观规律和儿童的心理过程及特点，是向婴幼儿进行教育和教学的依据。儿童卫生学研究如何促进儿童的生长发育，增进儿童健康，与婴幼儿体育的理论与实践具有密切的联系。学前教育学还和人类学、社会学、生态学、遗传学、伦理学、美学、语言学等学科有密切联系。

学前教育学是高等师范院校教育系学前教育专业的主要专业课

程之一，学生通过学习这门学科，掌握学前教育的基本理论和基本技能及开展学前教育科学研究的初步方法；同时，这门课程能帮助学生了解托儿所、幼儿园的实际情况，培养他们热爱儿童、热爱学前教育工作的专业思想。

学习学前教育学应以相邻学科，如生理学、心理学、教育学、社会学、生态学的基本理论及最新科研成果为科学基础，探讨学前教育理论及学前教育领域中的新问题。同时应遵循理论联系实际的方针，既努力掌握本学科的基本理论，打下较扎实的理论基础，又注意联系托儿所、幼儿园实际，进行或参加一些调查研究和教育实践活动。在学习过程中还应注意培养各种能力，如自学能力、分析问题和解决问题的能力、独立思考能力、实践及动手能力以及书面和口头表达能力等。

学前教育学目前还是一门年轻的学科，通过学前教育理论工作者和实际工作者的努力，将进一步把学前教育理论提高到新的水平，使之日趋完善，成为一门具有我国特点的指导实际工作的学前教育学。

第二节　学前教育学的发展

研究学前教育学这门学科形成和发展的过程，可以比较透彻地认识这门科学的现状和存在问题，预测将来发展的趋势，明确今后研究的方向。

学前教育学随着社会的发展而逐步发展，直到 19 世纪中叶才开始成为一门独立的学科。社会的进步，特别是生产力的发展对教育和学前教育提出了更多更高的要求，促进了教育和学前教育理论的发展。学前教育学的发展还和科学文化的发展相联系，特别是生理学和心理学的发展为学前教育学奠定了基础。学前教育学又是教育学的分支，只有在教育学发展到一定阶段后，学前教育学才能分化出来。专门的学前教育机构的建立和发展，一方面积累了丰富的教育经验，另一方面又需要有系统的学前教育理论的指导，这才更有利于促进学前教育学的发展。

学前教育学的形成和发展可以概括地从以下几个阶段来说明。

(一)第一阶段或孕育阶段

在15世纪以前,学前教育学思想散见在各种著作之中。

人类从原始社会开始,逐步积累了教养儿童的经验,出现了儿童教育思想的萌芽,最初散见在谚语中,如"三岁看大,七岁看老"、"教儿婴孩,教妇初来"等。我国一些古书中很早就有关于学前教育的记载,如西汉贾谊(公元前220~前168)在《新书》中记载了公元前11世纪周成王母注意胎教之说。《大戴礼》与《礼记》[1]记载有一些学前教育思想。《大戴礼》的《保傅》篇中曾记有殷周统治者如何注重胎教,如何为太子选择保傅人员,使太子"自为赤子时,教固已行矣"。《本命》篇中提出关于初生后年龄特点的记载,如三个月后能转视而看见东西,八个月生齿然后能食等。《礼记》的《内则》篇中提出关于小儿出生后选择保姆的要求及从儿童能食能言时便进行教育:"凡生子择于诸母与可者,必求其宽裕慈惠,温良,恭敬,慎而寡言者,使为子师,其次为慈母,其次为保姆,皆居子室,他人无事不往。""子能食食,教以右手。能言,男唯女俞[2]。男鞶革,女鞶丝[3]。六年,教以数与方名[4]。七年,男女不同席,不共食。"从小教儿童日常生活的习惯、礼节和常识。又如魏晋南北朝时,颜之推(531~不详)著有《颜氏家训》,在《教子篇》、《勤学篇》中论述了对幼小儿童的家庭教育。此外如宋代司马光(1019~1086)著有《家范》,南宋朱熹(1130~1200)编《童蒙须知》和《小学》等。虽然这些著作中有一些"人伦之教"和三纲五常的封建糟粕,但也提出了一些有益的学前教育思想。如颜之推在《颜氏家训》中提出应注意胎教,应从小教育儿童,他指出:"婴稚识人颜色,知人喜怒,便加教诲,使为则为,使止则止。"他批评"无教而有爱"、"恣其所欲"的做法造成"逮子成长、终为败德",赞同"孔子云少成若天性,习惯如自然"及俗谚"教儿婴孩"的说法,重视学前教育的作用。又如朱熹

〔1〕汉代戴德、戴圣收集战国至汉初儒家讨论"礼"的文章的丛编。

〔2〕唯之声直,俞之声婉。

〔3〕鞶音盘,指大带子,男以皮革为带,女以丝为带。

〔4〕东南西北四方的名称。

重视胎教，认为孕妇应注意“一寝一坐，一言一念，一视一听”，以使胎儿能够“气禀正而方理全”；他还认为婴儿出生后，“乳母之教，所系尤切”，乳母必须有“宽裕、慈、惠、温、良、恭、敬”等道德品质，主张对儿童“教之以事”，“从小便养成德行”。以上说明我国古代一些思想家就总结了胎教和儿童出生后家庭教育的实践经验，重视对幼小儿童的教育，提出了宝贵的学前教育思想。这些丰富的学前教育遗产，还有待我们进一步研究和整理。

国外也有一些哲学家、思想家很早就提出关于学前教育的一些看法和主张。如古希腊哲学家柏拉图（Plato，公元前 427～前 347）在他的著作《理想国》中，在论述建立贵族共和国的理想时，提到了关于学前教育的思想，指出了学前教育的重要性：“凡事之开始，为最重要之点。而于教育柔嫩之儿童，则更宜注意。盖其将来人格之如何，全在此时也。”[1]他第一次提出了学前社会教育的主张：儿童出生后要交给国家特设的养育所，由专门的保姆抚养，母亲去喂奶；三至六岁儿童集中到神庙附设的儿童场院，国家委派优秀女公民教育他们。他还提出学前儿童的游戏和讲故事活动，认为不要强迫儿童去学习，而要用游戏的方式，通过游戏可以了解每个儿童的自然才能。他还提出：“因为儿童没有能力辨别寓言的和不是寓言的，他们在年幼时所听到的东西容易留下永久不灭的印象。因为这些缘故，我们必须尽力使儿童最初所听到的故事要做得挺好，可以培养品德。”[2]

古希腊哲学家亚里士多德（Aristotle，公元前 382～前 322）在《政治论》中提出了胎教思想，主张婴儿出生后喂母乳，从小要多运动，并习于寒冷。他认为在五岁前不应要求儿童学习课业，以免妨碍其发育，还主张儿童应学习唱歌和演奏。他还第一个做出年龄分期的尝试，从出生后每七岁为一阶段，到二十一岁止。

罗马教育家昆体良（Marcua Fabina Quintianus，35～96 年）提出

---

〔1〕 柏拉图：《理想国》（第一册），吴献书译，商务印书馆 1957 年版，第 92 页。

〔2〕 柏拉图：《柏拉图文艺对话集》，朱光潜译，人民文学出版社 1983 年版，第 25 页。

人的教育应从摇篮里开始，在婴儿期间就应注重他们语言的发展，强调周围环境对儿童最初观念形成的重大影响。他认为儿童从教育者那里获得关于世界的知识和道德观念，主张为儿童挑选好的乳母和教育者。他还指出游戏在增强智慧、培养品格中的意义。

但是自5世纪后，欧洲进入中世纪，文化和教育几乎为教会所垄断，教育处于停滞和衰退状态。当时宗教教义认为儿童天生是有罪的，教育上一味压服儿童、驯服儿童，学前教育思想为之禁锢，发展极为缓慢。

（二）第二阶段或萌芽阶段

16世纪后，在一些教育论著中包括有对学前教育的论述，随着教育学的建立，学前教育理论也逐渐丰富起来。

古代教育和学前教育只在奴隶主及贵族等有限范围的人们中施行。欧洲自中世纪开始，思想文化领域受教会严格控制和禁锢。一直到14至16世纪，随着资本主义生产因素的发展，资本主义的新兴，出现了文艺复兴运动，资产阶级要求个性解放，主张提供儿童身体和智力发展的条件，才逐渐重视儿童教育。教育和教育理论有了发展，出现了许多著名的教育家，发表了许多教育著作，教育学的发展进入了一个新阶段，开始有比较完整的理论体系而逐渐形成一门独立的学科。在这些教育著作中，较早的是捷克教育家夸美纽斯（J. A. Comenius，1592～1670）的《大教学论》。后来有一些有名的教育著作，如英国哲学家洛克（J. Locke，1632～1704）的《教育漫话》，法国启蒙思想家卢梭（J. J. Rousseau，1712～1778）的《爱弥儿》，瑞士教育家裴斯泰洛齐（J. H. Pestalozzi，1746～1827）的《林哈德和葛笃德》，德国教育家赫尔巴特（J. F. Herbart，1776～1841）的《普通教育学》，及教育家福禄倍尔（F. Froebel，1782～1852）的《人的教育》等。这些著作不仅对教育学的建立和发展有很大影响，而且几乎都论述了学前教育，对学前教育理论也有不少建树。

首先，提出了尊重儿童、热爱儿童，按照儿童的特点发展其个性的观点，主张学前教育应有特殊的内容和方法；反对把儿童看做天生有罪的人，或是小大人，反对压抑与摧残儿童个性的旧教育。其次，提出教育必须“适应自然”，认为儿童一出生就具有一切道德的、理智的、身体的能力萌芽，如果用适当的方法加以教育，就能使儿童的一切内在能力和谐地发展起来。这种教育思想虽过分强调自由发展，但在当时具有进步意义。第三，系统地提出了家庭教育的完整体系。夸美纽斯在其所著的世界第一本学前教育专著《母育学校》(1632)中，提出家庭是一所母育学校，母亲便是主要的教师，在儿童一至六岁时进行学前教育，并详细论述了学前教育的内容和方法。洛克在学前儿童体育、德育和智育方面也提出了一系列的具体建议。第四，重视儿童主动参加活动，发展感官，获得直接经验，并提出直观的教学方法。

我国在唐宋以后长期闭关自守，同时推行文化专制主义，实施按八股文取士的科举制度，阻滞了科学技术和文化教育的发展。18世纪以后，学前教育仍因袭传统的封建教育，和国外学前教育思想没有交流，发展缓慢。但在这段时期蒙养教育(七八岁到十五六岁)有所发展，这对学前教育也有影响，还有些思想家提出了一些可贵的教育理念。如明代王守仁(1472～1528)提出“教童子，必使其趋向鼓舞，中心喜悦”。唯物主义思想家王廷相(1474～1544)认为“童蒙无先入之杂，以正导之而无不顺受……壮大者已成驳僻之习，虽以正导，彼以先入之见为然……故养正当于蒙”。明吕得胜作《小儿语》，他提倡寓教育于歌谣之中，提出：“儿之有知而能言也，皆有歌谣以遂其乐，群相习，代相传……乃以立身要务，谐之音声，如其鄙俚〔1〕，使童子乐闻而易晓焉。”隋代陈弘谋所编辑的《五种遗规》中也包括有学前教育，他也赞同“养正之方，最小时为尤要”。

（三）第三阶段或初创阶段

从18世纪后期到20世纪前半期，学前教育学从普通教育学中分化出来，开始形成为一门独立的学科，并初步发展起来。

如前所述，长期以来，学前教育的思想、理论和普通教育理论是

〔1〕 指一般儿童歌谣，如今日之顺口溜者。

被笼统地论述的。一直到18、19世纪后，学前教育理论才从笼统的认识中建立起独立的范畴与体系，从普通教育学中分化出来，而成为一门独立的学科。学前教育学是从德国教育家福禄倍尔开始创立的。

福禄倍尔原来从事学校教育，后来致力于学前教育。他不仅建立了学前教育机构，设计了一套游戏与作业材料〔1〕，并研究了学前教育思想和理论，系统地阐明了幼儿园的基本原理和教学方法。他著有《幼儿园教育学》(1862)、《慈母游戏和儿歌》(1843)及《幼儿园书信集》等书，并在幼儿园进行了实践。他还热心地宣传学前教育，培训了第一批幼儿园教师。他对学前教育所作的贡献，不仅推动了各国幼儿园的建立，并使学前教育学开始成为一门独立的学科。

福禄倍尔的哲学观点受到了德国古典唯心主义哲学的影响，他的教育思想则是受夸美纽斯、卢梭，特别是裴斯泰洛齐的影响。他认为宇宙是一个统一体，其中心是神，人是其中一个小的统一体，教育的目的在于揭露潜在于人的内部的“神的本原”。他主要的学前教育思想有以下各点：

1. 教育应当适应儿童的发展

他认为教育要遵循儿童的自然本性，实现儿童的天然禀赋。学前儿童不是成人的缩影，幼儿园的教育内容应和学校不同。他为学前儿童创设了一种不用书本的学校。

2. 教育是以儿童的自我活动为基础的

儿童天生是善的，通过自我活动实现内部的发展。教师只为儿童提供条件，不进行干预，必要时才要儿童服从一定的要求。他还认为儿童生活在社会中，应重视儿童与他人的交往及应具有的品德。

3. 游戏有重要的教育价值

他认为“儿童早期的各种游戏，是一切未来生活的胚芽……人的整个日后生活……它的渊源都在儿童早期”。“游戏是内部存在的自

〔1〕 原称为恩物(Gifts)，意即神恩赐儿童的玩具。

我活动的表现”,[1]也是一种创造性的生活,促进儿童的成熟与学习。他还把游戏作为幼儿园的教育方案中的主要活动。

福禄倍尔某些教育思想,如强调儿童的自我发展,实现自然禀赋,忽视教育的作用,是不够正确的,但他对学前教育理论和实践作出了很大的贡献,为学前教育献身的精神也是值得纪念的。福禄倍尔的一句名言:“来吧! 让我们和我们的儿童生活在一起!”就是他思想和行动的格言。

除福禄倍尔以外,还有一些学者也对学前教育学的创立作出了贡献。英国空想社会主义者罗伯特·欧文十分重视早期教育,认为人的性格的形成受教育和环境影响,从小培养儿童“是最容易的形成性格的方法”。他还重视培养儿童友爱等良好的习惯,主张让儿童尽可能多在户外活动,在教育中不应责罚儿童,也不要过多地约束儿童。他的一些学前教育思想至今仍是有意义的。俄国教育家乌申斯基(К. Д. Ушинский, 1823～1870)也有一些有价值的学前教育思想,如教育要考虑每个孩子的年龄和心理特征,游戏的性质和内容受社会环境和儿童年龄的影响,应重视向学前儿童进行认识大自然的教育以及美育和德育等。

此后在19世纪末及20世纪初,美国相继开展进步教育运动和儿童学运动,心理学家霍尔(G. Stanley Hall, 1846～1924)主张以儿童为中心,儿童的学习能力是天生不可改变的,幼儿园应提供儿童自然发展的条件。教育家杜威(John Dewey, 1859～1952)主张“教育即生活”,学校生活与儿童实际生活打成一片;“从做中学”,以儿童实际经验为起点,并使经验继续不断地改造;让儿童在实际生活中学习解决和处理实际问题的方法;同时要重视儿童处理人与人关系的社会技能的发展。他也主张“儿童是中心”,教育的措施要围绕着儿童而组织起来,教育活动是以儿童的兴趣和能力为依据的。霍尔与杜威的教育思

〔1〕 张焕庭主编:《西方资产阶级教育论著选》,人民教育出版社1979年版,第323页。

想对学前教育理论有很大影响，他们在发挥儿童的主动性方面提出了一些有益观点，但以儿童为中心和“从做中学”的主张，忽视了教育的作用和教育的系统性，是不全面的。

意大利教育家蒙台梭利(Maria Montesori，1870～1952)是继福禄倍尔之后对学前教育理论有重大影响的代表人物。当时生物学、生理学和心理学的建立和发展，为人们了解和认识儿童提供了科学基础，而不像过去只能通过观察和经验中认识儿童、研究教育。蒙台梭利原是意大利医生，她在从事治疗智力落后儿童的工作后，学习和研究教育，建立了学前教育机构——儿童之家，并运用生理学和心理学的知识及系统观察法和实验法等科学研究方法进行教育实验，提出自己的学前教育理论，推进了学前教育学的发展。她在1909年写成《蒙台梭利教学法》，还著有《蒙台梭利手册》、《童年的秘密》、《新世界的教育》、《蒙台梭利基本的教材》、《教育的自发活动》等书。

蒙台梭利的教育思想是以她的儿童观为依据的。她认为儿童自身具有发展的能力，儿童的生长是其内在生命潜力的发展。教师的任务在于提供一个环境，“这个环境将具有促使儿童聚精会神的最有利的外部条件”。她提出，儿童将经历一系列的发展阶段，每个阶段都有易于接受某种学习类型的倾向。她强调儿童的自我教育方法，儿童通过与教学材料、玩具的相互作用来学习，鼓励儿童自我指导和个人创造。她认为不同个体有不同的发展节律，应让每个儿童按自己的步伐自由发展。她特别重视感官教育，并设计了一套发展感官的教学材料，让儿童自己摆弄、自己练习、自我校正，由此积极主动地发展感知觉与动作。

蒙台梭利的学前教育理论流传很广，她所提供的方法别具特色，至今在西方一些国家仍有实施她的教育理论的幼儿园，但对她那种脱离儿童实际生活的训练方法和机械的要求有所修正。

与蒙台梭利同时代的还有比利时教育家德可罗利(Quide Decraly，1871～1932)，他原来也是医生，从事特殊儿童的教育，以后研究学前教育，他赞同经验是人的有机体与环境相互作用的结果，提出“让儿童在生活中预备生活”。他的教育方法以儿童活动的三过程——观察、联想和表达为基础，要求儿童手脑并用。他不同于蒙台梭利，主张儿童应在集体中活动，教师应采用设计教学法，为儿童计划和设计长时期的和短时期的活动。他的教育思想对学前教育理论也有一定影响。

上述的教育家所提出的学前教育理论对学前教育学的初创作出了贡献，当然也有历史局限性，但是其中的精华部分是建立和发展我国学前教育学的可贵借鉴。

我国学前教育学的建立和发展有着自己的道路。19世纪中叶以后，随着反帝反封建的旧民主主义革命的兴起，及西方资产阶级教育思想的传入，传统的封建教育远不能适应当时社会的要求，因而人们要求改革旧教育制度，提倡西学，开设学校，与此同时也提出了实施学前社会教育的思想。在清末维新运动中，维新运动的领导人康有为(1858～1927)在《大同书》中第一次提出在我国实施学前社会教育，学前教育包括从胎儿到六岁的教育，妇女怀孕应入“人本院”，婴儿在育婴院养育，三至六岁的儿童则进慈幼院。康有为提出学前社会教育思想有进步意义，但以大同理想改良封建社会是行不通的。民主教育家蔡元培(1868～1940)在对学校教育进行了一些重要改革的同时，也提出了学前社会教育体系，主张设立胎教院、乳儿院、幼稚园等一套养育机构，以代替家庭教育。他还提出以儿童为本位，让儿童个性得到自然、自由的发展，并认为应从胎儿期就开始进行教育。蔡元培重视学前教育的思想是十分可贵的，但他提出以学前养育机构代替家庭教育是不现实的，这些学前养育机构只能辅助家庭，和家庭合作共同教育学前儿童。

20世纪初期，在我国建立幼稚园时，福禄倍尔、蒙台梭利的学前教育思想及杜威的教育思想相继传入我国。教会幼稚园设立较早，数量也较多，培养幼稚园师资的幼稚师范学校又大都由教会设立，因此学前教育内容、方法，甚至设备和玩具，实际上由效法日本转为参照和仿效西方。随着我国幼稚园的发展和学前教育理论及实践经验的积累，一些教育家和教育工作者致力于研究和创立适合我国国情的学前教育理论，其中陈鹤琴、陶行知、张雪门为建立我国学前教育理论作出了重要贡献。

我国著名幼儿教育家陈鹤琴(1892～1982)，当时为南京东南大学教授，他在系统研究儿童心理发展的基础上，于1923年创办了我国最早的幼儿教育实验中心——南京鼓楼幼稚园，并对幼稚园的课程、设备等方面进行了实验研究，还整理出版了研究成果。他论述了幼儿教育的一些理论问题，主张幼稚园教师要注意儿童的健康，培养儿童良好的习惯；主张幼稚园应有充分而适当的设备，并与家庭合作教育儿童；主张幼稚园的课程以大自然、大社会为中心，实施单元教学，采用游戏方法，多在户外活动等。他在鼓楼幼稚园的实验研究对当时的幼儿教育影响很大，其主编的幼稚园课程书籍如《幼稚园课本》、《一年中的幼稚园的教学单元》、《儿童唱歌》、《儿童游戏》、《儿童故事》等，为各幼稚园所参考或采用。1932年教育部颁布的《幼稚园课程标准》也参照了他实验研究的结果。抗战时期，他又创建了我国第一所公立幼稚师范学校——江西实验幼师，实验研究师范教育。他的主要著作有《儿童心理之研究》、《家庭教育》以及与陶行知、张宗麟合著的《幼稚教育论文集》等。

人民教育家陶行知(1891～1946)对我国的教育事业作出了重要贡献，他在学前教育方面也提出了很多进步的教育主张。他强调六岁前教育的重要性，“儿童学者告诉我们凡人生所需要的重要习惯、倾向、态度多半可以在六岁以前培养成功”。[1] 他的办园思想是“中国化”、“平民化”，主张在工农中普及学前教育，并创办了我国第一所乡村幼稚园和劳工幼稚园。他提出要在幼稚园实施和谐的生活教育，反对束缚儿童个性的传统的教学法。他在学前教育方面专著有《创设乡村幼稚园宣言书》、《幼稚园之新大陆》、《如何使幼稚教育普及》等。

〔1〕 陶行知：《创设乡村幼稚园宣言》，《陶行知教育论文选辑》，生活、读书、新知联合发行所1949年版，第84页。

幼儿教育家张雪门(1891～1974)，曾在北平主办香山慈幼院的幼稚师范学校和幼稚园，他主要研究幼儿教育理论和幼稚园课程，出版了不少的幼儿教育著作，有《幼稚园教育概论》、《新幼稚教育》、《幼稚园的课程》、《幼稚园的研究》、《幼稚园组织法》等，对丰富和提高幼儿教育理论作出了一定的贡献。

此外，20 世纪 50 年代前还有不少幼儿教育、教材教法等方面的书籍，其中有些具有一定的参考价值，如张宗麟的《幼稚教育》、孙铭勋的《幼稚教育》、王骏声的《幼稚园教育》和樊兆庚《幼稚教育》等等。

综上所述，建国前一些幼儿教育家和幼儿教育工作者积累和总结了幼儿教育的经验，对幼儿教育理论和实践进行了研究，丰富了幼儿教育理论，为建立我国学前教育学迈出了第一步。

(四) 第四阶段或发展的新阶段

20 世纪中叶以来，辩证唯物主义的广泛传播及教育学、心理学、生理学等相邻学科的发展，提高了学前教育学的理论化和科学化水平，学前教育学进入了发展的新阶段。

人们对学前教育规律性的认识也和对世界的认识一样，是一个循环往复、不断上升的过程。自 19 世纪中叶学前教育学成为一门独立的学科以来，学前教育理论虽不断完善，但相对来说仍是一门很年轻的学科，大部分内容还停留在经验的描述和简单形式逻辑的推理，有的部分抽象概括的层次不高，有的缺乏科学的方法论作指导。20 世纪中叶以后，学前教育学的发展进入了提高理论化和科学化水平的新阶段，主要表现在两方面：首先，辩证唯物主义为学前教育学的研究提供了科学的世界观和方法论，使学前教育学的发展进入新阶段；其次，邻近学科和科学技术的发展为学前教育学提供了科学基础，提高了学前教育的科学水平。

学前教育学和其他任何一门科学一样，必须以哲学作为理论基础。从事学前教育学研究和实践工作的人们总要持有某种世界观和某种方法论，总是与他们对整个世界的总的看法和根本观点、观察问题和处理问题的根本方法相联系，自觉或不自觉地以某种哲学作为依据。在马克思主义产生和传播以前，有些教育家往往只用生物学观点解释学前教育现象，强调儿童的本能或遗传的作用，强调儿童自发的发展，主张“自由教育”，他们所提出的学前教育任务或内容，虽有精华部分，但也往往带有历史局限性。

辩证唯物主义的产生和传播为进一步探索学前教育学的科学规律准备了条件，又对教育和学前教育的根本问题作了科学的回答。辩证唯物主义揭示了教育与社会生产方式的密切联系，为学前教育的目的、任务、内容的研究提供了基本观点。马克思主义对人的本质是社会关系的总和的论断，以及事物发展变化的根本原因在于事物的内部矛盾的观点，使人们对遗传、环境和教育三者之间的关系能做出科学的说明。辩证唯物主义的认识论又科学地说明了理论和实践的关系。理论来自实践，又能指导实践，为实践服务。理论和实践结合的原则指导着学前教育学的研究、学习和应用。此外，控制论、信息论和系统论作为一种科学方法论，也被人运用到教育和学前教育科学领域。以上这些对科学的学前教育学的建立起了重大作用。

其次，学前教育学邻近的学科，特别是心理学的发展，促进了学前教育学科学水平的提高。学前教育学研究的对象是学前儿童的教育，必须在了解儿童生理和心理发展规律的基础上，才能科学地认识教育的规律。20世纪中叶以来，生理学及神经生理学、心理学，特别是儿童心理学以及社会学、人类学有了较大的发展，为学前教育理论提供了科学依据。如心理学对儿童心理发展的动力研究，对学前儿童认知能力发展、情感和意志发展的研究，对学前儿童个性形成的研究，为建立和提高学前儿童认知教育、情感教育和道德教育理论，提供了心理学的基础。

当今整个学科发展的趋向，既进一步分化，又进一步互相渗透和综合，学前教育理论和相邻学科的关系也越来越密切，对学前儿童智力的、身体的、情感的发展和教育的课题也须进行多学科（生理学、心理学、儿科学、教育学、社会学、生态学等）的综合研究。

解放后，我国学前教育理论的建设进入一个崭新阶段。在总结我国过去学前教育经验的基础上，新的学前教育理论以马克思主义为理论基础，并学习苏联以及其他国家学前教育理论和实践，对下列学前教育基本理论问题进行了研究：学前教育必须为人民服务，促进学前儿童身心健康发展；学前教育的任务、内容和方法必须和我国社会主义现实相联系，与学前儿童身心发展特点相结合；儿童的发展是生物因素和社会因素多层次相互作用的结果，并且是主动的发展；从出生开始就应对儿童进行有目的、有系统的教育；要重视儿童身体的、智力的、情感的、道德品质的全面发展和教育；幼儿园的课程模式；教师的指导作用和儿童的主动性、积极性相结合；游戏是学前教育主要的手段；托儿所、幼儿园教育必须取得家长的配合和参与等方面，并取得较大进展，为建立具有我国特色的学前教育学奠定基础。

心理学是学前教育学的科学基础，由于对儿童是怎样发展的、怎样学习的，不同的心理学派有不同的解释，同时各国具体国情和教育目的、任务不同，因而当前国外有种种不同的学前教育思想：① 苏联学前教育理论，根据人的心理是在人掌握间接的社会文化经验中产生和发展的理论，认为有明确目的的教育和教学在学前儿童发展中起决定作用，主张有计划、有系统地向儿童进行全面发展教育。② 根据行为主义心理学的一种理论，认为儿童的行为是由外部刺激决定的，通过控制外部刺激和强化作用，就可以形成或改变儿童的行为。在教育中则主张有明确的目的和实施的原则，选择适当的内容直接教给儿童，并予以强化，儿童的活动在教师领导下进行。③ 西方开放教育理论，根据发展成熟论的教育理论，认为儿童自己是学习的主人，自己决定要学什么、如何学，教育的任务在于帮助儿童学习如何进行学习，发展他们的智力、情感，以及处理问题解决问题的能力，在方法上大都采用发现法。④ 认知心理学的教育理论，主要运用皮亚杰关于儿童思维和学习的认知理论，认为儿童的学习是一种主动的过程，知识是从儿童内部构成的，重视儿童主动探索和主动操作。教育的任务在促进儿童的主动学习，使儿童能够产生最佳的认知不平衡，而成为重新组织认知结构的动力。这些不同流派的学前教育思想使我国学前教育学的研究丰富和活跃起来。我们要以辩证唯物主义方法论为基础，从我国实际出发，并博采百家之长，对我国学前教育理论进一步加以发展和创新。

当前教育改革已成为世界性的趋势，要进一步探索和研究当前学前教育改革中重要理论问题，如当前教育改革"一条龙"实验中的学前教育实验和改革的研究；幼儿园结构严密的分科课程理论与强调各科联系的综合课程理论的比较研究；发展学前儿童的主动性和教师指导作用的研究；集体教育与因材施教的研究；发展学前儿童智力潜力，培养学前儿童独立能力及培养创造力的研究；发展学前儿童情感的研究；学前儿童社会化的研究；幼儿园各种分班级方式的比较研究；农村学前教育的体制、组织管理、教育内容和方法的研究；学前残障儿童教育（或早期干预）的研究；托儿所、幼儿园教育质量评估的研究；幼儿园教师的能力结构、知识结构及其培养的研究，以及学前教育科学研究方法的研究等等。同时，学前教育科学研究将进一步加强计划性，有步骤地进行，加强协作研究和综合研究，并要进一步研究方法论及引用各种研究方法。

要充分发挥我国当前社会的有利条件，以辩证唯物主义为指导，进一步有计划地开展学前教育理论和实践的研究工作，继承和发展我国的教育遗产，研究和分析国外学前教育理论和科研成果，以进一步健全和发展具有我国特色的指导实际工作的学前教育学。

人民教育出版社1989年版

《中国大百科全书·教育卷》“学前教育学”词条

学前教育学(preschool pedagogy) 研究学前年龄阶段儿童教育规律的科学,教育学的一个分支学科。中国的学前教育学研究在社会主义条件下三至六岁幼儿教育的一般原理和幼儿园教育的任务、原则、内容和方法,也包括学前家庭教育的要求和内容。学前年龄阶段的划分在各国是不同的,有的国家为二至五六岁,也有的国家为初生到五六岁或七岁。三岁前是儿童身心发展比较重要的阶段,与三至六岁儿童教育有密切联系,因此,有的学者认为把两者统称为学前教育较为恰当。

学前教育学的建立与发展 学前教育思想最早散见于古代一些著作中,中国古代在《大戴礼记·保傅》篇中就曾记载殷周统治者注重胎教,为太子、世子选择保傅人员,使他们“自为赤子时,教固已行矣”。《礼记·内则》篇中有从儿童能食能言时便进行教育的记载,如“子能食食,教以右手。能言,男唯女俞。男鞶革,女鞶丝。六年,教之数与方名……”中国古代有些教育家十分重视学前教育,如魏晋南北朝的颜之推在《颜氏家训》中提出,对儿童应从“婴稚”时期起“便加教诲”,认为俗谚“教儿婴孩”很有道理,并强调父母对年龄幼小的子女不能“无教而有爱”。宋代朱熹也重视儿童入学以前的教育,主张“生子必择乳母”,“乳母之教,所系尤切”,必须选择品德良好的乳母,才有利于婴幼儿的保教。西方一些古代哲学家、教育家也有过关于学前教育的论述。如古希腊哲学家柏拉图的《理想国》和亚里士多德的《政治学》中都曾提到学前教育的重要意义和内容,柏拉图还第一次提出了儿童

从出生起就在专门机构中养育的学前公共教育思想。

历史上第一本学前教育的专门著作是捷克教育家J. A. 夸美纽斯的《母育学校》(1632)。在这本著作中,他全面地论述了儿童出生后前六年教育的意义、内容和方法,提出了学前家庭教育的体系。19世纪初叶,由于大工业的发展,母亲外出劳动,幼小子女无人照顾,因而逐渐建立了照管和教育学前儿童的机构。学前教育机构的产生直接促进了学前教育学的建立。有了专门的学前教育机构,有专门人员从事学前教育工作,就有了研究学前教育理论的客观需要。英国空想社会主义者R. 欧文于1816年开办的"性格陶冶馆"中,为工人阶级创办了幼儿学校,收托二至五岁儿童。他主张从童年起就实施正确的教育,重视体育和户外活动,把"要尽力使小朋友快乐"作为应遵循的格言,反对处罚儿童。

学前教育学成为一门独立的科学,首先是由德国教育家F. W. A. 福禄倍尔提出的。他在夸美纽斯和法国启蒙思想家J. J. 卢梭的影响下,又接受了瑞士教育家J. H. 裴斯泰洛齐的儿童教育思想。于1837年在布兰肯堡创设了一所收托一至七岁儿童的教育机构,1840年命名为幼儿园(Kindergarden)。福禄倍尔系统地论述了幼儿园教育的重要性、内容和方法。他认为儿童的发展是渐进的过程,教育应适合儿童的发展,教育应以儿童的自主活动为基础。他重视游戏的教育价值,把游戏作为幼儿园的主要活动,还设计了一套游戏和教学材料。他的主要著作有《人的教育》(1826)、《慈母游戏和儿歌》(1843)、《幼儿园教育学》(1862)。虽然福禄倍尔的教育理论中有唯心主义观点,但他在实践上和理论上推动了各国幼儿园的建立和学前教育学的研究。

19世纪后期,生物学、生理学、心理学和儿童心理学的发展,为揭示学前教育的规律提供了有利条件,从而促进了学前教育学的发展。新教育运动中学前教育的代表人物,意大利教育家M. 蒙台梭利和比利时教育家O. 德克罗利,通过对学前教育的研究和实验,提出了自己的学前教育思想和理论。蒙台梭利提出,学前儿童经历各种敏感期,易于学习某些知识和技能;教育主要在于提供适合于儿童发展的环境,通过儿童的自由活动促进自我发展。她强调感官教育,并设计了一套游戏和教学材料。但她的训练方法比较机械,脱离儿童的实际生活。德克罗利也主张为儿童提供适当的环境,但他认为儿童应在集体中活动,在实际生活中学习,"让儿童在生活中预备生活"。他的教育体系以三个过程为基础:观察,联想,表现(通过活动,通过口头语言、文字和手工来表示)。他还重视并亲自编订了一些教学游戏。蒙台梭利和德克罗利等人推动了学前教育学的发展。中国到19世纪末、20世纪初,开始注意到设置学前教育机构。康有为、蔡元培都曾提出儿童公育的主张。20世纪初,各地先后设置了少数幼儿园。中国学前教育理论和幼儿园的实施方面,先仿效日本,后学习欧美,受教会的影响较大。当时还有一些教育家致力于研究和创立适合中国国情的学前教育,其中陈鹤琴创办了南京鼓楼幼儿园,对幼儿园的课程、教材、教学方法和设备进行了实验研究,撰写了《儿童心理之研究》、《幼稚教育》、《家庭教育》等著作。同时,陶行知创办了农村和工厂幼儿园,发表了《创设乡村幼稚园宣言》、《幼稚园之新大陆》等著作。张雪门主办了香山慈幼院的北平幼稚师范学校,并撰写了《幼稚园教育概论》、《新幼稚教育》、《幼稚园的课程》、《幼稚园组织法》等著作,这些著作为建立中国学前教育学迈出了第一步。

中华人民共和国成立后,学前教育工作者总结本国学前教育的经验,并吸取国外有益的经验,在教育实践和科学研究等方面做了不少工作,进一步科学地揭示了学前教育的规律。对幼儿园一日教育过程的组织,儿童生活护理和身体锻炼,道德品质和行为习惯的培养,语言和智力的发展以及幼儿园常识、体育、音乐、美工、计算各科教学法方面,都取得了一定的研究成果。高等师范院校学前教育专业和幼儿师范学校编写了学前教育学教材,这些都推动了学前教育学的发展。

学前教育学的研究范围　① 这门学科的研究对象、任务和方法,学前公共教育和学前教育学的沿革。② 学前教育的本质。从学前教育与儿童发展的关系、学前教育与社会发展的关系等方面探讨和论述学前教育的基本规律。③ 教育目的和学前教育任务。学前教育是学制的第一个环节，学前教育的具体任务是：根据学前儿童身心发展的特点，对他们进行体、智、德、美全面发展的教育，使其身心健康活泼地成长，为入小学打好基础，为造就一代共产主义新人奠定基础。④ 学前教育的内容，包括有：a. 体育。在学前期，体育具有特殊的重要意义——研究学前教育中体育的任务，分析幼儿园体育工作的内容，为儿童身体生长发育创造良好条件，保护儿童安全与身体健康，增强体质；发展儿童的基本动作，培养良好的生活卫生习惯。b. 智育。学前期是智力迅速发展的关键时期，发展儿童智力是一项重要任务。研究发展儿童感知觉、观察、注意、记忆、想像和思维能力，发展语言表达能力；培养儿童对学习的兴趣、求知的欲望和良好的学习习惯等。c. 德育。学前儿童可塑性大，从小培养儿童良好的品德和行为习惯，对其个性的健全发展有长远影响。研究学前儿童德育的内容、过程，论述德育的原则等。d. 美育。研究学前儿童美感的发展，培养他们的美感和审美能力，发展他们的想像力和创造力。e. 学前教育的组织形式与方法。游戏是学前教育的主要形式。研究游戏及其教学的基本理论及如何通过游戏、教学和日常生活等组织形式，促进儿童的全面发展。f. 幼儿园与小学的衔接，与家庭的联系。g. 学前教育的组织与领导。论述幼儿园的设置、人员及其职责，教育工作的组织与检查，以及学前教育行政的领导管理体制。

学前教育学的发展趋势 学前教育学是一门年轻的科学，近三十年来，由于科学技术的发展和社会上对学前教育的重视，学前教育理论的研究有很大进展。国外科研成果也在各方面有了进一步发展，如学前教育对儿童发展的作用，家长在儿童教育中的重要作用，儿童语言和认知的发展，瑞士心理学家皮亚杰认知理论在学前教育领域的运用，儿童情感的发展和儿童行为的研究，幼儿园和小学衔接的实验研究，特殊儿童的教育等。中国学前教育的研究工作也日益开展：① 扩大了研究对象，儿童的年龄延伸到三岁前。② 重视进一步运用儿童发展的理论和进行实验研究，探讨学前儿童学习的过程和道德品质形

成的过程。③ 从学前儿童是教育的主体的观点出发，改革教育内容和教育、教学方法，培养儿童的主动性和创造性。④ 重视研究学前儿童智力的早期发展、幼儿园与小学的衔接等。⑤ 重视研究农村学前教育的特点等。

中国大百科全书出版社 1985 年版

幼儿游戏概述

游戏是儿童普遍喜爱的活动，有童年就有游戏，童年与游戏是密不可分的。游戏也应是年幼儿童的一项权利，儿童有权自由地游戏。就教育工作而言，游戏又是促进学前儿童健康发展的主要手段，它能有力地促进学前儿童身体、认知、社会化和情感等各方面的发展。游戏是学前教育工作者必须学习和研究的内容。

儿童游戏范围很广，涉及心理学、教育学、社会学、人类学及美学等许多学科。不同学科、不同流派从各个不同的领域和重点去研究儿童游戏，从各自的角度去说明游戏，因而有种种不同的游戏理论，而学前教育工作者所需要的则是能够指导教育实践的综合游戏理论。为了契合这一需要，本章先粗略介绍各家对游戏的一些说法及当前有重要影响的游戏理论；在这一基础上，力图综合阐明游戏的性质、游戏对促进儿童发展的作用；最后着重阐述幼儿教育中游戏的应用和管理。希望学习者通过这一章的学习，对游戏有较全面的认识，并能在实际工作中进一步开展游戏活动。

第一节　游戏的性质

一、游戏的定义

游戏是什么？通俗地说，游戏就是儿童喜爱的活动，就是“玩”。但是“游戏”的确切定义是什么，目前尚无定论。许多学者对游戏的概念作了种种不同的解释，主要有下列一些观点。

德国教育家福禄倍尔认为，游戏是儿童内部存在的自我活动的表现，是一切未来生活的胚芽。

德国思想家席勒认为，游戏是无目的地释放多余精力的活动。

德国心理学家格罗斯认为，游戏是本能的练习活动，是为将来的生活做准备。

德国心理学家裴茄克认为，游戏是儿童自发的活动，是工作疲劳后恢复精力的方式。

奥地利精神分析学家弗洛伊德认为，游戏是一种宣泄情感和情绪的活动。

美国教育家杜威认为，游戏活动的意义在于游戏本身，而不是有意识地注意活动的结果。

苏联心理学家维戈茨基认为，游戏是儿童社会性的实践活动。

我国儿童教育家陈鹤琴认为，儿童视游戏为生活，儿童喜好游戏是天然的倾向。

瑞士心理学家皮亚杰则认为，游戏是个体把外界信息纳入原有认知图式的一种活动。

从以上各种说法中可以看出，游戏是儿童的一项复杂的活动。但也可尝试给游戏下一个简明的定义：游戏是年幼儿童喜爱的自然的活动，与儿童身心发展有着密切的关系。

二、当前主要的游戏理论

在当前众多的游戏理论中，对学前教育领域影响较大的有下列三种理论。

（一）精神分析论游戏说

精神分析学派是心理学和医学心理学的主要流派之一，主要从本能冲动，特别是性本能、意识、潜意识，本我、自我、超我等，来解释人的心理，分析精神病的原因。精神分析学派创始人弗洛伊德和新精神分析学派美国的艾里克森从个性发展的动力与情感的角度来解释游戏。弗洛伊德在 20 世纪早期提出，游戏能满足孩子现实生活中不能实现的愿望（做父母、当司机等），把想像中的事物与现实中的事物联系起来，并从中获得快乐。游戏又能再现那些难以忍受的体验（打针等），宣泄和抒发情感，缓解心理紧张，从而达到自我调节，去掌握环境。艾里克森还提出游戏与儿童发展的关系，认为游戏是人类在童年期处理和获得经验与能力的幼稚形式，在游戏中儿童逐渐掌握环境。他把游戏分为三个阶段，开始是自动阶段，以自身身体为中心，通过重复活动，进行探索、触摸、发声等感知运动。第二是操作与运用玩具、物体阶段。第三是进行独自游戏及与同伴共同游戏阶段，独自游戏是缓解受挫折的情绪的港湾。

这一游戏理论强调游戏对人格发展及心理健康的价值，自 20 世纪 30 年代以来，对西方国家学前教育影响很大，促进了游戏的开展及对情感教育的重视，并且还发展成为专门的游戏治疗，就是通过儿童的自由游戏，观察、了解儿童的游戏行为，从中考虑他们潜在的体验，并予以解释；通过一系列的措施帮助儿童解决情感或行为问题，以达到治疗作用。

（二）认知结构论游戏说

瑞士著名心理学家皮亚杰所建立的皮亚杰学派主要研究智慧形式和认知机制的发生发展规律，是当代心理学的重要流派。他提出同化和顺应是认知领域的两种方式；在主体与客体交往过程中，要通过同化（用原有的图式和动作）去整合客体，使客体适应主体，或通过顺应（根据客体调整主体的图式和动作）使主体适应客体。同化与顺应的平衡就是智力活动的特征。他从认知发展的角度来解释游戏，认为游戏是智力活动的一个方面，儿童为了主体的需要与愿望去改变客体，把客体纳入原有的图式，同化超过了顺应，这就是游戏。他还认为儿童游戏的发展与智力发展阶段相适应，儿童智力发展水平决定游戏的方式。在感知运动阶段，儿童通过身体动作和摆弄、操作具体物体来进行练习性游戏。在前运算阶段，能运用象征性符号，可以假扮不在面前的事物，以物代物，以人代人，用语言和动作等象征物而不是身体来进行游戏。在具体运算时期，可以进行以规则为中心的有规则的游戏。

皮亚杰认知结构理论及游戏理论对各国学前课程改革及开展游戏有重大影响。不少学者从中受到启发，开拓了验证研究等新的研究领域。有的学者就此编制一些发展智力的游戏，为发展儿童智力提供了具体的有效的方式。

(三)社会文化论游戏说

以苏联心理学家维戈茨基为代表的社会文化历史学派提出,符号、词等精神工具是社会文化历史发展的产物,人的高级心理机能的发展受社会文化历史的制约,活动在发展中起着巨大的作用。维戈茨基与艾里康宁认为,游戏是儿童对社会生活的反映。儿童在与成人相处的社会中生活,希望能从事成人的一些活动,在游戏中通过想像的情景,满足了在现实生活中不能满足的愿望。他们还认为游戏是幼儿的主导活动,制约着幼儿期心理发展的最重要的变化,并强调在幼儿游戏中成人指导的作用。

由于历史的原因,自20世纪50年代开始,这一学派的游戏理论对我国的幼儿教育产生了很大的影响,有的幼儿园也开展了各种游戏;但同时,以教学为主的思想日益强大,游戏并未真正成为幼儿的主导活动。60年代中期以后,这一理论的影响也减弱了。这一理论强调游戏的社会化,反驳了游戏是儿童的本能的观点,在国际上有一定影响。

以上的游戏理论,虽各有其局限和不足,但为我们全面理解游戏提供了借鉴。

三、游戏的性质

20世纪70年代以来,国内外对游戏的研究日益增多,使人们有可能从学前教育理论与实践需要的角度,较全面地理解游戏的性质,使儿童的游戏区别于学习等其他活动而有一个综合的理论。游戏的性质可从下列几方面来阐明:游戏是幼儿主动的活动,是由内部动机引起的;游戏在于活动的过程,而不是活动的结果;游戏是虚构的活动,而不是真实的;游戏伴随着愉悦的情绪;游戏是幼儿的社会性活动。

(一)游戏是幼儿的主动活动,是由内部动机引起的

游戏的主要特点是主动性。游戏是儿童主动的、自愿的活动,这可从活动的动机来分析说明。游戏是由内部动机引起的活动。动机是激发人们去从事某种活动的心理力量。从动机产生的直接诱因来看,有由于外部刺激或他人的直接要求引起的外部动机,也有由于内

部需要引起的自发地要进行活动的内部动机。动机是由需要引起的，儿童在机体与外界环境互相作用的过程中，会产生各种需要，如生存与安全的需要、活动的需要、认知和适应周围世界的需要、练习和操作物体的需要、社交的需要、抒发情绪和自我实现的需要等。儿童的游戏来自这种或那种需要而产生的内部动机，是儿童自愿的活动，不是由外部强加的。游戏是一种较松散的活动，它灵活多变，自由自在，引人入胜，能适应儿童的需要。以皮亚杰的术语而言，游戏是同化超过顺应的活动，它使外界的信息适合主体发展水平的要求。游戏与学习、劳动是不同的，学习与劳动是按外部一定要求或成人的指示而进行的活动，是由外部动机而引起的活动。

（二）游戏在于活动的过程，而不是活动的结果，游戏没有强制的目的和社会实用价值

学习有一定的任务，要认识或掌握一定的知识技能，发展一定的能力。劳动有明确的目的，要求完成一定任务或生产有社会实用价值的财富，并且要严格遵守一定的操作方式。而游戏恰恰相反，它不在于外部目的，不在于有实用价值的结果，而在于本身的过程。游戏没有外部的控制、强加的要求，没有强烈的完成任务的需要，儿童可以根据自己的意愿来决定玩或不玩，根据自己的兴趣来选择玩什么、怎样玩。在游戏中，儿童是轻松自在地沉湎于游戏的过程之中，没有任何压力。

（三）游戏不是真实的，而是虚构的活动

游戏是幼儿在假想的情景中反映现实生活的活动，它不受时间、地点、条件的限制。游戏是假装的，不是真实的。在游戏中，儿童通过想像，使所获得的表象形成新形象（如自己是只小猫），创造新情景（猫妈妈在椅子上睡着了，小猫要出去玩），改变物品用途，以物代物（把椅子代替床），又以人代物（自己当小猫，一同伴当猫妈妈）。小猫念着儿歌："老猫睡觉了，小猫瞧一瞧，我要玩游戏，轻轻走出去。"通过这样假装的和虚构的情境，游戏就玩起来了。

人类学家的研究说明，儿童在游戏中，以某些姿势、动作和表情，传达隐喻信息（言外之意），暗示对方"这是玩啊！"儿童就能理解，"这

是玩，这是假的”，于是达成协议，玩起游戏。如玩起打闹游戏，儿童知道这不是真打闹，不会打痛的，也不能真的打同伴，双方都很默契，都知道“这是游戏，是假的”。

在游戏中，幼儿也能区分假装的游戏身份和真实的身份。在上例中，幼儿知道自己是假装成“小猫”或“猫妈妈”。又如在角色游戏中，当“医生”的幼儿交给“病人”一瓶药，并交代“一天吃三次”，转过身来，“医生”又对“病人”说：“你等会要把药还来，不然我就没有药了。”这时“医生”和“病人”都回复原来真实的小孩身份了。

(四) 游戏伴随着愉悦的情绪

游戏是儿童的自愿的活动，儿童积极参与，全神贯注，沉湎在游戏海洋之中，好像艺术家沉浸在艺术海洋之中。有的研究者称这种主观体验为“游戏流”，它使儿童感到愉悦。同时，游戏又使儿童感到有力量掌握活动的进程，控制所处的环境，表现自己的能力和愿望，从成功和创造中得到愉快。游戏没有强制的外加的目的，没有为达到目的而产生的紧张，精力的耗费较少，也使儿童感到轻松。游戏中，儿童积极地活动着，练习着各种动作，在活动的同时带来愉快情绪。许多研究者认为愉悦是游戏的重要特征之一。

(五) 游戏是儿童的社会性活动

儿童的游戏具有社会性。时代、国家、民族、地区、文化习俗、人与人的关系都影响着儿童的游戏。儿童生活在与成人相处的社会中，受着外界社会环境和自然坏境的影响。由于周围成人的影响，儿童渴望像大人一样活动，渴望模仿成人，积极加入成人生活。但实际上儿童的能力达不到，于是就通过游戏来反映上述愿望。游戏是儿童对社会生活的特殊反映，具体表现在游戏的种类、内容和玩法随着社会的发展而不断发生变化。例如，建国初期，“玩家家”的“爸爸”主要是看报纸；70 年代后，“爸爸”的活动多了看电视的内容；到了 90 年代，又增添了使用电脑的内容。在搭积木的游戏中，过去儿童搭的是平房或二层楼房；近年来，儿童大都搭高层楼房。在美国，儿童常搭的是汽车道路和汽车房。社会生活变化了，儿童游戏所反映的内容也随之产生变化。在20世纪早期,西方有的研究游戏的学者,抹煞游戏的社会性,把游戏看做儿童本能的活动,这是有失偏颇的。

以上是从横剖面阐述了游戏的性质。为了进一步理解儿童的游戏,还可以纵向了解儿童个体的游戏是如何发展的。

四、学前儿童游戏的发展阶段

游戏是0～6岁儿童成长过程中不断出现的活动。学前儿童游戏的发展是与其身心发展相联系的。德国心理学家比勒、瑞士心理学家皮亚杰和美国学者斯米兰斯基都对儿童游戏的发展进行过研究,并提出相似的游戏发展阶段。现以皮亚杰的游戏发展阶段为代表做简要阐述,这些阶段与他的儿童认知发展阶段是相对应的。

(一) 练习性游戏(0～2岁)

新生儿依靠先天的无条件反射(吮吸、觅食、抓握等)应付外界刺激,并在此基础上建立条件反射,感知觉和动作逐步发展。总的来说,0～2岁的婴儿主要通过感知觉和动作来认识外界及与人们交往,这一阶段称为感知运动阶段,他们的游戏也是通过感知觉和动作来进行的。婴儿最初以自己的身体作为游戏中心,常常手舞足蹈。以后又学会摆弄与操作物体,并反复练习已有动作。他们常常通过这些反复练习,掌握已有动作,并从这些单纯的练习,到偶尔发现动作新的组合,到有意识地做出新的组合,再尝试和练习这些新动作。正是在练习性游戏中,婴儿自身获得了发展。例如,婴儿发现打动悬挂在摇床上的玩具,玩具就会来回摆动。以后,他会反复打动玩具,进行游戏,一直到他能区别出随着手的打动力量的不同,玩具会有各种不同的摆动。这样,婴儿通过这些反复的动作和对物体、事物的感知,了解自己的身体与能力,探索周围环境,与母亲及同伴交往,并获得愉快的体验。这种练习性游戏,在以后的前运算阶段练习技能时,儿童也常进行。

(二) 象征性游戏、结构游戏(2～7岁)

象征性游戏又称假扮的游戏,包括通常所称的角色游戏。当一两岁的婴儿心理的发展具有象征活动的能力时,即能用其他事物来代替不在眼前的真实事物的能力时,就开始有了象征性游戏。在象征性游戏中，儿童通过假装，以物代物，以人代人，如儿童假扮成“医生”，把冰棒棍当做“针筒”。象征游戏在3～6岁达到发展的高峰，也是幼儿期典型的游戏。

婴儿两岁前的象征性游戏是瞬间出现的单个姿势或动作，如把头歪在手上假装睡觉，逐步发展到以物代物，把替代的物品当做不在面前的真实物品，并将动作系列化，如把一块积木当做肥皂，用肥皂给娃娃洗手、洗澡。扮演角色是幼儿期象征性的游戏的中心。儿童模仿各种职业的一两种动作，扮演各种角色，如以开车动作扮演“司机”。在社会性角色游戏中，他们还再现各种人际关系，如“司机”关心“乘客”。儿童在抽象思维能力发展起来后，对这一从感知向思维活动发展的中间环节——象征活动的需要减低，象征性游戏的地位下降，而代之以有规则游戏。

结构游戏是指运用各种结构材料(积木、积塑等)进行建构的一种游戏。皮亚杰并未把结构列入前运算阶段，因为他认为结构在前运算阶段和具体运算阶段都有，这种游戏又趋向于自发的智力活动，与学习、工作相近。但在学前教育实践中，结构在这一阶段大量出现，为幼儿所喜爱。比勒和斯米兰斯基都论述过结构游戏。斯米兰斯基指出两岁儿童已从练习性游戏步入较有目的性的结构游戏，从操作物体的游戏步入构成物体的游戏。积木游戏是结构游戏较普遍的一种，儿童在自由结构和创造中获得乐趣。这种游戏的发展在幼儿期有下列过程：① 不会搭，拿积木玩；② 用少数积木搭成简单物体(椅子)；③ 排成长条或搭高；搭平面建筑物；④ 搭桥和四面包围，运用这些技能，搭出各种建筑物；⑤ 会搭特定建筑物，表现其特征；⑥ 能体现建筑物的美观，有创造性。

(三) 有规则游戏(7～11岁)

有规则游戏含有公认的规则，规则是游戏的中心，儿童按规则进行游戏，如“老鹰捉小鸡”、“找对”(卡片)。儿童的行动为规则所规定，按公认的规则控制自己的行动，个人的随意性较低。规则使思维的组织与操作变得复杂起来，从自我中心逐步转向社会化。前运算期的有规则游戏常有情节和角色，规则简单，竞赛性少。到了具体运算期，游戏的规则逐步复杂，带有竞赛性，常演变为体育运动和棋类等。

关于儿童游戏的发展阶段，另一种分法是按儿童在游戏中的相互交往关系，即儿童社会性的发展来分阶段的。美国学者帕登将游戏的发展分为下列六个阶段：

(1) 偶然行为：碰巧引起有兴趣的事，东游西荡，还不是游戏。

(2) 游戏的旁观者：观看同伴游戏、提问等，但不参加。

(3) 单独游戏：自己游戏，不注意同伴做什么。

(4) 平行游戏：用与同伴玩的相似玩具，在同伴旁边玩，但互不联系。

(5) 联合游戏：儿童与同伴有交往，如互相借玩具、谈论游戏的活动，但各自根据自己的意愿做游戏，没有共同的游戏目标。

(6) 合作游戏：儿童在游戏中有共同的目标和协调的行动，分工合作。

儿童在游戏中社会性的发展与集体生活经验等有直接的关系。我国幼儿在园时间长，小组和集体活动较多，三四岁的幼儿已有联合游戏。单独游戏也并不都是不成熟阶段的，还要看游戏的内容；单独游戏有各种不同的经验水平，有时是儿童有目的的、创造性的游戏活动。五六岁的儿童有时也需要有这种单独游戏。

游戏的各种阶段反映了儿童游戏的发展线索。幼儿教育工作者应结合各地、各幼儿园和各个儿童的具体情况，引导儿童提高游戏水平。

第二节　游戏与幼儿发展

童年的游戏不仅带给儿童快乐，而且是帮助儿童按自己特有的模式去发展和学习的有价值的活动。游戏和幼儿的发展息息相关，通过游戏可以有力地促进幼儿身体的、认知的、社会性和情感的发展。

一、游戏与幼儿身体发展

在各种游戏的组成部分中，都包括有各种大小的动作和活动，它们能锻炼儿童的基本动作(走、跑、跳、爬、投掷、攀登等),促进大肌肉和小肌肉运动的控制和协调能力,促进儿童骨骼和肌肉的成熟,使其身体的各个器官得到发展,从而提高儿童的身体素质。专门的体育游戏对促进幼儿身体的生长发育效果更为显著。黄世勋对体育游戏促进幼儿生长发育的研究说明,体育游戏能促进幼儿骨骼、肌肉系统的发育,提高其身体机能。从实验班与对比班儿童比较的统计数字来看,在身体形态指标方面,实验班儿童年平均增长值如下:身高 7.51 厘米,体重 2.59 千克,胸围 2.87 厘米,大腿围 1.93 厘米;而对比班则分别为 6.99 厘米,1.89 千克,2.13 厘米,1.23 厘米。在机能指标的心率和肺活率项目中,实验班也好于对比班。在身体素质指标的 20 米快跑、立定跳、5 米移物跑、单脚站立、单脚连续跳等项目中,实验班也好于对比班。〔1〕

游戏对幼儿身体发展的促进作用还在于游戏伴随着愉快情绪,能促进幼儿的心理健康,也有利于身体的生长发育。游戏又常在户外进行,通过利用阳光和空气的锻炼,可以增强儿童机体适应环境和抵抗疾病的能力。

二、游戏与幼儿认知发展

在游戏中,幼儿按照自己的兴趣和愿望去接受外部环境的信息,并进行加工,使之适应自己的内部图式,来认识世界,促进认知发展。同时游戏给幼儿提供了各种机会,使幼儿获得和巩固知识(如两块小积木合起来等于一块大积木),锻炼和发展智力,如在游戏中幼儿需要观察、感知、比较、分类、回忆、想像,在遇到新情景时要解决新问题,进行各种智力活动。游戏还提供了一种完全自由的气氛,减轻甚至没有压力,使幼儿置身于有趣的无拘束的天地中去学习、去发展,这是其他活动所不具备的。专门的智力游戏,如“听听这是谁”、“配对”及“分类”游戏,更能有目的地发展幼儿各项智力。

幼儿期主要的游戏形式——象征游戏又是幼儿从具体思维向抽

〔1〕 参见黄世勋编著:《儿童运动游戏创编与教学》,光明日报出版社 1989 年版。

象思维过渡的重要途径。以在象征性游戏中的以物代物而言，以物代物的形式是记忆、想像、思维等多种心理成分参与的心理过程，如幼儿以半边皮球当锅，首先对当前刺激物（半边皮球）的外形特征进行感知分析，觉察它与不在眼前的物体（锅）的潜在的类比关系，并进行比较分析——表象匹配。以此为支柱，把不在眼前的物体的意义（锅）来命名当前刺激物（半边皮球），这包括知觉、原有信息的重组、意义的转换（假装）、想像等心理过程。幼儿在象征游戏中扮演不同角色，使用各种游戏材料，使象征性心理功能得到发展，促进感知向思维过程过渡，大大促进幼儿智力的发展。

一些研究说明，游戏能促进幼儿解决问题的能力的发展。解决问题的能力是指综合运用已有的知识和认知能力，对一个不熟悉的问题情景进行分析，寻求解决办法的心理活动能力，它是认知能力的重要部分。在 20 世纪 70 年代，美国著名心理学家布鲁纳等做实验研究了游戏对幼儿解决问题能力的影响，他们把 3～5 岁的幼儿分成五组，并为各组幼儿设置不同的环境条件。这五组分别是自由游戏组、观察成人解题全过程组、观察成人按原理操作组、操作用具组、未见过用具组。对这五组幼儿提出的共同任务是用两根棍子及一个夹钳去取放在远处的物品。实验结果表明，在完成这项指定任务的过程中，自由游戏组幼儿比其他各组有较明确的目标，有较好的主动性和坚持性，可见游戏能促进幼儿解决问题能力的发展。此后，又有一些学者根据这一实验研究，进行相似的或扩大的实验。有的研究说明，自由游戏组对解决灵活性的、创新的问题更有优势。另有研究说明，在幼儿能不拘一格地开放性地使用游戏材料时，象征性游戏对提高幼儿解决问题的能力作用较大。在这些不同的实验研究中，幼儿的年龄、原有的使用工具的经验及所解决问题的性质都是有影响的因素，各研究的具体结果不完全相同，但游戏可以提高幼儿解决问题的能力则为各研究所共同肯定。

创造力就是产生新思想和创造新事物的能力，它与思维的流畅性、灵活性与独创性，及创造性想像相联系。游戏激发幼儿专心探索的热情，提供自由发挥的天地，鼓励创造新事物的情景，有利于幼儿超越原有信息，对事物进行变通或转换，开拓新途径，发展创造力。一项对幼儿思维灵活性、独创性的研究说明，在说出物品各种不同用途的实验中，常玩游戏的幼儿能说出较多的用法。皮亚杰也曾指出，游戏，特别是象征性游戏可能是创造性想像的源泉。在游戏中，幼儿展开了想像的翅膀，发展了想像力。

幼儿期是语言发展的关键时期。幼儿在游戏中增加了与同伴接触和交往的机会，产生语言交流的迫切要求。游戏中又常有新的情景和新的需要，锻炼和丰富了幼儿的语言，如有时是“妈妈”在照顾“婴儿”，有时要学各种动物的叫声。游戏又提供了重复练习语言及同伴互相学习的机会，使幼儿学得有趣和自然。游戏极大地促进了幼儿语言的发展。

三、游戏与幼儿的社会性发展

社会性发展是指儿童在从自然人转化为社会所要求的社会成员过程中所获得的情感、意志、性格等心理特征的发展，包括社会生活中所需要的知识技能、行为方式、价值观念、思想情感的初步发展。很多学者研究过社会性能力，美国学者伊森伯格和赫锐斯的研究可以作为这类研究观点的代表。他们认为，社会性能力包括观察与理解问题的能力、对友谊与人际交往策略的观念、解决问题的能力、道德判断及交往技能。在幼儿期，孩子与人们特别是同伴的交往及在集体生活中的行为规范是其社会性发展的主要内容。

婴幼儿是自我中心者，婴儿开始时不能区分自我与他人。通过游戏逐渐与他人(父母、同伴)发生联系，逐渐学习与他人交往，早期的婴儿游戏是以后社会化的重要基础。3 岁的幼儿经验比以前增加了，活动能力增强了，游戏也丰富多彩。游戏特别是角色游戏能有力地促进幼儿社会性的发展。在角色游戏中，幼儿要假扮他人(妈妈、司机)角色，要按角色的身份、别人的情感体验来行动；要学习如何参加游戏小组并为同伴所接受，并学习理解别人、协商、合作，积极地反馈与支持；学习对同伴让步，对别人情绪敏感，发展友谊。一些研究说明，经常参加角色游戏的幼儿的社会性能力好于那些不常参加角色游戏的幼儿。还有一项研究指出，角色游戏的数量与复杂程度可以预示幼儿的社会性技能、声誉及对社会活动积极与否。

在搭积木的游戏中，幼儿要共同使用积木材料。平行游戏、联合游戏及合作游戏，都能增进幼儿间的互相交往及提高社会性技能。有规则游戏常常是以小组或集体的形式进行，要遵守一定的规则，履行集体的一致要求，要坚持到底地完成任务，这为幼儿提供了锻炼和增强社会性能力的机会。游戏本身从侧面反映着不同的社会文化，幼儿进行各种游戏，就是以一种减少压力的形式，来适应本社会文化的现实，学习本社会文化所期望的行为。总之，游戏对幼儿社会性发展有重要作用。游戏是一种将自我为中心的个体转变成适应社会化需要的个体的途径。

四、游戏与幼儿情感的发展

幼儿情感的发展与社会性发展是密切联系的。幼儿的活动都带有情感的色彩，情感在幼儿心理活动中起着非常重要的作用。游戏是幼儿表现积极情感和学习调整情感的媒介。在游戏中，幼儿的活动与成就使他们感到自信和能够控制环境，从而产生愉快情感。在幼儿受到挫折和困扰时，游戏可以宣泄幼儿焦虑、害怕、气愤和紧张等情绪，从而减轻或克服上述心理。游戏还能以幼儿能接受的情景，再现不愉快的经验，在假扮的情况下，幼儿消除了紧张，减低了恐惧，因而较能接受。例如幼儿害怕打针，但在游戏中“打针”，减轻了害怕的程度，体验到战胜恐惧的愉快。儿童在游戏中还能转换角色，扮成“医生”给别的“小孩”打针，发泄对医生和打针的恐惧。在游戏中，幼儿可以用比较妥当的方式表现自己的情绪，设法控制自己的不良情绪。游戏还能使幼儿处在各种不同的地位，如扮成“老师”、“小妹妹”、“民警”，真诚地体验如关心、尊敬、勇敢等各种情感，促进其情感的发展。幼儿的游戏正像成人的一篇散文、一首诗歌，表达了他们的心声，抒发了他们的情感，促进了他们情感的发展和心理健康，也为教师了解幼儿提供了机会。

游戏对幼儿身体的、认知的、社会性和情感的发展都有重大的作用，游戏是幼儿的基本活动。在幼儿园中应积极开展游戏，真正实现游戏的教育作用。

第三节　游戏在幼儿教育中的应用与管理

幼儿教育工作者不仅需要认识幼儿游戏的性质及游戏对幼儿发展的促进作用，重要的还在于将理论与实践相结合，在幼儿园实践工作中应用游戏，促进幼儿身心的健康发展。因此，在本节中，先阐述对游戏的应用与管理。至于各类游戏的特点与教师如何指导，游戏环境的设置及游戏的科学研究与评价等，则在以后各章分别阐述。

一、历史上教育家对游戏的论述及应用

儿童游戏很早就为学者们所注视。古希腊哲学家柏拉图和亚里士多德就提出儿童游戏是有益身心的活动。但是对幼儿教育产生重要影响的，还是捷克教育家夸美纽斯。夸美纽斯在世界上第一本幼儿教育专著《母育学校》(1632)中提出，儿童爱好活动是极有利的，因为儿童"还不能从事真的工作，而我们就应当和他们共同游戏"；"应为他们找些玩具以代替真的工具……这些东西可以帮助他们自寻其乐，并可锻炼身体的健康、精神的活泼和肢体的敏捷"〔1〕。此后，幼儿园之父、德国教育家福禄倍尔在创设世界上第一所幼儿园(1840 年)和系统阐明幼儿园基本原理的同时，还研究了幼儿的游戏，并把游戏作为幼儿园教育的基础。他提出："儿童早期的游戏，不是无关紧要的。它是非常严肃的，而且是具有深刻的意义的……儿童早期的各种游戏，是一切未来生活的胚芽；因为整个人就是在游戏中，在他最柔嫩的性情

〔1〕 夸美纽斯：《母育学校》，任宝祥译，西南师范学院教育系 1981 年铅印本，第 32 页。

中，在他最内在的倾向中发展和表现的。”[1]他所设计的游戏和作业材料（恩物），第一种到第十种是球及圆柱体、正方体、长方体的木块，拼图、小棍、铜环、插板等供游戏的材料，第十一种至第二十种为刺纸、绣纸、黏纸、编纸、折纸及穿豆、捏泥等手工作业。他对儿童游戏的理论与实践贡献很大，他的思想至今还可有选择地用以开展游戏。他还编写了一些边动作边唱歌的音乐游戏、手指游戏及运动游戏，如在《踢踏》这首歌中，唱着“你看，你看，我们来学钟摆做操，我们的胳臂来回摇摆，不快也不慢，踢踏，踢踏，踢踏……”，并边唱边做动作[2]。

英国空想社会主义者罗伯特·欧文在1816年为工人阶级创办了第一所学前教育机构，他主张游戏是儿童的主要活动，儿童应尽量在户外活动和游戏。他所办的学前教育机构效果很好，置身其中的儿童生活得很愉快。

意大利儿童教育家蒙台梭利的教学法在20世纪初风行全球，至今在西方国家仍有一定影响。她并不重视儿童的游戏，但她的教学法实际上是以儿童游戏的有利因素为基础的，如儿童喜欢摆弄实物，重复实验和练习等。她设计了十四种教具，主要是训练感知觉，进行感官教育和发展智力，儿童还可以自我校正，如嵌插圆柱（大小、长短不同），比较各种木条（长短、宽窄、厚薄不同）和立方体（大小不同），对应各种几何图形嵌板，比较质地糙滑、重量轻重、声音不同、气味不同等的材料，还有音乐教具、写字及计数材料等等。有些教学方法实际上就是游戏，幼儿园至今仍在运用。

苏联教育家乌申斯基尝试建立游戏理论，他认为游戏是以儿童异常活跃的想像力、渴望独立活动和认知世界的积极性为基础的。在幼年时，游戏在儿童身心发展上比学习有更重大的意义。儿童生活在游戏中，这种生活的痕迹深刻地保留在儿童的心里，影响一个人的性格和发展方向。他的游戏理论对苏联幼儿园重视角色游戏的开展有一

〔1〕 张焕庭主编：《西方资产阶级教育论著选》，人民教育出版社1979年版，第323页。

〔2〕 转引自黄人颂主编：《学前教育学》，人民教育出版社1989年版，第247～248页。

定影响。

一些哲学家、教育家虽然重视儿童游戏的教育作用，但由于历史上人们长期未能正确地认识儿童与童年，如误把儿童当做成人，或当做家长的私人财产，这当然也就不能正确认识儿童的游戏。社会上一般把游戏当做娱乐，甚至是无意义的活动。18世纪后，随着人们对儿童看法的改变，趋于尊重儿童，尊重儿童本性的发展，也逐渐重视儿童的游戏。在进入20世纪以后，随着社会的发展，幼儿园的增多，心理学、教育学以及相关学科的发展，有越来越多的人研究儿童游戏，游戏才在幼儿园逐步开展起来，并且日益受到重视。

二、游戏在当代幼儿园的应用

近几十年来，在幼儿教育中，游戏成为专门的课题被人们进行研究与实践。由于各国国情不同，幼儿园教育和游戏在不同国家有不同的发展道路。西方国家，如美国，在20世纪30年代左右，由于进步教育运动和幼儿教育改革的影响，以及精神分析学派对儿童游戏的重视，鼓励在学前教育机构中开展游戏。但在另一方面，由于传统的清教徒思想和学业至上的观点，人们对学习和工作以外的活动抱有怀疑态度，一般不赞赏儿童的游戏。到了50年代后期，苏联卫星上天，美国教育界受到很大震动，因而重视学业上的深化和提高。学前教育机构也受这一思潮的影响，五六岁儿童的学业内容增多。当时儿童在园时间一般三小时左右，学业挤掉游戏时间，儿童没有时间进行游戏。70年代以来，随着研究的深入，游戏对儿童发展的重要性为更多人所接受，皮亚杰对游戏在发展儿童认知能力方面的作用的观点也广为传播。幼儿教育机构对传统课程进行了改革，加强了对儿童的主动性及解决问题的能力的培养，因而游戏在幼儿教育机构中又重新受到了重视。特别是近十多年来，对游戏的研究及出版物的增多，有关的专业组织，如国际及全美游戏权利协会、全美年幼儿童教育协会等大力提倡游戏，家长和教育工作者也对过度强调学业、增加儿童压力进行反思，加之过多看电视的副作用日见明显，这些使得进一步提倡研究和开展儿童游戏成为一种潮流。

我国在清末开始建立的幼稚园，主要效法日本和美国。当时由外国教会所设立的幼儿园也较多，主要受福禄倍尔和蒙台梭利学前教育思想的影响，但清政府制定的蒙养院章程和民国时期制定的幼稚园课程标准，都设有游戏这项专门内容。在幼稚园课程标准中游戏的内容有：计数游戏（如抛掷皮球，可兼习计数），故事表演和唱歌表演的游戏，节奏的和舞蹈的游戏，感觉游戏，应用简单用具的游戏，模拟游戏（如猫捉老鼠等的模拟动作）以及各地方固有的传统游戏。但总的来说游戏种类较少，缺少儿童自主的自由的游戏。当时的幼稚园多实施单元教学，围绕某单元（主题），如“新年”，开展音乐、故事和儿歌、工作（包括手工、图画、积木、园艺等）以及游戏等活动，而且有些幼稚园为半日制，幼儿在园时间不长，所以游戏活动开展不多，儿童自主的游戏很少。

我国幼儿教育家陈鹤琴于1923年创办了鼓楼幼稚园，并对幼儿教育的理论和实践进行了研究和实验，其中包括对儿童游戏的研究。在有关他的长子出生后808天发展过程的观察、实验研究中，他也系统地研究和论述了儿童游戏的发展。他在《儿童心理之研究》和《家庭教育》两书中都列有专章论述游戏和玩具，对儿童游戏的价值、种类和游戏理论都作了阐述。他提出“儿童以游戏为生活……我们应当给儿童充分的机会，使他得到完美游戏的生活”[1]。他提出的游戏性的教育的观点，认为“儿童既喜欢游戏，我们就可以利用游戏来支配他的动作，来养成他的习惯”[2]。他还提出优等玩具的标准，那就是：可以引起儿童发生兴趣的，质料坚固不易损坏的，可以刺激儿童想像力和发展儿童创造力的，儿童自己玩弄而能拆开的，能适应儿童能力、发展儿童智力和引起儿童兴趣的，能洗濯而颜色不退，形状也不丑陋且足以抒发儿童美感的，有变化而活动的（如皮球）。他还进行了玩具设计

〔1〕 北京市教育科学研究所编：《陈鹤琴教育文选》（上卷），北京出版社1983年版，第204～205页。

〔2〕 同上，第205、209页。

制作的研究。陈鹤琴对幼儿游戏的研究作出了贡献，促进了幼稚园游戏的开展。但是由于我国长期封建思想的影响，要求幼小儿童“少年老成”、“循规蹈矩”，传统上认为游戏就是顽皮，“勤有功，嬉无益”的观点很普遍；同时，我国幅员辽阔，大多数地区或者没有设置幼稚园，或者幼稚园设备极其简陋，因此，在幼稚园内开展游戏困难重重。在民国时期，幼稚园开展游戏是很有限的。

新中国建立后，我国教育事业经历了一系列重大的改革和发展，幼儿教育也不例外。建国初期，我国幼儿教育全面学习苏联幼儿教育的理论和经验，废除了单元教学，实施有计划的分科教学，改半日制为全日制。在幼儿园改革的影响下，幼儿园逐步开展体育游戏、智力游戏和角色游戏、结构游戏，并对幼儿园游戏进行经验总结和研究，如1954年10月教育部幼儿教育处召开的“北京、天津两市幼儿园教养员工作经验交流会”上，就组织小、中、大各班创造性游戏（角色游戏）和制作玩具开展游戏的经验交流报告。但是，由于幼教领域中“重教学、轻游戏”的思想还普遍存在，同时限于人力和设备条件，因此各地区、各幼儿园游戏活动的开展极不平衡。十年动乱时期，幼儿教育遭受严重破坏，游戏活动更是被全面否定。直到70年代后期，随着国家各项建设步入正轨及改革时代的到来，幼儿园的游戏活动才逐渐恢复和开展。随着幼儿园课程的改革和游戏研究的日益发展，越来越多的幼教工作者明确了游戏是幼儿的基本活动，是幼儿园重要的教育手段。1989年国家教委颁布的《幼儿园工作规程（试行）》中指出：“以游戏为基本，寓教育于各项活动之中”，“游戏是对幼儿进行全面发展教育的重要形式”。这为幼儿园进一步开展游戏指明了方向。

三、幼儿园的游戏管理

幼儿园的管理工作是围绕实现幼儿园教育目标而进行的管理活动，是一个不断变化的动态过程。目标是管理工作的核心。目标制订以后，要通过组织与制度的保证及管理运行过程来有效地实现目标。管理过程是为实现预定的目标而对管理对象，如教养工作、人员、财务等等进行管理的客观程序。管理过程一般包括计划、实施、检查与总结四个环节，通过四个环节的不断运转，将管理过程推向前进。管理又是分层次、有系统的。幼儿园的管理实行地方负责、分级管理和有关部门分工负责的原则，国家教育委员会主管全国幼儿园的管理工作，地方各级人民政府的教育行政部门主管本行政辖区内的幼儿园管理工作。游戏管理是幼儿园管理工作的一个部分，是开展幼儿园游戏、提高游戏质量的保证。

从教育行政部门对幼儿园的管理来看，各级教育行政部门通过组织领导和制定法规、规章制度，对幼儿园进行领导、监督、检查和评价，其中包括对幼儿园教养工作和游戏的领导。如国家教委颁布的《幼儿园工作规程(试行)》和《幼儿园管理条例》中提出，幼儿园以游戏为基本活动，游戏是对幼儿进行全面发展教育的手段，这为幼儿园开展游戏指明了方向。又如省市教育行政部门在检查与评价幼儿园教养工作中，把游戏列为专项，并具体制订评价的内容与方法，这是促进幼儿园开展游戏的具体措施。再者，加强游戏的知识技能培训工作，如在高等师范学前教育专业及幼儿师范学校可考虑设置"幼儿游戏"学科或专题，举办短期游戏培训班，以加强对幼儿游戏知识与技能方面的培养。此外，还可以鼓励对游戏的科学研究，举办游戏专题研讨会，增加游戏书刊的出版等，从各种渠道传播游戏知识和技能，总结、交流游戏经验。

从幼儿园的管理看，游戏管理是幼儿园教养工作的一个支系统，本节主要阐述幼儿园的游戏管理。

(一) 制订游戏目标

游戏管理首先在于制订游戏目标。游戏目标可分为全园游戏目标和各年龄班游戏目标；可以各年龄班游戏管理为基点，以一学年为时间阶段，制订一个班一学年的游戏目标。根据各园各班的实际情况，可以结合本班游戏目标的制定，先统一和提高对游戏的看法，正确认识游戏对促进幼儿发展的作用。制订游戏目标要综合考虑以下因素：幼儿园的教育目标，本园、本班的基本情况，幼儿身心发展的规律及本班幼儿的实际发展情况，游戏的性质和发展阶段，各类游戏的特点和教育作用,本班游戏的开展情况、原有的经验和问题,本园、本班游戏的环境(如室内、户外场所及设备,时间的安排,玩具的提供等)。制订游戏目标,还需经过本班教师和保教人员共同讨论,使大家都能明确在游戏方面的努力方向。例如,中班可制订如下的一年游戏目标:① 全面开展角色、结构、表演、体育、音乐和智力游戏,以角色游戏为重点,鼓励每个幼儿在一周内参加多种游戏。② 增加幼儿自主游戏的分量,鼓励幼儿自己玩所熟悉的体育、音乐和智力游戏。③ 增添游戏设备与材料。

(二) 游戏管理过程

为实现游戏目标,要通过制订计划、实施及指导、总结等游戏管理过程的环节来开展具体工作。

1. 制订游戏计划

计划确定行动的纲领和方案。游戏计划有不同的范围与种类,在全园教养工作学期计划中应有游戏专项,列出对全园游戏新的要求与重点工作。在班级学期计划中,游戏是教养工作的重要内容,包括订出本学期游戏的计划,在周、日计划中,根据游戏的开展情况,订出对游戏的具体要求的内容。例如,中班秋季学期游戏计划:① 提高角色游戏水平,鼓励幼儿认真扮演角色,增加角色间交往。② 学会两个新的表演游戏,增加游戏所需用的材料。③ 围绕游戏总结题目"如何增强幼儿在游戏中的主动性与创造性",每月底讨论一次。在周计划中则具体提出丰富什么游戏内容,建议增加什么角色以及个别儿童的工作。在游戏中要尊重幼儿的自主性,所以游戏计划应有较大的灵活性。

2. 游戏的实施和指导

各班顺利实施游戏计划、开展游戏的前提是创设良好的游戏环境。游戏环境包括场地、时间、设备玩具、游戏材料以及教师的支持和鼓励。室内应安排有游戏空间或游戏角,角色游戏、积木游戏及安静的游戏各有相对稳定的地方,以便各种游戏能有条不紊地进行,还可利用走廊或边角地方。室外各种运动器具的设置应便于开展各种游戏。玩具的放置要便于幼儿自己取放,并按各种游戏分类摆好。玩具不时轮换，可激发幼儿对游戏的兴趣。游戏时间的安排应充分，应缩短生活环节，减少等待，统筹安排一日活动，特别要保证幼儿自由游戏的时间。

教师的支持、鼓励和具体指导是开展游戏不可缺少的条件。按教师指导的分量和与幼儿的关系，游戏可分为三种类型：① 幼儿自主的游戏，是指幼儿自己发起、自己进行的游戏，如角色游戏，结构游戏，熟悉的或小型的体育游戏、音乐游戏、智力游戏及自由游戏等。教师是游戏的支持者或观察者，主要作用在创设游戏环境，解决遇到的困难等。② 幼儿和教师共同进行的游戏中，教师也是游戏者。教师以角色身份出现，用提问、建议、提供新的游戏材料等间接方式，对游戏内容和方法进行指导或干预。这种间接的指导方法，使幼儿感到自然，没有约束，同时使游戏能顺利开展。在幼儿学习新游戏或增加新内容时，或者对某些游戏尚未完全掌握时，这种指导方法效果很好。以上两种类型游戏在游戏中占主要地位。③ 以教师指导为主的游戏。某些游戏的内容或规则比较复杂，而幼儿又是初学，教师直接的指导和示范就很有必要，如新的体育游戏、音乐游戏或大多是集体游戏的智力游戏。指导开展这类游戏，开始时分量应少，随着幼儿对游戏的逐步熟悉和掌握，知识技能和组织游戏能力的增长，原来由教师指导的游戏就应转变为幼儿和教师共同进行的或幼儿自主的游戏。教师在开展游戏中要有意识地培养幼儿的主动性和自主性，使各类游戏向着幼儿自主的游戏倾斜。

教师在指导游戏时，应注意下列要点：① 以游戏是幼儿基本活动这一总精神，来处理班上游戏的时间、场所和设备，以及教养工作的内容和方法。② 游戏是幼儿主动的活动，无论对哪种类型游戏的指导，都应侧重于发展幼儿的主动性和自主性，多采用担任角色、提问、建议、提供材料等间接指导方法。③ 把开展游戏和实现教育目标、幼儿发展目标结合起来，探索各年龄班游戏的系统性，提高各种游戏的水平。④ 各种游戏有不同的特点与教育作用，要全面开展各种游戏，并重视民间游戏，重视幼儿的自由游戏。

教师对游戏应分工进行观察和记录，可观察某一游戏或某个幼儿的游戏。对有些游戏要有计划地进行整理，如整理进行过的智力游戏，并进行效果分析。这样可以进一步了解本班的游戏情况，了解幼儿，也为游戏的总结和科学研究积累资料。

园领导对游戏实施情况应进行检查与指导，可采用观摩、专题讨论等交流活动形式，也可采用游戏评价方式，以使各班教师互相促进，共同提高。园领导应及时了解各班游戏的进展情况，发现经验与问题，并给予指导和帮助。

3. 游戏的总结

游戏总结是游戏管理的结束环节，游戏管理到总结阶段完成一个周期。总结是对开展游戏活动全过程的回顾，对计划的制订、实施与指导作出分析与评价，总结出经验和存在问题，并为制订下期游戏计划提供依据。

班级游戏总结在学期或学年末进行。可作全面的游戏总结，对本班游戏的开展情况、取得的经验与存在问题进行全面的回顾；也可根据本班游戏中的重点经验，或是全园游戏的中心问题进行专题总结，如小班角色游戏的指导、通过游戏培养幼儿间的交往能力、中班智力游戏的选编等，全园游戏总结可在各班游戏总结的基础上进行，也可根据实际情况作游戏的专题总结。总之，各种类型的总结，旨在获取经验，提出可行的改进措施，以提高游戏水平和教育质量。

四、幼儿园游戏的种类

为了便于应用和管理游戏，可将儿童的游戏进行分类。

幼儿的游戏丰富多彩，也有多种分类方法。例如，皮亚杰按儿童智力发展阶段，将幼儿游戏分为练习性游戏、象征性游戏及有规则游戏。帕登从儿童社会性发展的观点出发，把游戏分为单独游戏、平行游戏、联合游戏及合作游戏。还有人按活动的性质把游戏分为操作性游戏（拼图、镶嵌板、结构游戏等）、探索游戏（认识周围事物特点的游戏，认识颜色、形状，比较异同等）、想像游戏（角色游戏等）、体育游戏等。为了便于在幼儿园开展各种游戏，当前大都按照游戏的教育作用进行分类，主要有以下六种：

(1) 角色游戏：借助模仿和想像，通过扮演角色，创造性地反映周围生活的游戏。

(2) 结构游戏：利用积木、积塑、沙、泥等结构材料，进行建造的游戏。

(3) 表演游戏：按照童话、故事中角色、情节和语言的要求，进行创造性表演的游戏。

(4) 体育游戏：以发展基本动作为主的游戏。

(5) 智力游戏：以增进知识、发展智力为主的游戏。

(6) 音乐游戏：在音乐伴奏或歌曲伴唱下所进行的游戏。

此外，还有历史上流传下来的民间游戏，以娱乐为主的娱乐游戏，以及幼儿即兴自由玩的自由游戏。

幼儿园应进行多种多样的游戏，使幼儿在生动愉快的游戏世界里，身心得到健康发展。

《幼儿园游戏》第一章

苏州大学出版社 1995 年版

美国发展适应性早期教育课程方案的述评

美国早期教育指零岁至八岁儿童的教育，包括零至二三岁的婴儿及学步儿教育、二三岁至五岁前的学前教育、五岁至六岁的幼儿园教育以及六至八岁的小学低年级教育。本文侧重于三至六岁儿童的教育。课程方案是指一种教育和教学的组织框架，勾画出儿童学习的内容与方法，及达到已定教育目标的过程，教师的指导工作，教育、教学的环境，以及教育评价。20 世纪 80 年代初以来，美国的“发展适应性课程方案”的建立与发展，反映了早期教育的新潮流，值得引起我们的思考和借鉴。

一、建立和发展“发展适应性课程”的背景

发展适应性课程(Developmentally Appropriate Curricumlum)也简称发展性课程，即把适应儿童的发展作为决定课程质量诸因素(如社会文化传统、家长要求等)中的重要因素，重视儿童的年龄发展特点及个别儿童发展的差异。该课程来自美国早期教育多年的研究和实践，并集中当前众多教育专家与实践者的成果和总结，反映了面向新世纪的社会要求和教育改革。

学前教育与学校教育相比，较少受到教育行政控制与影响，是一块较活跃的教育实验园地，其课程方案灵活、多样。

从早期教育课程方案的历史发展来看，在 19 世纪后半叶及 20 世纪初，美国学前教育主要受福禄倍尔、蒙台梭利以及杜威学说和主张的影响。在 40 年代以后，心理学理论的发展渗透到学前教育领域，先后受到成熟论学派、精神分析学派、行为主义学派等心理学流派以及

其后的皮亚杰学派的影响。各个心理学流派对儿童是怎样发展和怎样学习的这一关键问题，有不同的理论和解释，反映在学前教育的教育目标、内容和方法诸方面有不同的要求和侧重点。在四五十年代，成熟论学派占优势，认为儿童的发展是成熟所致，是自然地展开的，超过成熟的训练是无效的；同时受弗洛伊德精神分析学派影响，重视儿童社会情感和心理健康。在这些理论的影响下，在学前教育中，重视儿童的自由发展和自由活动，主张提供丰富、愉快的环境，教师不要干扰和限制儿童，回避提出明确的教育任务和要求。这就是通常所称为的传统教育模式，在五岁以下教育中至今仍很有影响。

20 世纪 60 年代中，首先由于 1957 年苏联卫星上天在美国教育界引起很大震惊，要求提高教育质量，学前教育机构也加强对学业的重视，而冲淡儿童情感需要，有些学前教育机构引用行为主义理论，提供一定的外界刺激，形成儿童适当的行为，制订明确的学习任务，并分解成一些具体任务，运用直接教学与奖惩等强化方法，促进儿童的学习。其次，自 1965 年起，美国联邦政府实施“早开端”(Head Start)补偿方案，提供经费补助条件不利的儿童与家庭，促进了学前教育的发展，也为课程研究提供了经费、人员和场所。

美国在早期教育领域内，出现了课程方案研究的热潮，各种早期教育课程方案纷纷进入实验，这些方案大致可归诸为两种对立的教育观点：一种观点认为外部奖惩及以教师为中心的活动是有效的教育手段，通过直接教学法，儿童可获得成就；另一种观点认为应注重儿童内部动机及学习过程，通过游戏及以儿童为中心的活动才能有效获得教育成果。但到了 70 年代，众多实验研究结果表明，没有任何一种课程方案是惟一成功的方案，学前教育机构的质量并不在于以何种心理学派为依据，而是与下列因素有关：教育实践有理论的指导，有明确的教育目标，有一支受过良好教育训练并有革新精神的教师队伍，有系统的教育评价。因此 80 年代后，教育工作者不再把成熟与环境、儿童自发活动与教师主导的活动、探究与技能的获得、社会情感和认知发展等对立起来，而是将这些观点与方法综合起来。

与此同时，在理论的运用上也出现了综合的趋势。自60年代开始，首先是皮亚杰的心理发展阶段理论及主体与环境相互作用主动建构知识经验理论在早期教育中受到重视，广泛地被接受和应用。随后艾里克森的情感发展理论、杜威的游戏理论、班图拉那的社会学习理论、加德纳的多种智能理论，及维果斯基的语言及文化理论等也在不同方面得到了重视和运用。由于这些理论都强调儿童与环境的相互作用，也统称为相互作用理论（Interactionist Philosophy），也就是皮亚杰理论与其他多种理论的综合，正是这些心理与教育理论，为早期教育课程改革奠定了理论基础。

从当前社会需要和教育改革来看，由于美国社会舆论认为目前的教育不能培养21世纪所需要的具有科学知识和高层次思维能力和解决问题能力的下一代，引起了社会对教育的争论和批评，提出传统教育内容与方法的缺点，如强调练习孤立的学业技能和纸笔答案；过分强调标准测验分数，导致按测验要求来安排学习；把学习内容逐级下放，一年级学习内容下放至幼儿园并推及学前阶段；不仅一年级，连幼儿园也有重读，以此来减少早期学业失败。早期教育出现的种种问题加快了课程改革步伐。

全美早期教育协会（National Association for the Education of Young Children）有鉴于此，在1987年编辑出版了《从出生到八岁早期教育方案的发展适应性实践》，除简要说明发展性实践的理论与原则外，主要以总结经验的形式，具体提出哪些做法是适应儿童发展的，哪些做法是不适应的，产生了广泛的影响。1991年，该协会又与教育部早期教育专家协会共同发表了《三至八岁儿童教育方案的适宜课程内容与评价指南》（以下简称《课程指南》），进一步阐明课程的理论依据、课程目标的假设、决定课程内容的原则、评价的原则和方法、实施的框架，以指导早期教育的实施。1992年，协会出版《发展潜能：年幼儿童的适宜课程与评价》（卷一），旨在帮助早期教育工作者理解与实施上述指南，提出实现全体儿童，包括有特殊需要儿童的潜能，实现教师与行政人员的潜能。

特别应提出的是，20 世纪 90 年代以来，美国加强中小学基础教育，建立了各门学科（数学、科学、健康、美术、音乐、体育、语言文学等）的全国标准，这种全国性课程改革运动，影响着早期教育课程改革。全美早期教育协会在 1995 年出版了《发展潜能：早期教育课程与评价的改革》（卷二），该书重点阐述如何结合儿童发展的实际，根据各门学科的全国标准，提出学前阶段的课程内容和目标，通过有效的、适合的方式，促进儿童发展潜能——早期教育课程内容考虑各门学科的标准，这是第一次。当新理论要求及社会价值观改变时，课程也在改变。通过十多年的研究和实践，发展适应性课程正在发展与完善中。

二、发展适应性课程的理论依据

课程的理论依据有多方面的，诸如课程理论及社会文化、社会发展、科学发展的影响等，本文现就儿童是怎样发展的和怎样学习的两个方面说明该课程的依据。

（一）儿童是怎样发展的

1. 儿童发展的整体性

儿童是整体的人，儿童发展的诸方面，如身体的、认知的、社会性的、情感的、语言的和审美的发展是相互联系的。在每日的教育活动中，应着眼于促进儿童各方面的发展，不可只偏重于某一方面的发展。

2. 儿童的发展有常态的顺序

儿童各方面发展的迟早虽不同，但发展的顺序却是相同的。儿童的发展是可预知的。成人通过观察等了解儿童发展情况，提出适当的要求，而不致超越儿童发展的顺序。

3. 每个儿童各项发展的速率是不同的，儿童之间发展的速率也是不同的

儿童在不同时期各项发展的速率是不同的。婴儿期身体的生长发育较快，而语言发展相对而言则较慢。学前期（3～5 岁）语言发展则快。儿童各项发展是不平衡的。

同年龄儿童的发展速度也是不相同的。儿童思维能力在六岁时大多数处在前运算思维阶段，而有少数儿童已开始进入具体运算思维

阶段。在教育工作中,应使每个儿童按其发展步伐不断前进。

4. 儿童发展有连续性

儿童发展的前后阶段是相互联系的,新的技能与知识是在以前的基础上而形成的。儿童表达语言的能力是在呀呀学语的基础上产生的。教育活动应在儿童原有水平上向前推进。

5. 儿童的发展有积累效果和延缓效果

儿童的发展是重复某些经验和影响而有积累的效果。如儿童偶尔看一些攻击行为的电视可能对个性的发展没有影响,但如果每日每月看攻击行为电视,由于经验的积累就会增长儿童的侵略性行为。另一方面,早期经验对儿童的影响可能在日后才明显地显露出来。如幼年受父母虐待的儿童当时没有异常表现,但在青少年或成人时则会表现出不健康的心理或行为。教育工作应对所订目标,反复地长期地进行培养。教育效果不仅是当前的,还要考虑远期的可能影响。

6. 儿童的发展具有关键时期

儿童的发展是内部身心结构和外界环境的复杂的相互作用的结果。在某一时期中,在某些方面的发展更能接受环境积极的或消极的影响,这一时期称为这一方面发展的关键期。如学前期和小学低年级时期是儿童运动(如跳、跑、投掷、捕捉等)发展的关键期,儿童喜爱活动,并发展各项基本动作。如果在这一时期没有发展动作的机会,以后会不喜爱发展动作的活动,基本动作也不可能发展得很好。越来越多的研究说明学前期和小学早期是多项发展过程与能力的关键期,包括动作发展、亲社会态度与行为、语言交流能力、社会交往技能、自尊心、一般的问题解决能力、审美意识、对权威与规则的态度、对工作与学习的态度等。早期的教育与发展对一个人的成长至关重要。

(二)儿童是怎样学习的

1. 幼儿是主动的学习者,知识和经验是由幼儿自己建构而成的

幼儿有内部的学习需要与动机,他们积极地认识周围世界,是主动的学习者。知识与经验是幼儿与环境动态地互相作用的结果,通过

自己的心智加以组织与建构。儿童并不像空瓶，不能由成人把知识经验塞入和装满。

2. 幼儿的学习既受成熟的影响，又受环境的影响

人类有由遗传赋予的内部装置（性别、气质、智力特点等）及各能力发展的程序系统，同时他们的发展又不断地因环境的影响而改变。环境包括物质环境（饮食营养、医药、锻炼、居住及气候等）和社会环境（家庭、同伴及所接触的人们、学校、社区、宣传媒介、传统文化等），都是儿童发展不可缺少的因素，能促进或阻碍儿童的发展。如理解物质守恒约在六七岁，要求四岁幼儿掌握守恒是困难又无效的，学习守恒是受成熟的影响的，是有所限制的。但因环境和教育的影响，有的儿童可能早一些理解守恒，有的则迟到七八岁。在教育工作中应考虑儿童发展的水平和个别特征，重视提供促进发展的良好环境。特别要重视成人和儿童的亲密关系，会使儿童心理上感到安全。同时，所提供的环境刺激适当，家庭和幼儿园的一致等，这些都是促进儿童进行学习的重要条件。

3. 儿童通过自身直接经验、模仿及心理反映等多样方法进行学习

按照皮亚杰对知识的分类，有物理性知识（可从外部感知到的具体事物的知识，如苹果与梨的异同）、逻辑数学性知识（由个人心理结构而获有的知识，如水果与蔬菜的分类）及社会传统性知识（由社会传统所同意的知识，如红绿灯的作用）。针对不同种类的知识，儿童学习方法也是不同的。对物理性知识，儿童主要通过直接经验而获得，这种学习方式称为操作性学习，在学前期占主要地位。对社会传统性知识，儿童主要通过模仿或由成人教授而进行学习。对逻辑数学知识，儿童主要通过内部心理反映而学习。各种学习方法又是互相联系和互相补充的，儿童的探究与成人教授并不是互相对立的。

4. 儿童通过游戏进行学习

游戏是幼儿的基本活动，也是幼儿的天职。儿童的游戏具有下列特点：愉悦性、象征性、主动性、自愿性、由儿童内部动机所产生、与儿

童原有经验相联系、由游戏规则(内隐或外现的)限制和引导。游戏吸引幼儿沉浸在活动之中,幼儿的各种活动——生活、劳动及学习中或多或少带有游戏成分。游戏是幼儿获得知识、技能,促进社会性和情感发展,培养良好意志性格的重要途径。在学前期有体育游戏、智力游戏、语言游戏、音乐游戏、做做玩玩、表演游戏及角色游戏等。在教育工作中,应重视儿童自主的游戏,也重视教师指导和领导的游戏。

5. 早期学习兴趣或态度及自我概念对儿童学习有重要影响

儿童经常在探索和认识周围世界,在这学习过程中同时也逐渐形成儿童对学习的兴趣或态度,如好奇、有兴趣或冷漠甚至反感。这种学习态度不是教的,而是通过累积的经验或模仿周围人们而逐渐形成的,这对人整个一生都有影响。成人应通过多种方式尊重儿童的兴趣,鼓励儿童的探索,对儿童学习的期望和要求恰当,以培养儿童学习的热情、好奇心,对学习的专注,从努力与成就中获得愉快等良好的学习兴趣和态度。

儿童对自己的认识和评价是在主客观互相作用及人际交往中逐渐建立与发展的。特别是儿童与家长、教师及同伴的交往影响着他们自我概念的形成及对家庭及幼儿园的看法。要对儿童倾注深沉的爱,尊重和爱护他们,提供适合儿童发展的环境和条件,赞赏和鼓励儿童,培养他们自信与自尊,使他们感到安全、有能力,感到在家庭及幼儿园中占有适当的位置,因而喜爱家庭和幼儿园。只有在这种气氛中,儿童才能很好地学习和健康地成长。

6. 各个儿童有不同优势的学习方式

人们认识世界通过各种感觉途径,包括视觉、听觉、动觉与触觉等,每人有不同优势感觉道。有人通过视觉去看的方式学习较好,有人通过听觉或对物体的动作而进行学习较好。美国哈佛大学加德纳教授的研究扩大了优势感觉道的概念,他提出人们的心智结构包括有七种不同的智力:语言的、逻辑-数学的、音乐的、空间的、身体动觉的、外向学习的和内向学习。每种智力分别在大脑一定的区域里独立地发展,发展的程度各不相同,可能某种智力优秀,而另一些智力则中等或下等，或有某种智力占统治地位。各种智力不同的组合就构成了各人不同的认知结构，因而有不同优势的学习方式。

儿童的学习方式也受社会传统文化的影响。跨文化的研究说明，在东方传统文化影响下，同伴及师生合作较多，而西方传统文化的影响，则多为个人学习和注重个人成就。

在教育工作中应注意幼儿不同的优势学习方式和个别差异，促使每个幼儿的潜能得到充分发展。

三、发展适应性课程的教育目标

近年来，随着振兴教育的浪潮，美国在 1994 年以法律形式通过《美国 2000 年教育目标法》，提出八项教育目标，要求所有学生都学会应用心智，有责任心，能进一步学习，成为能为社会作出贡献的公民。强调培养年青一代的文化、知识和技能，培养世界一流人才。教育目标第一项指出在 2000 年所有美国儿童都要有良好的学前准备。这是直接与学前有关的教育目标，其他各项目标也要在早期打下基础。总的说来，增强了在智力、知识技能的要求。

早期教育的目标尚未见到明确的统一规定，但在 1991 年出版的《课程指南》中曾举例说明，目标应包括情感的、社会的、认知的、身体的与审美的各领域，及在各领域中态度、气质与知识技能的发展。兹将该目标介绍如下：

1. 发展对学习、自我控制及归属感的正确态度

2. 发展对周围世界的好奇心，发展学习的自信心、创造力、想像力及主动性

3. 发展对成人与同伴的相互信任与尊重，理解别人的看法，培养协商精神及遵守集体生活规则

4. 理解与尊重社会的与文化的多样性

5. 了解关于社区与社会的职能

6. 运用语言有效地交流，并能促进思维与学习

7. 成为有文化的人，能从阅读中获得信息与满足

8. 能通过角色游戏、戏剧、舞蹈、律动、音乐、艺术与结构中表达

思想与情感

9. 能进行有分辨力的思考、判断与解决问题

10. 能理解物体、人们及事件间的关系,如分类、顺序、数、空间与时间

11. 能按期望的效果操作物体,懂得因果关系,以建构物理知识

12. 能获得诗歌、音乐、绘画、人文学科及科学的知识,并能进行欣赏

13. 有能力驾驭自己身体,并获得大肌肉运动及精细动作的基本技能

14. 获得关于照料自己身体、保持一定的健康与健美水平的知识

以上教育目标,提出了对儿童各方面素质的要求:社会的、情感的、认知的、语言的、审美的与身体的。这些不同的领域又各自有相应的较具体的培养目标,各门学科又有各自目标,限于篇幅,就不在本文介绍了。

课程目标是课程方案的重要部分,课程内容、学习过程、教学技能、环境及课程评价也都是与之互相联系的组成部分。

四、发展适应性课程内容

近年来,课程内容(儿童要获得哪些经验,学习些什么)的研究越来越受重视。课程内容不恰当,课程方法、环境等都无意义。课程内容也是过去美国学前教育课程中的薄弱环节。在各学科标准化运动后,美国更加重视课程内容的系统性与科学性。结合《课程指导》所提出指导课程内容的20项原则及《发展潜能:早期教育课程与评价的改革》(卷二)的要求,课程内容的主要指导原则如下:

(1) 课程是以当前最新儿童发展与学习理论与研究为理论基础,把儿童的学习看成是主客体互相作用的、建构的、发展的,以此为原则来选订、取舍课程内容。

(2) 课程内容设计应能达到儿童社会的、情感的、认知的、审美的与身体的各方面发展的目标,不能偏废任何方面。这些目标又是某年龄范围内多数儿童所能达到的。在一周的课程内容中,首先要考虑是

否能促进儿童全面发展。

(3) 课程内容贴近儿童生活，结合原有经验，并适合儿童智力结构和学习模式。同时还要求能促进其发展，并培养儿童的兴趣与需要。

(4) 课程内容能鼓励和培养儿童主动探究与实验，容许儿童犯错误；强调发展儿童思维能力，如推理、做出决定和解决问题的能力；重视培养儿童个性与态度，通过学习获得愉快和满足，对学习有积极的情感。

(5) 把各学科的标准糅合到课程内容中。在早期教育课程中过去大多采用综合课程，以主题或单元为中心，不分学科，使儿童学习与现实生活相结合，以组织儿童的概念。90 年代以来，国家课程标准运动兴起，学校各门学科建立了全国标准(数学、科学、健康、美术、音乐、社会学习、体育、语言文学)，指出儿童需要和可能学习内容，其中都包括五至六岁幼儿园阶段。三至五岁学前教育中要考虑如何结合儿童发展特点为以后学习各学科打下基础，也势在必行。在早期教育课程内容中以何种适宜方式使儿童获得各学科的重要知识技能是当前研究的重大课题。

(6) 课程内容应有利于儿童身心健康，适应儿童活动的需要，不应长时间坐着，并能促进儿童与同伴及成人的社会交往。

五、发展适应性课程的方法与教师的作用

教师是儿童的支持者与指导者。教师了解班级儿童和个别儿童的身心发展特点，熟悉教育内容与方法，依据教育目标，制订短期(双周或一周)教育工作计划，设置多种活动中心(如美术、科学、语言、数学、积木、角色游戏等中心)，提供丰富的教育材料和充分的活动时间，鼓励儿童主动学习。

成人应以尊重、关心和鼓励的态度，对儿童的需要和愿望做出积极的反应，培养儿童自尊、自信，积极主动进行各项活动和学习。

儿童主要通过具体、实际的事物进行学习，通过察觉、探索、研究与运用等阶段，在与周围事物和人们的相互作用中而学习。应注意把儿童创始的学习与教师的直接教学相结合。

教师按照儿童发展与学习的发展方向，提供丰富多彩的材料和环境，有效地促进儿童发展。儿童发展与学习的发展方向可简括为：从简单到复杂，从已知到未知，从自身到他人，从整体到部分，从动作式表征到符号式表征，从摸索到有目的方向，从不精确到较精确，从冲动到能自我控制。

教师提供多样的、范围广泛的活动，除考虑适合年龄的发展水平，又考虑个别儿童的实际水平和需要，使儿童有选择的机会，发展各种才能和兴趣的机会。

儿童各方面发展（身体和动作、社会性及情感、认知、审美等）、积极的活动和休息、动和静、户内和户外的安排，都应注意到适度和平衡。

六、发展适应性课程的评价

教育评价是课程方案的重要组成部分。正确地评价儿童学习与发展及教育工作成果的科学说明，能帮助教师进一步了解班级及个别儿童的发展与成就，为制订下阶段教育工作计划、提高教育质量提出依据，这也是与家长联系与交流的重要内容，同时可向财政部门与政府提供有价值的报告。

当前，在早期教育的评价中存在的主要问题是滥用标准成就、能力与基本技能的测验，过分强调标准测验的分数，简单认为高分数就是高质量，以及测试方式的不恰当等。这样造成本末倒置，为了获得高分数，测验内容左右了课程方案，教师一味加强这方面的学习和练习。更有甚者，简单以标准测验分数决定儿童能否入幼儿园或一年级，不合格的儿童被安排到幼儿园预备班或一年级预备班，实际上是以提高年龄的办法来减少重读或留级。

《课程指南》对评价主要提出下列原则：

1. 评价的目的是了解课程方案实现目的的程度，以更好为班级或个别儿童制订教育计划，并与家长交流

2. 评价与课程方案的目的、内容相一致，了解儿童的全面的学习与发展——身体的、社会的、情感的、认知的及审美各方面

3. 评价要支持儿童的学习与发展，指明儿童各方面的发展与进步，促进儿童的自尊心，增强家长对孩子的信心

4. 教师应是主要的评价者。教师通过系统的和阶段性的观察、与儿童的交往、谈话、收集儿童的作品、经常的记录等，通过儿童整个生活与典型活动等了解儿童；重视在经常的自然状态中收集的评价材料。标准测验只是评价工具中的一部分，而且应在适当的地点、时间和人员主持下进行

七、发展适应性课程的实践效应

实施发展适应性课程方案是一项动态的改革过程，具体体现在早期教育机构的各方面改革中。

（一）教育观点的转变

从儿童是教育的受体、信息的接受者转变到儿童自己主动发展和建构经验和知识。从课程方案由专家制订到教师制订，并吸收儿童参加。

从游戏是儿童休息和娱乐转变到游戏是儿童发展（身体的、社会情感的、认知的、审美的发展）和学习所必需的重要工具。

培养儿童的社会性发展从次于知识技能学习的地位转变为合作解决问题的重要素质，为生活所必需。

（二）教师任务及教育教学技能的转变

教师从塑造人、传授知识者转变为儿童发展和学习的促进者、指导者。

从死板执行教育计划转变为考虑儿童的需要和兴趣，容许计划有弹性，能反映远期教育目标。从以班级教育教学为主转变为小组、个别和班级形式相结合。

从应用外部奖惩转变为重视儿童内部奖惩，从学习中获得满足和快乐。

（三）教育环境和活动室的管理的转变

玩具及实物材料的提供、桌椅的安排从固定和死板划一，转变为以促进儿童活动和社会交往为转移，经常变动。从教师管理和控制活

动室转变为儿童参加制订活动室规则，加强自我管理。

（四）行政管理

从行政人员是教育计划的批准者、决定者转变为允许教师在执行教育计划时有弹性；从按已定标准评价教师转变为教师参与制订评价标准。从行政人员建立规章制度到教师参与共同建立规章制度，以形成积极的优良的环境氛围。

早期教育课程方案是当今信息时代地球村的一项培养人的系统工程。影响课程方案有众多因素：时代和社会的发展，国情和民族传统文化，生物科学、环境科学、心理科学和教育科学的最新成就，儿童身心发展水平，社会价值观，地区特点，教师的素质和家长期望等。在课程方案中最关键的是教育目标，要从儿童出发，从培养儿童身心素质出发，明确提出在培养身体的、社会的、情感的、认知的和审美的方面的素质要求。当然，在明确教育目标中必须结合班级和个别儿童发展水平。教育目标和儿童发展水平是课程方案的轴心，需要我们下功夫深入了解和仔细研究，抓住轴心，就不会迷失方向，然后再研究教育内容和方式方法。在复杂多样的教育内容中，方式方法也应是多元的，分科教学、主题活动、游戏或日常生活。回顾我国学前教育课程方案的改革历程，50 年代初，废除单元教学，采用分科教学，80 年代开始，又以实施综合教育或主题活动作为教育改革的标志。如果我们能实事求是地总结教育实践经验，用其所长，去其所短，相辅相成，互相补充，那么我国学前教育园地是否会更加绚丽多彩呢？这是一个值得我们进一步思考的重大问题。

《华东师范大学学报·教育科学版》1998 年第 2 期

第二篇

实验研究

幼儿园角色游戏初探

模仿周围成人活动的角色游戏是幼儿所喜爱的活动，也是在幼儿期出现的特有的活动。角色游戏在儿童发展中的作用早就为一些儿童教育家所重视。德国儿童教育家福禄倍尔提出："儿童自发的游戏，显示着人的未来的内心生活。儿童早期的各种游戏是一切未来生活的胚芽。"

自近百年心理学和儿童心理学发展以来，一些心理学家从不同的观点和学派来研究儿童的角色游戏，因此产生了各种游戏理论，如精力过剩说（游戏是剩余精力的出路）、松弛说（松弛和恢复精力的方式）、生活预备说（为将来生活作准备）、重演说（复演祖先的动作和活动）、成长说（机体生长的结果）等。特别是近十年来，弗洛伊德精神分析说和皮亚杰的认知结构说对幼儿园游戏的影响较大，他们把角色游戏作为幼儿宣泄和补偿情感的途径，或者当做与幼儿智力发展相适应的活动，通过游戏表征对周围生活的经验和认识，并根据各种游戏学说对角色游戏进行了研究。苏联心理学家如维果斯基和厄里康宁，认为角色游戏是幼儿的特殊的实践活动，是对周围生活的反映（这一观点可称为反映说），也是幼儿园的一种教育手段，他们对角色游戏进行了种种研究。

我国自清末建立幼儿园以来，虽教育项目中设有游戏一项，但大都指感官游戏、体操游戏、节奏游戏、表演游戏等。解放前我国幼儿教育主要受西方实用主义教育思想影响，以儿童为中心，幼儿园实行单元教学，每周有一单元，围绕单元开展音乐、故事、儿歌等各项活动，专门游戏的时间很短，而且大都是教师组织的。角色游戏在单元活动中偶尔有之，如娃娃生病、扮医生，或在自由活动中，幼儿自发地玩。除儿童心理学提到模仿成人动作的化装游戏外，一些幼儿教育书籍中也很少提到角色游戏。角色游戏在幼儿园教育工作中不占有地位,也没有对角色游戏的专门研究。

新中国建立后,全面学习苏联幼儿教育的理论和经验,对幼儿教育进行了改革。1951年后,苏联专家戈林娜和玛努依连柯先后全面介绍了苏联幼儿园创造性游戏(包括角色游戏、结构游戏、表演游戏)、体育游戏和智力游戏。在翻译出版的苏联幼教书籍中也有一些关于创造性游戏方面的书籍。当时,我们很重视幼儿园角色游戏。1954年京津两地幼儿园交流教育工作经验,在《幼儿园教养员工作经验》(教育部幼教处编辑、人民教育出版社出版)一书的十三篇材料中就有七篇关于开展角色游戏的经验。各地一些幼儿园也逐渐开展角色游戏,并陆续总结有关的经验。角色游戏成为幼儿园主要的游戏,每天幼儿在游戏时间大都进行角色游戏。但是怎样结合我国幼儿园实际,从幼儿园教育工作和幼儿发展的整体出发,怎样有目的地实现角色游戏的教育作用,还是一个有待探讨的问题。为此,1961年我们开始对角色游戏进行研究,研究方法是采用实验班系统观察和较大范围的调查,选定南京师范大学教科院附小幼儿园小班进行了这一课题的实验研究。〔1〕实验班幼儿是原来新收的幼儿32人,男18人,女14人;3岁～3岁6个月15人,3岁7个月～3岁10个月9人,3岁11个月～4岁8人。大多数幼儿直接来自家庭,8人进过托儿所。实验的主要内容是:① 探讨角色游戏的教育任务;② 研究幼儿园角色游戏的发展趋向;③ 研究教师对游戏的领导方法,并确定角色游戏中应占的分量。实验和调查工作进行两年后因故停止。此后,幼儿园角色游戏也中断了十几年之久。1979年后,一些地区先后恢复了角色游戏。为了了解目前幼儿园角色游戏的情况、经验和问题,1982年我们在南京和广州等地进行了调查,现就实验结果和调查材料,对以下几个问题作初步探讨。

一、幼儿园角色游戏的教育作用

幼儿园要不要以角色游戏作为教育手段,开展角色游戏?角色游

〔1〕 这项实验研究始终由彭寒岫老师合作与协助。李明华、朱雪珠两位老师也参予了部分工作。

戏应占有怎样的量，怎样领导？对这些问题的回答，首先要明确角色游戏在具体班上能起什么样的教育作用。

实验班幼儿新入园两三周后，日常作息制度的活动逐渐熟悉和安定下来，开始建立一些玩玩具和做游戏的常规〔1〕。其间我们也观察到有些幼儿抱着娃娃，不断地抚弄，有些幼儿坐在椅子上，双手在椅背上转动，嘴里叫着“笛！笛！”开起汽车来。我们就在观察的基础上，引导幼儿开展扮家家和汽车角色游戏。此后不断地增加新主题，丰富游戏内容，并结合游戏提出教育要求。通过实验和观察，角色游戏有下列教育作用。

（一）通过角色游戏，使幼儿感到快乐，培养幼儿的良好情绪，吸引幼儿参加和喜爱集体生活

幼儿喜欢玩角色游戏。当教师说，“现在我们玩游戏”，幼儿都喜形于色。（根据观察，各年龄班幼儿都如此）在游戏过程中，纵使游戏动作很简单，如“妈妈”反复炒菜，或“公安员”站着指挥汽车，幼儿在游戏中也玩得津津有味，自得其乐。

幼儿对各种游戏的爱好如何？我们在 1962 年曾以个别谈话法对实验班及南京其他 5 所幼儿园 16 个班的 307 名幼儿进行调查。实验班 28 名幼儿对角色游戏爱好人次的比率为 37.5%，仅次于搭积木(43.7%)。其他 5 所幼儿园小、中、大各班幼儿对角色游戏爱好的人次比率分别为 41.3%、48.1%、52.3%，在各种游戏中占第一位，超过搭积木游戏，而且从三岁到六岁有逐步增长的趋势。在六岁到七岁的特大班中，虽仍占第一位，但人次比率显著减少为 32.2%。1982 年 6 月，为了验证幼儿对角色游戏的爱好，我们以同样的内容调查了南京 4 所幼儿园 14 个班的 120 名幼儿（以下简称调查Ⅱ），除在小班幼儿喜爱角色游戏人次比率与搭积木相同，都为 32.1%外，在中、大班分别为 33.3%、35.2%，居第一位，而且同样有逐步增长的趋势。

〔1〕 如不争夺玩具，学会轮流地玩，会讲：“请你给我玩一下。”正确使用各种玩具，随时拾起玩具，不丢玩具等。

幼儿对各种游戏爱好调查表

班别	班数	调查人数	调查次别	角色游戏		搭积木		拼胶粒		沙水游戏		表演游戏		体育游戏		球类游戏		智力游戏		其他游戏		看书	
				人次	%	人次	%	人次	%	人次	%	人次	%	人次	%	人次	%	人次	%	人次	%	人次	%
实验班小班	1	28	Ⅰ	12	37.5	14	43.7							4	12.5							2	6.3
实验班中班	1	31	Ⅰ	26	83.9	5	16.1																
小班	3	43	Ⅰ	26	41.3	24	38.1							11	17.5							2	3.1
小班	4	40	Ⅱ	17	32.1	17	32.1	3	5.7	6	11.3			4	7.5			2	3.7	2	3.7	2	3.7
中班	4	82	Ⅰ	51	48.1	39	36.8					3	2.8	7	6.6			3	2.8			3	2.8
中班	4	40	Ⅱ	18	33.3	6	11.1	13	24.1	3	5.5			10	18.5			1	1.9	1	1.9	2	3.7
大班	4	88	Ⅰ	46	52.3	28	31.8					2	2.2	4	4.4			7	7.9			1	1.1
大班	4	40	Ⅱ	19	35.2	8	14.8	10	18.5	1	1.8			10	18.5	4	7.4				1.8	1	1.8
特大班	5	94	Ⅰ	47	32.2	46	31.5					10	6.8	20	13.6			16	10.9	7	4.8		
	30	486		262	41.8	187	34	26		10	1.6		2.4	70	11.8	4		29	4.6	11	1.8	13	2.1

幼儿为什么最喜爱角色游戏？第一，角色游戏因幼儿内部的直接需要而产生。两三岁儿童的认识能力，特别是想像、思维和语言能力获得一定的发展，大动作和手的精细动作也有了发展，独立活动能力增强。幼儿在与成人相处的社会中，力求通过运用物体的行动，积极认识周围世界，产生了模仿成人、亲身参加现实生活的需要，这一新的需要与幼儿已有的身心发展水平相矛盾，角色游戏就是解决这种内部矛盾的活动形式。通过角色游戏能满足幼儿的需要，使他们感到愉快。第二，角色游戏有各种游戏材料，并有对物品的操作和活动，内容和形式又丰富多彩、灵活多变，适合幼儿认识过程的直觉行动性、形象性及情绪性，以及自制力和坚持性较差的特点。第三，幼儿处在生长发育迅速时期，活泼好动，而控制动作的小脑与控制情绪的四肢系统相通，动作和活动能引起幼儿快乐的情绪。第四，角色游戏又是幼儿按自己意愿进行的游戏，对幼儿没有严格要求，行动少拘束，可自由创造，因而使他们轻松愉快，没有负担，同时幼儿在游戏中尝试和体验了他们平时所不能体验的事物，表现出了能力，可感到成功的愉悦。由于角色游戏这些特点能引起幼儿极大的兴趣，因此可以快乐的情绪、真诚的体验，动员其全身心的力量，积极地投入到游戏之中。

实验班及早开展了角色游戏，幼儿的情绪很愉快；在游戏中，幼儿与同伴和老师增多了接触和交往，从而增进了亲热的感情。这样不仅促进幼儿喜欢幼儿园，喜欢集体生活，而且有利于幼儿各方面的发展，有利于整个教育质量的提高。

（二）培养幼儿乐于遵守一定的行为准则，真诚体验积极的情感，陶冶良好的性格

角色游戏的中心环节是扮演角色。扮演角色本身就是按照角色的职责说话和行动，也就是根据社会行为准则，学习人与人的交往，把社会道德观念和人们交往方式变为幼儿扮演角色的主观要求，行为规则寓于角色扮演之中，如售票员要坚守岗位，医生要关心病人。通过逼真地扮演角色，使幼儿乐于遵守行为规则，并有真诚的体验。

角色游戏还有一定的游戏常规，如先共同想好玩什么，共同布置

游戏场地，轮流担任角色；按角色职责使用玩具和扮演；使自己的意图、行动和别人协调起来；按时结束游戏，整理游戏场地。每一项规则都要求幼儿抑制自己的愿望，培养一定的行为习惯。幼儿为了玩好游戏，而自愿遵守这些规则，并在游戏中获得实际的练习和巩固。如轮流担任角色对幼儿来说是一项较高的要求，幼儿都喜欢当主角，如妈妈、司机、医生等。我们曾调查小、中、大班 272 名幼儿，有 253 名幼儿喜欢当主角，占 93%，只有 19 名幼儿因年龄小、不会玩，或为某一游戏材料所吸引(如姐姐有书包)，而愿意担任配角，如娃娃家的姐姐、弟弟等。实际上游戏中的主角是少数，不是个个幼儿都能当上自己想做的角色，这样就要求幼儿能抑制自己的愿望，尊重别人，服从集体的要求。实验班最初有个别幼儿因未当上要当的角色而流泪，也有些幼儿想当妈妈和爸爸，结果当了姐姐和哥哥，“上学后”就很少回“家”，但通过游戏中的多次练习，这些幼儿也能轮流担任角色了。同时在实验班中也适当增加了一些角色，如“司机”和“售票员”都选两人，轮流“上班”，以满足幼儿的要求。

角色游戏的另一特点是幼儿能真诚地体验到角色的感情，角色游戏和艺术活动相近之处，就是都带有丰富的感情。幼儿以真诚的体验逼真地扮演角色，沉迷于游戏之中，角色的感情和行为感染着幼儿，经常地重复和练习，对幼儿性格的形成有潜移默化的作用。如实验班幼儿 A(女，1957 年 12 月 9 日出生)初入园时常常哭，不玩游戏，不说话，老是一副不愉快的样子，在老师的引导下，参加游戏也是不声不响，跟着别人做。两个月后她在游戏中有了一个好朋友，两人经常在一起玩，逐渐愉快起来，但平时仍胆小怕羞，少说话。第二年在游戏中有说有笑，并主动提出要当幼儿园老师。第三年积极参加游戏和其他活动，能组织同伴玩，处理事情有条有理，上课能大声发言，虽然仍有不足之处，如积极开动脑筋不够、创造性较差、动作欠灵活，但性格上有了很大改变，已变成一个活泼开朗的孩子了。

（三）发展幼儿想像、思维和语言能力

神经系统和大脑的结构、机能是在活动中成熟和发展起来的，为丰富多彩的角色游戏提供了极好的练习条件和活动机会。

一个角色游戏必须具有下列要素:扮演某一角色,而不是自己;以游戏材料代替真实物品;对动作和情景的设想。这些都必须依赖于想像力才能进行。角色游戏是在想像条件下的活动。如实验班幼儿A,在娃娃家中当奶奶,就要在头脑中把已有的奶奶的表象重新结合,创造出新形象,处在新的地位进行活动;她把半个皮球当作烧饭的锅,脱离当时对半个皮球的知觉,而通过想像当作烧饭的锅;她设想新的情境,不是幼儿园的活动室,而是家里的房间,她边整理房间边说:"摆干净,整齐些。"并对妈妈说:"我摆整齐,不要乱放了。"她又以概括的动作烧饭、炒菜,并把饭菜烧好放到橱里。她扮演奶奶的活动过程就是脱离当时的具体事物、在脑中进行思维的表征活动的过程,角色游戏是促进幼儿思维的表征力发展的有效手段。(游戏实例见附件二)

幼儿在游戏中也要运用思维进行分析和概括。如幼儿B扮演爷爷,他以拿一根棍子(手杖)来概括爷爷最一般的特点,来表明他是爷爷。他主要的扮演动作就是上街买东西(圆饼、酱油和碟子),送妹妹上幼儿园,接她回家,带妹妹坐汽车到玄武湖。(见附件二)在游戏中,他想进行什么活动,以什么方式来表现,都要运用思维进行分析、概括,而且要脱离面前的实物,以表象为支柱进行思维。幼儿在游戏中相互交往、协商,都离不开语言,这也促进了语言的发展。

有时,教师还可有意识地把角色游戏和教学内容结合起来。如在汽车游戏中,教师引导七八个幼儿来乘汽车去玄武湖,在乘车时带领幼儿复习儿歌,在食堂游戏中也启发幼儿数数几碗饭、几张饭票,学讲礼貌用语,这些都有利于发展幼儿思维和语言。

(四)培养幼儿目的性、主动性、创造性及组织能力

初入园的幼儿行动目的性很差,他们的游戏常为当前有趣的事物所吸引,外界的刺激常引起游戏的改变。这可通过幼儿有兴趣的角色游戏来促进目的性的培养,并使角色游戏更好地开展起来。在小班第

一学期，可对角色游戏提出一项要求——先想好玩什么，教师的提问使幼儿思考起来，有的幼儿自己会想出要玩什么游戏，有的起初只是跟着别人讲，有的讲不出还要教师个别启发。在开始游戏后，有的幼儿并不理解要照着所讲的游戏去玩，有的说过就忘记了，有的在游戏过程中又改变，有的幼儿只理解按教师的要求做，幼儿的反应是不同的。但是，在每次玩角色游戏前，教师都这样问幼儿，在游戏中又随时提醒幼儿要按一定的目的行动，把有趣的角色游戏当做培养目的性的练习，实践效果是很好的，大大促进了幼儿行动的目的性和有意性的发展。我们在小班第二学期，对幼儿目的性作了一次调查，每次在开展游戏前先逐个问每一名幼儿要玩什么，然后让幼儿按意愿进行游戏，并观察记录这名幼儿的游戏情况，共调查 23 人。调查结果：能有目的并坚持玩下去的 11 人，占 45.8%（其中能坚持在一小时内连续玩一个游戏的有 8 人，占 33.3%）；能明确目的但在游戏过程中有改变的 5 人，占20.8%；目的不明或改变目的的 6 人，占 25%；没有目的的 2 人，占 8.3%。如实验班 1962 年 4 月 21 日“家家”游戏中，妈妈、爸爸、大姐姐三个主要角色游戏目的明确，并一直坚持玩了一小时二十分钟。（见附件一）

角色游戏是幼儿按自己意愿进行的游戏，游戏的主题，特别是游戏情节和角色扮演，都留有发挥幼儿主动性和创造性的余地。实验班从小班起就让幼儿自己提出要玩什么游戏，要当什么角色，虽然要教师加以调整和肯定，但却调动和培养了幼儿的主动性和积极性。中班开始培养幼儿自主推选角色，幼儿的发言是很积极的，如在 1963 年 4 月 18 日一次“家家”游戏中，幼儿 A 说：“张鸣当奶奶。”张鸣说：“我不当奶奶。”幼儿 B 说：“夏云做奶奶。”夏云说：“我做过奶奶了。”但后来教师帮助确定夏云当奶奶，夏云也一样地高兴，并且玩得很好。（见附件二）幼儿在角色扮演中可发挥主动性和创造性。如在上述游戏选好角色后，教师和幼儿一起讨论一下谁做什么，大家说：“爸爸上班、看报纸”，“搭积木、写字”，这是爸爸通常做的事。但是陈航做爸爸很有创造性。游戏开始，他先拿一块半圆形的积木说:“这是家里的灯。”出去一会,回来吃饭,就拿洗衣盆、搓板洗被,说:“尿布潮了,拿来洗。”又说,“今天大家礼拜天”,以解释为什么他在家里洗衣而未去上班。又洗了锅,和爷爷、妹妹一起坐马车去玄武湖。后来自己去买了三条鱼,用锅铲剖鱼、烧饭,用蚌壳蒸馒头,又喂娃娃吃糕。在整个游戏中,他想了很多创造性活动的主意。(见附件二)当然这是在教师平时引导和鼓励下进行的。主动性和创造性是角色游戏的灵魂,如果幼儿只是消极地模仿、被动地活动,就会失去游戏的教育价值。

角色游戏是幼儿自己玩的游戏,所以从小班开始,就应逐步培养幼儿组织游戏的能力,如先想好玩什么,在教师带领下参加布置游戏场地和收拾、整理玩具;在中班学会用互选和商量的方法分配角色,并逐步学会处理游戏中出现的问题,能想出一些主意使游戏玩下去,一些幼儿能带领同伴游戏,在游戏中起带头作用。在组织游戏的过程中,幼儿综合地运用了已有的知识、经验和各种智力、能力,促进了游戏组织能力的发展。实验班在教师有意识的领导下,在大班时80%以上的幼儿能担任游戏的主要角色,25%以上的幼儿能组织领导游戏,而在其他班往往只有少数几个幼儿具有这样的组织领导能力。

二、角色游戏的内容和发展趋向

(一) 角色游戏的内容

游戏的内容包括主题和情节两方面,现着重研究游戏的主题。实验班第一学期开展了汽车和家家游戏,以后增加食堂游戏;第二学期新增幼儿园和马车游戏,后来逐步增加医院、电影院和解放军游戏。在一段时间内主要开展 2～4 个主题的游戏,同一主题游戏情节可不断丰富。随着幼儿知识经验的增长,游戏的主题从幼儿的日常生活扩大到社会生活。

同时,关于幼儿园角色游戏常见的主题,我们在 1962 年 3 月(简称调查Ⅰ)和 1982 年 6 月(简称调查Ⅱ)两次调查了 9 所幼儿园 32 个班,其结果如下表。

幼儿园角色游戏主题调查表

次别	班别	班数	家家		汽车		医院		幼儿园		食堂		电影院		火车		解放军		理发店		百货公司	
			次数	%	次数	%	次数	%	次数	%	次数	%	次数	%	次数	%	次数	%	次数	%	次数	%
调查Ⅰ	小班	5	5	100	5	100	3	60	2	40	1	20	2	40	2	40					1	20
	中班	5	4	80	4	80	4	80	3	60	1	20			2	40	1	20				
	大班	5	5	100	5	100	4	80	3	60	2	40	2	40			1	20			1	20
	特大班	5	3	60	2	40	2	40	4	80	3	60	2	40	2	40	2	20				
		20	17	85	16	80	13	65	12	60	7	35	6	30	6	30	4	20			2	10
调查Ⅱ	小班	4	4	100	4	100	3	60			1	20										
	中班	4	3	60	2	40	4	80	1	20	1	20					2	40	2	40		
	大班	4	2	40	1	20	1	20	3	60	2	40					3	6	3	6	1	20
		12	9	75	7	58	8	66	4	33	4	33					5	42	5	42	1	8

续表

次别	班别	主题 / 班数	菜场 次数	菜场 %	动物园 次数	动物园 %	图书馆 次数	图书馆 %	玩具店 次数	玩具店 %	剧院 次数	剧院 %	照相馆 次数	照相馆 %	加工厂 次数	加工厂 %	邮局 次数	邮局 %	飞机 次数	飞机 %	军舰 次数	军舰 %
调查Ⅰ	小班	5																				
	中班	5																				
	大班	5	1	20	1	20	1	20														
	特大班	5							1	20	1	20					1	20	1	20	1	20
		20	1	5	1	5	1	5	1	5	1	5					1	5	1	5	1	5
调查Ⅱ	小班	4																				
	中班	4																				
	大班	4	1	20	1	20	1	20			2	40	2	40	2	40						
		12	1	8	1	8	1	8			2	16	2	16	2	16						

由于幼儿园各班的具体条件及角色游戏开展情况不同，各主题游戏出现率是有差别的，但上表可以说明下列几点：

1. 角色游戏的主题丰富多彩，反映了幼儿的日常生活内容和社会生活内容

2. 小班以家家和汽车游戏为主，出现率为 100%，从中班开始，其他游戏的出现率，如医院或幼儿园游戏，赶上或超过了家家和汽车游戏

3. 大班开始，虽仍有家家和汽车游戏，但游戏主题明显增多，较多地出现社会生活方面的主题，如百货公司、菜场、图书馆、照相馆、加工厂等

在实验班的调查中，幼儿在小班和中班时都最喜欢汽车游戏（各为 46%、50%人次），其次喜欢家家游戏（各为 28.8%、15.4%人次），第三为幼儿园（26.9%、7.7%人次）和食堂游戏（7.7%、15.4%）。调查Ⅰ和调查Ⅱ共调查了 450 名幼儿，幼儿最喜欢的游戏集中在家家（分别为 43.2%、26.9%人次）和汽车游戏（分别分 26.5%、19.3%人次）。小班幼儿最喜欢汽车游戏（调查Ⅰ为 52%），或最喜欢家家游戏（调查Ⅱ为 38.9%人次）。中班大都喜欢家家游戏，汽车游戏显著减少。大班幼儿在调查Ⅰ中，虽游戏主题增多，仍最喜欢家家和汽车游戏。而在调查Ⅱ中，幼儿最喜欢食堂、幼儿园和理发店游戏，家家和汽车游戏退居第 4 或第 5 位。这可能与各时期幼儿园游戏开展有关。详见下表。

以上调查材料说明，熟悉的、有趣的家庭和汽车是幼儿所喜爱的游戏主题。随着幼儿知识经验的增长，医院、幼儿园、食堂、解放军、理发店等也成为中、大班幼儿喜爱的游戏主题。

调查中我们发现幼儿喜爱的游戏主题是和他们喜欢当的角色一致的。现分别将两次调查中几种幼儿所喜爱的角色分配率列表如下。

几种幼儿所喜爱的角色游戏主题分配率(%)

班别 \ 人数 \ 调查次别 \ 主题	人数		家家		汽车		医院		食堂		幼儿园		解放军		理发店	
			Ⅰ	Ⅱ	Ⅰ	Ⅱ	Ⅰ	Ⅱ	Ⅰ	Ⅱ	Ⅰ	Ⅱ	Ⅰ	Ⅱ	Ⅰ	Ⅱ
	Ⅰ	Ⅱ														
小班	71	40	25	38.9	52	33.3		22.2	4.2	5.5	14.6		2.1			
中班	81	40	73.7	46.4	19.3	25	7	25	1.7	10.7	5.3	10.7		7.1		10.7
大班	88	40	31.5	11.1	23.3	8.9	9.5	8.9	9.5	17.7	13.6	13.3	1.4	4.4		13.3
特大班	90		42.8		11.7		5.2		3.9		9		14.3			
小计	330	120	43.2	26.9	26.5	19.3	5.4	16	4.8	10.9	10.5	7.6	4.4	3.4		7.6
合计	450		35.1		22.9		10.7		7.9		5.7		3.9			

几种幼儿所喜爱的角色的分配率(%)

班别	人数 \ 调查次别 \ 角色名称	司机		妈妈		医生		汽车售票员		炊事员		姐姐		老师		解放军	
		Ⅰ	Ⅱ	Ⅰ	Ⅱ	Ⅰ	Ⅱ	Ⅰ	Ⅱ	Ⅰ	Ⅱ	Ⅰ	Ⅱ	Ⅰ	Ⅱ	Ⅰ	Ⅱ
小　班	Ⅰ.71 Ⅱ.40	28	25.7	19.3	25.7	1.8	11.4	10.5	14.2	1.8	2.8	5.2		8.8		1.8	
中　班	Ⅰ.112 Ⅱ.40	12.5	10	13.6	17.5	3.4	22.5	9	7.5		7.5	6.8	5	4.5	5	11.4	2.5
大　班	Ⅰ.88 Ⅱ.40	17	6.7	14.1	8.9	7.8	13.3	3.2		7.8	15.6	11	4.4	9.3	8.9	1.6	4.4
特大班	Ⅰ.90	13.9		8.3		5.5				2.7		15.2		4.2		15.2	
小　计	Ⅰ.361 Ⅱ.121	20.2	16.5	13.8	17.3	4.6	15.7	7.6	7.2	4.1	8.6	9.5	3.1	6.7	4.6	7.5	23
合　计	481	18.4		16.5		10.2		7.4		6.3		6.3		5.7		4.9	

幼儿最喜欢当的角色是司机，特别是在小班的第一、二次调查中，分配率分别达28%和25.7%；第二是妈妈，为第二次调查中平均分配率最高的17.3%；第三是医生；汽车售票员在小、中班也很有吸引力；姐姐在第二次调查时分配率低，这与近年来家庭结构的变化有关。由于这些角色的活动为幼儿所熟悉和理解，动作容易模仿，易引发兴趣，而且有生动的游戏材料进行操作，所以为幼儿所喜爱。

从实验和调查材料分析，幼儿园角色游戏常见的主题一般具有以下特点：

（1）主题的内容是幼儿所熟悉的或有亲身体验的周围生活，他们印象深刻、有兴趣，能动员他们付出体力和智力的一定努力；随着幼儿身心的发展和知识经验的丰富，游戏主题从反映幼儿的日常生活，如家家和汽车等，扩大到反映周围社会生活，如百货公司、图书馆等。

（2）对主题中的人物感兴趣和喜爱，人物的活动和人们之间的关系为幼儿所理解，人物的动作明显，又能被幼儿模仿出来，如妈妈、司机、医生、营业员等。

（3）有吸引幼儿的游戏材料和游戏环境。幼儿角色游戏大多有游戏材料进行操作，如家家中的锅和炉子、医生的听筒、售票员的票夹等，以及所布置的家家的房间、医院的挂号处等。幼儿常常因游戏材料有兴趣而喜爱某一角色或某一主题。

（4）教师对游戏的积极影响。在幼儿知识经验的范围内，教师对某些主题的态度、游戏材料的提供、游戏情节的丰富也有很大作用。如实验班的小、中班都喜欢汽车游戏，这与教师经常丰富汽车游戏内容有关；近年来理发、照相、加工厂的主题增多，也是由于教师注意引导这方面的游戏。

游戏的主题具有以上的特点，就能为幼儿所喜爱，并能很好地开展起来。

当前对角色游戏的主题方面有一些不同的看法和做法，有的人认为游戏“内容新而异”、“规模大而全”、“玩具精而美”不是发展方向，但是也有人认为开展一些新颖的有意义的主题，虽幼儿不熟悉，需老师现教、幼儿现学，但对幼儿也是有益的。我们认为角色游戏内容的首要条件是为儿童所熟悉，有幼儿喜欢扮演的角色，否则就是被动地模仿，就会失去角色游戏的意义。有些活动可作为设计活动，或作为一种表演游戏，这样也能使幼儿的活动丰富多彩。

（二）角色游戏的发展趋向

角色游戏的发展有一定的规律，它是与幼儿生理和心理发展相适应的。三岁幼儿初入幼儿园所做的角色游戏是零星的、片段的或只是重复个别动作，仍常有摆弄物品的性质，也有些幼儿还不会玩。三至六七岁是角色游戏发展时期，到了入学后有规则的游戏就逐步代替了角色游戏。

通过在实验班的观察，角色游戏的发展可以从下列几个方面来分析：

1. 游戏人数

个别游戏——两三人在一起游戏，但彼此无联系——两三个人共同游戏——人数逐步增加，可达 10 人左右。

2. 游戏时间

自 5 分钟——10 分钟左右——20 分钟左右——逐步增长，到一小时多。

3. 游戏主题

由近及远，从幼儿的日常生活扩大到社会生活，由家庭——幼儿园、医院——社会上其他成人劳动，并增加学习和手工制作分量，使幼儿付出一定的努力，如图书馆、加工厂等。

做同一主题游戏，情节由简单到丰富多样，可逐步发挥幼儿的主动性、创造性。以实验班家家游戏为例：个别幼儿重复简单动作，炒菜、烧饭——两三个幼儿同时做同样的动作，炒菜、烧饭——两三个人在一起玩，出现角色，但角色关系不明确，各玩各的——有零散的情节，如烧饭、喂饭、洗衣等——初步明确角色的简单职责，按职责行动，如妈妈煮饭、爸爸接送弟妹上幼儿园等——明确角色的相互关系，家庭成员配合行动，如奶奶叫爷爷去接弟妹回家等——增加需要付出努力的较复杂的活动和创造性活动，如美化环境、制作玩具、学习等。

实验班两次家家游戏可为一例。（见附件一、二）在小班下半学期的家家游戏中，角色较少，主要是三人，大姐游戏虽很主动，进行了照顾弟妹、娃娃的各种活动，并主动和妈妈、爸爸联系，但妈妈和爸爸的活动较少，情节较简单。在中班下半学期的家家游戏中，角色较多，有9人。角色的职责明确，以职责为中心进行活动。爷爷、妈妈、爸爸和妹妹很主动，能出主意使游戏玩得好一些，各人有一系列的活动，如爷爷买圆饼给妹妹吃，又为爸爸洗衣买了一块肥皂，买了酱油和碟子，最后还买了一个座钟，还带妹妹坐马车到玄武湖，接送弟弟、妹妹上幼儿园，围绕角色的职责进行了各种活动，表现出人与人之间的关心和互助的关系。爸爸和奶奶的活动也较多，游戏情节较丰富。

4. 游戏的角色

角色是游戏的中心环节。根据我们对游戏的观察，对角色问题可分为明确角色、扮演角色、角色表现形式及角色间关系几项。在下文将结合实验班游戏的发展加以说明。

5. 对玩具的使用

玩具和游戏材料是游戏的物质基础。通过游戏培养幼儿正确使用玩具，要求幼儿在使用玩具中发展想像力和创造性，并逐步过渡到以动作和语言代替玩具和游戏材料。

6. 游戏的目的性、主动性和组织能力

三岁幼儿游戏的目的往往不明确，有的幼儿还不能主动参加游戏，此后目的性和主动性逐渐发展。如何使游戏玩起来，要做好哪些准备工作，在游戏过程中，如何协商、出主意，把游戏进行下去，这些组织能力也在游戏过程中不断发展。实验班在每学期末对游戏的主题和情节做总的分析，对其他各项以表格形式为每个幼儿做记录，兹将五个学期记录结果分析统计列表如下。

实验班各学期角色游戏水平调查表

时间 项目 人数			目的性				主动性					明确角色					遵守职责				角色表现形式				角色间关系			
学期	人数		无目的地游戏	时时更换游戏	事先想好玩什么	按目的坚持玩	不参加游戏	能参加现成的游戏	在别人带领或分配下游戏	不主动参加游戏	主动参加游戏	不明确角色	能明确角色	能主动担任角色	能担任主要角色但欠条理	能担任主要角色	不按角色职责行动	有时按角色职责行动	尚能按角色职责行动	一直按角色职责行动	重复个别活动	各个动作间有些联系	有一系列的动作	能创造性地活动	个别地玩与别人无联系	与别人有零星联系	在启发下与别人联系	明确角色关系配合行动
第一学期末	24	人次	6	9	9		2	9	13			22	2				10	12	3		10	14			9	12	3	
		%	25	37.5	37.5		8.3	37.5	54			91.6	8.3				41.7		8.3		41.7	58			37.5	50		
第二学期末	24	人次	2	6	5	11		5	8	2	9	3	13	5	3		3	16	2	3	1	19	3	1	3	15	2	4
		%	8.3	25	21	45		21	33	8.3	37.5	12.5	54	21	12.5		12.5	66.6	8.3	12.5	4.1	79.2	12.5	4.1	12.5	62.5		16.7
第三学期末	24	人次				19			7		17		10		4	10		11		13		6	12	6		13		11
		%				79.2			29		70.8		41.7		16.7	41.7		45		54.2		25	50	25		54.2		45
第四学期末	24	人次		2		22					24		4		2	18			6	18		3	17	4		3		21
		%		8.3		91.7					100		16.7		8.3	75			25	75		12.5	70.8	16.6		12.5		87.5
第五学期末	24	人次				24					24				4	20				24		2	6	17				24
		%				100					100				16.7	83.3				100		8.3	25	70.8				100

续表

项目/人数/时间			对玩具的使用							持续时间						游戏的组织能力								
学期	人数		抢玩具或独占玩具	玩现成的玩具	按角色需要使用玩具	利用玩具丰富游戏	创造性地玩玩具	为半成品加工	为游戏自制玩具	五分钟以下	十分钟左右	二十分钟左右	三十分钟以上	四十分钟以上	一小时左右	无组织能力	会主动提出游戏主题	会布置游戏场地	按时收拾整理玩具	会商量分配角色	会出主意使游戏玩下去	会协商处理游戏过程中的问题	会带领别人玩或教别人玩
第一学期末	24	人次	7	8	9					1	9	12	2			24							
		%	29	33	37.5					4.1	37.5	50	8.3			100							
第二学期末	24	人次	4	5	12	3					5	16	3				12	3	9	2			
		%	16.7	20.8	50	12.5					21	66.6	12.5				50	12.5	37.5	8.3			
第三学期末	24	人次			18	4	2						9	15			17	18	14	9			
		%			75	16.7	8.3						37.5	62.5			78.8	75	58.3	37.5			
第四学期末	24	人次			11	10	3					1			23		23	24	22	18			
		%			45	41.7	12.5					4.1			95.8		95.8	100	91.6	75			
第五学期末	24	人次			10	5	4	5							24		24	24	23	23	6	6	3
		%			41	21	16.7	21							100		100	100	95.8	95.8	25	25	12.5

1982年6月我们又以原表格调查了三所幼儿园9个班级，80名幼儿。虽然各幼儿园各班角色游戏的发展不平衡，如大班达到的百分数低于中班，但也可看出各项目发展的基本趋势。现将各班主要项目达到的百分数列举如下：

	小班末(%)	中班末(%)	大班末(%)
按目的坚持玩	42.3	46	57.1
能担任主要角色	38.8	50	25
一直按角色职责行动	26.9	69.2	57.1
能创造性地表现角色	19.2	53.8	46.7
明确角色关系配合行动	11.5	42.3	35.7
创造性玩玩具		19.2	28.5
会商量分配角色	7.6	3.8	25

如与实验班相比，在小、中班差别并不显著；在大班、实验班各项达到的百分数较高，两者相差很远。这一方面由于近年来才恢复角色游戏，另一方面教师的领导对游戏发展的影响也很大。

三、角色游戏的指导

通过实验对角色游戏的指导问题有下列两点看法。

(一) 把加强教师的指导和发展幼儿的积极性、创造性结合起来

角色游戏是按幼儿自己意愿进行的游戏，它的教育作用又是和幼儿的积极性和创造性相联系的。教师要不要指导角色游戏，怎样指导角色游戏，这一直是有待进一步研究的问题。实验和调查的结果说明，教师对游戏的正确指导是实现角色游戏教育作用的保证。教师的指导和幼儿的积极性、创造性并不是对立的，正是只有在教师的正确指导下，幼儿的积极性、创造性才能发展。因为角色游戏的开展要由

教师提供游戏的时间、玩具和游戏材料及场地，游戏主题的确定、角色的分配、情节的发展也必须有教师的指导。特别是当幼儿还不会开展角色游戏，不知如何布置游戏场所、担任角色，不知游戏的基本玩法时，更需要教师的指导。只有在对角色游戏有兴趣和向往的情况下，在具有开展游戏所必需的知识经验、技能和活跃的想像力的情况下，幼儿才能发展积极性和创造性。

但是角色游戏指导的关键在于启发幼儿的积极性和创造性，所以教师在指导中就必须以幼儿为教育的主体，结合幼儿的实际，尊重幼儿的意愿。教师首先要了解幼儿对周围生活已有的知识经验，对游戏意图的掌握情况、表现能力和组织能力，然后才能考虑具体领导的步骤和方法，如开展什么主题的游戏，怎样分配角色，怎样使幼儿知道游戏的基本玩法；对已开展的游戏，怎样把教育任务与游戏结合起来，怎样发展游戏的情节，怎样鼓励幼儿自己出主意把游戏玩得更好，发展幼儿的积极性、创造性等。角色游戏的指导方法不是直接的灌输或指挥，而是以间接指导的方式，如提问、谈话、启发、参加游戏、以角色身份、提供游戏材料、结束时的评价等，去影响游戏。这样可以使教师的意图变成幼儿自己的想法，而不是幼儿被动地按成人指示行动，或消极地模仿。

角色游戏是分小组进行的游戏，也可与搭积木、拼胶粒、拼图等其他游戏同时进行，以便采用重点指导、全面照顾的方法。对新主题应教会幼儿掌握基本玩法。平时应注意建立游戏常规，如共同布置游戏场地；商量分配角色，服从老师或大家的意见；按角色职责使用玩具；有问题商量，不争吵等。在幼儿掌握游戏常规和某主题游戏的基本玩法后，可以放手让幼儿自由选择、自由组织，发挥幼儿的独立性和创造性。在实验班中这样的领导方法是可行和有效的，克服了“儿童兴趣高，教师吃不消”的困难。

(二) 制订游戏计划是实现角色游戏教育作用的具体措施

教育工作计划是教师工作的依据，它使教育任务落实到每天的教育工作中。游戏是重要的教育手段，教育工作计划应包括游戏部分。

实验班进行了制订游戏计划的尝试，目的是使游戏纳入实现教育任务的轨道。现以小班所订游戏计划为例，说明在这过程中讨论的两个问题。

1. 关于游戏的教育任务

在制订计划时，首先要明确一学期或一周中，游戏要完成什么教育任务。由于智力游戏、体育游戏、音乐游戏等有规则游戏本身的教育任务已很明确，所以游戏计划中主要是考虑游戏时间中的角色游戏的教育任务。这样做可促使教师开动脑筋，把角色游戏和教育任务结合起来，避免只提开展什么游戏，而不明确通过游戏达到哪些教育任务。在第一学期试订游戏计划时，只订一周游戏计划，因计划一学期的游戏感到有困难。第二学期开始订学期计划。学期计划和周计划中游戏的教育任务见附件三。这些计划只是根据当时实验班的具体情况试订的，只能在制订游戏计划的方法上提供分析和讨论。

2. 一周各种游戏的安排

实验班中一周游戏的安排根据下列几项原则：

(1) 从整体观点出发，全面安排各种游戏。重视各种活动和各种游戏特有的教育作用及相互间的配合，给予角色游戏适当的位置，在安排上每天可以某种游戏为主，同时其他游戏穿插进行。实验小组从每天课后进行角色游戏，改为在每周中三天主要为角色游戏，同时进行结构游戏及其他游戏，每周各有一次主要进行体育游戏、智力游戏、结构游戏或表演游戏。总之，增加了体育游戏、智力游戏和结构游戏，每天都有；减少了角色游戏，一周有三天不进行；确定在小班开展表演游戏。当然中、大班角色游戏还可少一些，其他游戏的分量也应有所改变。

(2) 考虑幼儿体力和智力的负担，与上课和其他活动配合，动静交替，有张有弛。集体玩的智力游戏、体育游戏以及表演游戏需要幼儿集中注意力，付出一定的努力，时间不宜长，分量不宜过重，角色游戏、结构游戏按幼儿意愿和能力进行，负担较轻，又可自由地玩。个别玩或小组玩的体育游戏，如玩球、玩运动器械可多一些。游戏要和上课配合，也要注意其他活动的安排，如劳动、观察、散步、文艺欣赏、娱乐、体育锻炼等，并互相配合。

(3) 既有按教育任务统一安排的游戏，又有按幼儿兴趣和意愿自由玩的游戏。在晨间和课后，有时安排由幼儿自己选择的游戏，下午在有组织的活动后，留有自由活动时间，让幼儿轻松地进行自己所喜爱的活动。在调查中我们曾发现幼儿的爱好很广，有打游击、捉蚱蜢、唱歌、画画、种花、看书等等。应在一天里使个别游戏、小组游戏和集体游戏配合起来。

近年来，不少幼儿园对一天的活动作了安排，加强了体育活动和体育锻炼，加强了观察自然、种植、饲养活动，这是好的经验，但也有游戏，特别是角色游戏、表演游戏——开展较少的情况。

实验班通过制订游戏计划有下列收获：

第一，明确指导游戏的任务和要求，重视通过游戏向幼儿进行教育，提高了本班的教育、教学质量。过去教师对游戏如何成为教育手段认识不清楚，也感到无从下手。通过订游戏计划，逐步明确了本班各种游戏的教育任务，把游戏纳入了教育任务的轨道，收到较好的教育效果。

第二，帮助教师较全面地了解幼儿，使之注意对每个幼儿进行教育。通过有计划地指导游戏，教师能较好地了解每个幼儿的兴趣、能力、行为和性格，为提高教育质量提供了良好条件。

第三，使教师做到有目的、有计划地指导游戏，心中有数，改变了过去临时见机行事、被动的情况，并推动教师深入分析游戏、总结游戏经验，提高教师指导游戏的能力。

结　尾

人们把幼儿期称为游戏期，角色游戏又是这一时期幼儿游戏的特点，探讨角色游戏的教育作用、发展趋向和指导方法，可以进一步认识游戏的规律，有效地通过游戏促进幼儿情感的、行为习惯的、智力及能力的发展。通过这次实验和调查，我们获得下列结论：

(一) 角色游戏是幼儿园不可缺少的良好的教育手段

角色游戏能有力地促进幼儿的发展,培养幼儿快乐的情绪,吸引幼儿参加和喜爱集体生活,培养幼儿乐于遵守一定的行为规则,使之真诚体验积极的情感,陶冶良好的性格,发展想像、思维和语言能力,特别是思维的表征能力,培养幼儿的目的性、主动性、创造性以及组织能力。

(二) 角色游戏要根据幼儿发展水平及我国现实生活条件

角色游戏的内容是幼儿有亲身体验的或所熟悉的周围生活;幼儿对其中的人物有兴趣,人物的动作明显,易于模仿,并有吸引幼儿的游戏材料和游戏环境;教师的指导也有很大的影响。

(三) 角色游戏的发展趋向是与幼儿生理和心理发展相适应的

1. 游戏的人数与时间

个别游戏——两三人在一起,但彼此无联系——两三人互相交往,共同游戏——人数逐步增加,可达 10 人左右。游戏时间从 5 分钟——10 分钟左右——20 分钟左右——逐步延长,到一小时左右。

2. 游戏的主题

幼儿角色游戏主题由近及远,从日常生活(家家、汽车、幼儿园等)——所熟悉的社会生活(医院、饭馆等)——所认识的社会生活(菜场、图书馆、火车站、解放军、工厂等)。

3. 角色的扮演

幼儿对角色的扮演,可以明确角色,按照角色职责行动,以系列动作扮演角色,明确角色间关系互相配合等各方面,分析其发展水平由初级向高级发展的过程。

4. 玩具的使用

从不会正确使用玩具到能按角色需要使用玩具,以及为游戏制作玩具。

5. 游戏的目的性、主动性及组织能力

在游戏过程中促进幼儿游戏目的性和主动性的发展,幼儿组织游戏的能力包括提出游戏主题、布置和收拾游戏场地到会协商分配角色、处理纠纷，少数幼儿能带领同伴游戏。

角色游戏的发展趋向为教师指导和提高游戏提供依据。

(四) 角色游戏的指导

教师指导角色游戏的关键在于启发幼儿的积极性和创造性，采用间接指导方法，如提问、谈话、启发、参加游戏、以角色身份、提供游戏材料以及结束时的评价等，来影响幼儿的游戏。试行制订角色游戏计划，使角色游戏纳入实现教育任务的轨道，能有目的地指导角色游戏，并考虑角色游戏的分量，全面安排各种游戏(结构游戏、表演游戏、体育游戏、智力游戏、音乐游戏等)。

本实验调查由于中途停顿(1964～1981)，实验班缺大班后期研究资料，两次调查时间也相距十多年，在调查资料的整理分析中带来一些问题。同时，这次的实验调查也是很粗浅的，希望今后能做进一步研究。

附件一　南京师范大学附小幼儿园小班第二学期“家家”游戏

1962 年 4 月 21 日上午 9:00～11:00

9:40　教师和幼儿一起在室外场地上布置一个家，一张小圆桌上面有炉子和小锅等，另一张小桌边放了四张椅子和一张小床，床上有一个娃娃盖着小被。教师帮助幼儿明确担任什么角色后，鼓励幼儿自己玩，在游戏过程中没有加以影响。

主要角色：

爸爸——陈琪(4.6 岁)　　妈妈——晶晶(3.7 岁)

大姐姐——陶玲(4 岁)　　小姐姐——小玖(3.7 岁)

小妹妹——雪燕(4.4 岁)　　此外还有两个弟弟妹妹

以下是游戏情况，主要记录了大姐姐在游戏过程中的活动。

9:45　大姐姐走到圆桌前去炒菜。爸爸问她：“你当什么?”大姐姐：“我是大姐姐，晶晶是妈妈。”爸爸：“你不要炒。”大姐姐就说：“大姐去上学。”(儿童在游戏中为用锅、炉来炒菜的动作所吸引，但爸爸提出后，就停止这不合角色职责的行动，并说出应怎样做）当大姐姐走开时，妈妈拿来面盆和手巾，又到室内去拿别的东西。大姐姐就替弟妹洗手脸。（看到物品引起游戏的愿望与行动）妈妈来后要给弟妹洗，大姐就给她，（能遵守游戏规则，克制自己的行动）但是妈妈替她洗脸时，她不肯，并对教养员说："我是大姐姐！我要自己洗。"（小班儿童游戏的兴趣在于运用物品的动作，但又知道要合乎角色的职责，所以又创造性地提出新的规则——大姐姐自己洗脸，并要求教养员予以支持）

10:00　大姐姐主动地带弟妹上幼儿园，到幼儿园后向弟妹说："叫李老师早。"回家后站在桌前看妈妈炒菜，后来又去拿面盆手巾。妈妈说："手巾要挂起来。"大姐姐说："手巾放这里。"（指着面盆）妈妈把手巾、面盆拿来，对她说："你出去玩。"（妈妈支配大姐工作，不让她影响自己）大姐在外面走走后，到幼儿园去接弟妹，并说："和老师再见，走了。"但是并没有带弟妹回到家。大姐姐一人回家后，就摆碗筷。妈妈问："为什么要摆？"大姐："我吃饭。"继续在摆碗。又说："洗过脸到新街口去玩。"妈妈说："不去。"（儿童以角色身份来思维和行动，妈妈兴趣在烧饭，不愿做其他活动）大姐去买菜，一会就回来，走到床前看见娃娃在睡觉，并说："把手放在外面冷呢！"把娃娃的手放在被窝里。又转身去摆饭桌的椅子，又到"幼儿园"去搬椅子，一边说："有客人来吃饭。"（教养员曾提醒妈妈等会请工人叔叔来吃饭）又向爸爸说："爸爸，等会好多客人来吃饭，你到那里去吃饭。"（爸爸一直在看书，又东走西走，看妈妈炒菜，和游戏中别的角色没有联系）但爸爸没有理她。爸爸走到床前说："把被叠起，让她起来。"并自己把娃娃抱起。大姐拿面盆到大树下假装放自来水，接过娃娃，替娃娃洗脸，后来索性替娃娃洗澡，并说："洗澡、洗澡。"又把面盆里的水倒掉。小妹来看娃娃睡觉。大姐又跑过去并说："她手热死了。"把娃娃手拿出放在被外。后来拿了木制奶瓶来，喂娃娃吃牛乳。（大姐一直很主动，见景生情，不断做出各种动作）

10:35　大姐看见小妹站在旁边，就去端一只碗来，对小妹说："给你吃糕。"后来又端一碗，"给你吃一碗菜。"自己再去拿饭碗，坐在小妹对面吃，并说：“大姐姐和你，看哪个吃得快。”马上又收拾碗筷，并说：“妹妹吃完，我们吃完。”把碗送走。（大姐姐以哄着小妹的心情来行动）

10:40 大姐跑去喂娃娃吃牛乳，把围嘴给娃娃揩嘴。忽然说：“给娃娃买裤子去。”妈妈一直在烧饭，这时也说：“买裤子去。”但大姐并没有走。她把娃娃放在床上说：“叫他在床上靠靠。”接着又喂娃娃吃饭，又说：“吃在床上了。”一会又问妈妈说：“妈妈，医生讲的要带他到医院去。”妈妈说：“昨天去过了。”大姐继续玩娃娃，把被盖在娃娃身上，并说：“不要盖在脚上。”后来妈妈抱起娃娃走向室内，说：“到医院去。”大姐姐跟着去，半途中又回来拿木制乳瓶，说：“带点开水到医院吃。”送入室内后，又回来拿饭碗和筷子，说：“还要菜呢。”等会又来拿竹片说：“拿糕糕来了。”她来回跑着，很快，把这些东西都拿到室内一张桌上。

11:00 教养员敲铃收玩具，游戏结束。大姐和大家一起收拾玩具整理场所。

附件二　南京师范大学附小幼儿园中班第二学期“家家”游戏

1963年4月18日上午10:02～11:03

10:02 下课后，教师问：“玩什么游戏？”幼儿纷纷说：“家家”，“要表演”，“到幼儿园玩”，“玩马车”，很多幼儿情绪高涨。后来确定玩“家家”、“幼儿园”和“马车”，并选定参加者。

家家：美玉、张鸣、陈航、跃年、建文、夏云、徐淳、小平、荣光等9人。家家中有4人去幼儿园。

幼儿园：4人

马车：2人

10:08 玩家家游戏的幼儿做准备工作，大家搬椅子，把椅子围好一个家，又搭一只床，建文搬一张大椅子说是门，陈航不赞成，又搬到里面。美玉去拿娃娃，放在床上，盖好被。张鸣说：“你做妈妈，没有选你。”张鸣又铺床。建文去拿炉子，又去拿桶，陈航拿来筷子，又拿碗，都准备好了。(说游戏开始,玩家家的幼儿纷纷来准备,虽不经商量,也没有计划,但能力强的幼儿搭好床,围起墙,又开了门,再拿锅、碗,6分钟都准备好了)

10:14　教师问:“谁当妈妈?”徐淳(男):“张鸣。”跃年(男):“美玉。”美玉:“张鸣当奶奶。”张鸣:“我不当奶奶。”(幼儿积极地选,自己也能发表意见,教师帮助确定,幼儿无意见)逐一选过后,角色确定如下:

妈妈——美玉(4.1岁)　　爸爸——陈航(5.4岁)
奶奶——夏云(5岁)　　爷爷——徐淳(4.1岁)
姐姐——张鸣(5.5岁)　　哥哥——跃年(5.5岁)
妹妹——建文(4.1岁)　　弟弟——小平(5.6岁)

教师和幼儿谈话:“爸爸做什么?”大家说:“上班、看报纸、搭积木、写字。”又说,“妈妈洗衣服,看弟弟”,“奶奶在家里烧饭、买菜”,“爷爷烧菜”,“爷爷送弟弟上幼儿园”,“大姐姐上学”。爷爷说:“她自己上。”大家七嘴八舌谈了一会。

10:18　游戏开始。爷爷要棍子。奶奶和妈妈都忙着给妹妹睡觉。爸爸拿来一块半圆形积木说:“这是家里的灯。”爷爷指着妹妹说:“她要吃饼饼,给她买饼去。”去拿来两块积木,以后一直看妹妹。

10:25　爸爸从外面回来,作敲门状:“妈妈开门。”妈妈来开门,问:“你是谁?”爸爸:“我是爸爸。”爸爸拿了一个小瓶去厨房。奶奶给爸爸吃饭。爸爸拿洗衣盆、搓板洗被,又说:“尿布湿了,拿来洗。”爷爷问:“肥皂呢?”爸爸一找没有,爷爷买了一块来。爸爸边洗边说:“今天大家礼拜天。”并且还去告诉老师。爸爸洗衣服,还倒了水。

爷爷奶奶叫妹妹起来上幼儿园。爷爷又拿来一块积木给妹妹:“吃圆饼。”哥哥弟弟早已上学去。姐姐身背书包在叠被,后来去幼儿园。

10:30　妈妈抱娃娃上街。爸爸拿锅放在盆里洗。妹妹回来吃饭,去添饭,在汤里加酱油;后来听见唱歌,去幼儿园。妈妈抱着娃娃去幼儿园玩。

10:35　爷爷奶奶在家里，妈妈也回来了。奶奶和妈妈把家整理好。奶奶说：“摆干净些，整齐些。”并向妈妈说，“我摆整齐，不要放乱了。”爷爷来打电话。这时另一幼儿来家里，爸爸要他走那边门进来。爷爷说他是爸爸的同事。

幼儿园的小朋友正站在平板上表演，只有弟弟坐着，后来弟弟也表演。妈妈、妹妹、爸爸都来看了一会，但仍回到游戏中去了。

爷爷带妹妹坐马车，爸爸看了一会也坐马车。妹妹跟爸爸坐了一会，跑到前面去，说：“我跟爷爷坐。”到玄武湖下车，爷爷还喊：“爸爸走呀！”他们随别人一起唱歌，看一会，又回家。妹妹又去吃饭，说：“我现在吃中饭。”妈妈和其他角色没有关系，一直在整理家。奶奶也在整理东西，铺被。妹妹吃过饭，对爷爷说：“爷爷带我去玩，带我到新街口，妈妈不带我去。”爷爷说：“不去。”爷爷拿棍子，送妹妹去幼儿园，回来敲门，喊：“妈妈。”回家后，把棍子放起。

10:45　爸爸买了三条鱼，用锅铲剖鱼，说“杀鱼”，爸爸又炒菜。奶奶边收拾，边问妹妹：“吃过饭？”后来，爷爷先睡，奶奶也睡了。

妈妈去弄饭，爸爸仍炒菜，用小蚌壳做馒头，后来又喂娃娃吃糕。妈妈抱娃娃。

10:50　爷爷去拿一块大半圆形积木当钟，用长条积木开钟。奶奶拿给爷爷棍子，并说：“出去，坐马车，去接小弟弟。”爷爷接来妹妹，妈妈带姐姐回来，奶奶去带弟弟回来，弟弟在搭积木。奶奶叫姐姐、弟弟、妹妹睡觉，并喊：“爷爷来！”叫爷爷和她一同拉被，给姐姐、妹妹睡觉。只有哥哥一直在外面，不肯回来。

爷爷自己玩汽车，爸爸一直在烧饭。

10:55　教师问：“为什么回家都睡觉了？”妈妈说：“他们生病了。”奶奶拿药给他们吃，奶奶叫：“起来吃药！”“下来吃！”奶奶又铺被，喊：“来睡觉。”姐姐、妹妹都又睡了。后来，大家又起床吃饭。爷爷这时在玩钟。

11:03　教师敲铃，游戏结束。大家收拾玩具，整理游戏场所。

附件三　南京师范大学附小幼儿园小班第二学期游戏计划

1962 年 2 月

Ⅰ. 游戏教育任务

一、品德

1. 培养儿童活泼、愉快、积极主动的性格。

2. 培养儿童坚强勇敢，不为一点小事哭的性格。

3. 养成集体游戏的习惯。

4. 能互相友爱、谦让。

5. 爱护公共财物（玩具、用品）及保持周围环境的整洁。

6. 加强个别儿童教育，培养他们分用玩具、尊重别人的意见。有目的地坚持地玩，加强儿童性格培养。发扬优点，克服缺点。

7. 认真做好每一件事，收拾和整理玩具，认真地进行各种游戏。

二、体育

1. 培养良好的文卫习惯。

(1) 不把玩具放入口中。

(2) 不玩地上的东西。

(3) 不跪地，保持服装整洁。

2. 促进儿童身体健康和正常发育。

3. 使儿童动作正确、灵活和敏捷。

三、智育

1. 培养儿童认识周围事物的积极性。

2. 加深对周围生活的认识，复习巩固作业内容。

3. 发展语言能力，培养儿童大胆地表达自己的意思，相互对话及正确回答问题，清楚发出每个字音。

4. 发展儿童思维能力，鼓励儿童提问题、动脑筋、想办法。

5. 学会讲普通话。

Ⅱ. 对各项游戏的要求

一、建筑游戏

在已有的基础上发挥儿童的想像力与创造性，并通过学习做讲解员，发展语言；在已会搭的主题上（如亭子、汽车、动物园）提高要求，能达到外形整齐、牢固、美观，会围绕建筑物进行游戏，并增加新的主题，如汽车厂、幼儿园、新街口等。

二、创造性游戏（即角色游戏）

1. 主题与内容方面：巩固加深原来已会玩的汽车、家家、食堂等游戏，会在老师帮助下自己组织游戏。

(1) 汽车游戏：进一步发展把车头搭得更形象一些；知道是几路车，售票员会问乘车到哪里，会照顾客人和孩子；司机到站停车，乘客到站才上下车；进行角色更换。

(2) 家家游戏：明确家中角色最基本的职责，互相间有一些联系，要求把家中整理得干净整齐，玩得更逼真，并和其他游戏联系起来。

(3) 食堂游戏：明确炊事员、服务员等角色名称，更进一步明确职责，分辨菜的种类和数量。

2. 增加幼儿园及医院游戏。

(1) 幼儿园：在老师帮助下会欣赏音乐、讲故事作业，并能游戏和散步。老师认真、和气对待小朋友，小朋友认真遵守纪律。

(2) 医院游戏：分清医生、护士和发药的职责，正确使用游戏材料；医生关心病人，病人知道怎样去看病及看病的手续等。

3. 在角色方面：能坚持和轮流担任角色，认真扮演角色，学会逐步明确角色间的关系。

4. 能遵守游戏中的规则，认真对待自己的职责，并发展创造力。

三、表演游戏（要求儿童熟悉故事的内容和情节，大胆清楚地对话，初步学会有表情地表演，并讲普通话）

表演下列故事：

1. 三只羊（复习）

2. 小花猫（复习）

3. 拔萝卜（新）

4. 兔妈妈种萝卜（新）

四、教学游戏

根据计算、语言的教学内容选编。玩拼板。

五、活动游戏

结合游戏内容进行复习。

学习跳绳、拍球、踢毽子。

Ⅲ. 一周中游戏的安排

以上各项游戏适当地安排，在每天活动中，既要对全班及每个儿童有一定的要求，也要照顾到儿童的兴趣与自由选择。

星期一、三、五三天，主要是创造性游戏，包括结构游戏。

星期二，活动性游戏、教学游戏、散步，互相配合。

星期四，主要是建筑游戏。

星期五，表演游戏与一种创造性游戏配合，或娱乐活动。

第 15 周(5.28～6.2)游戏计划

一、本周游戏的教育任务

1. 以看电影的方式，老师讲述图片给小朋友听，并请小朋友复述，丰富儿童知识、词汇，发展思维。

2. 教会儿童医院游戏，明确医生和护士职责。幼儿园游戏学会讲故事和做作业。食堂游戏复习数目，培养幼儿对顾客有礼貌的态度。

3. 帮助儿童确定游戏主题，协商担任角色，并事先向他们简单指出各组游戏如何联系。

4. 建筑游戏要求儿童能把门楼搭得对称、美观，并会利用搭成的建筑物进行游戏。

5. 加强个别教育，要求动作发展较差的儿童，如放放、小玫、敏如、荣民等，练习向前跳和向前投掷的动作，注意常朋、达武、徐淳在游戏中的行为，使他们知道不论老师在或不在面前，都不可做不应做的事。

6. 活动性游戏和教学游戏，复习下列游戏：

(1) 吹泡泡　(2) 搀个圆圈走　(3) 鸡斗斗

(4) 开火车　(5) 小孩小孩真爱玩

(6) 摸豆子　(7) 猜东西　(8) 放炮竹

(9) 老鹰捉小鸡　(10) 到外婆家去

5 月 28 日　星期一

晨间活动：

和小朋友谈谈在家做些什么，要求说一段完整的话，再了解放放、小玫等玩什么游戏，提醒常朋在游戏中要和同伴一起玩，注意幼儿在游戏中的友爱关系。

作业后：

先玩鸡斗斗的活动性游戏，然后引导小朋友玩医院游戏，同时谈谈医生和护士的工作，替谁看病，认识用具，听筒、针筒的名称用途及使用方法。老师根据需要担任医生或护士等。另外由儿童选择其他创造性游戏，并引导他们与医院联系起来。

下午：

玩教学游戏“猜猜看是几个”。带小朋友练习向前跳和向前投掷的动作。

5 月 29 日　星期二

晨间活动：

准备好各种活动内容，由儿童自己选择。老师重点指导儿童绘画的笔顺，如子掌、新生、徐淳、敏如、小燕等。

作业后：

请一、四组儿童玩建筑游戏，帮助小朋友共同协商主题，学会分工合作；第二、三组小朋友玩角色游戏，在老师帮助下选出角色，在游戏中注意发挥儿童的主动性。

下午：

带领儿童玩“吹泡泡”、“搀个圆圈走”等活动性游戏，和个别小朋友敏如、桂琴、新生等玩举卡片游戏。

5 月 30 日　星期三

晨间活动：

在儿童选择进行的各项活动中，注意他们玩具的使用，不随便推积木，不推倒搭好的东西，重点指导玩拼纸图的小朋友学会拼房子。

作业后：

先带小朋友做律动鸟飞、猫走、解放军、飞机，再玩教学游戏，“是谁的家”练习发音。

由儿童选择自己喜爱的游戏，了解每个儿童的游戏情况，帮助个别儿童如放放、敏如等参加游戏，观察其在游戏中表现的主动性。

下午：

带领儿童玩“开火车”、“小孩小孩真爱玩”等活动性游戏。

5月31日　星期四

晨间活动：

和小朋友谈谈明天六一儿童节想怎么过，老师有意识地带领儿童复习歌曲，把拔萝卜的拍子唱准确，把小白兔的歌词唱熟；看另外一位老师准备布置活动室，引起儿童节日愉快的情绪。

作业后：

第二、三组玩建筑游戏，协助儿童商量建筑内容，指导常朋搭整齐、对称，另外两组儿童玩角色游戏，在老师协助下自己协商选出角色，并将各组游戏联系起来。

下午：

利用图片以看电影的方式（结合六一节）请儿童买票入场看电影，老师讲述图片“毛主席来了”编出故事，然后由儿童自己看看谈谈。

6月1日　星期五

晨间活动：

今天过儿童节，老师替小朋友整理服装，洗净手脸，使儿童感到舒适愉快，带小朋友在校园中看节日的装饰，插上各色旗子，并复习彩旗与国旗的不同。

庆祝会后进行比较安静的活动，看图书、拼图、搭桌面积木，及玩摸豆子等游戏。

下午：

带小朋友玩“老鹰捉小鸡”、“放炮竹”，然后和大班哥哥姐姐一起游戏。

6月2日 星期六

晨间活动：

继续教授儿童共同看书的方法，听儿童互相之间讲述故事，准备小玩具给个别儿童玩“3”的形成的游戏。

作业后：

表演《兔妈妈种萝卜》，要求儿童大声讲话。

先和全体儿童复习角色的讲话，然后选出角色，表演兔妈妈种萝卜，表演一两次后由小朋友自由选择各种游戏。老师带小朋友到中班去做客。

下午：

带小朋友玩“到外婆家去”的游戏。

《中国学前教育研究会第二届年会论文经验选编》

1982年11月

幼儿园识字教学实验研究

幼儿园要不要进行识字教学？能不能教幼儿识字？这是长期以来有争议的问题。我们从1978年秋到1981年夏在南京市八一医院幼儿园和市第一幼儿园开展了这项课题的实验研究，探索幼儿识字教学的可能性，研究幼儿识字教学的特点和方法，以及识字对幼儿全面发展的影响。

一、实验的原则和过程

我们在南京市八一医院幼儿园（简称甲实验园）和南京市第一幼儿园（简称乙实验园）各确定一个小班，作为识字教学的实验班。两园均为全托，实验班的师资和设备条件属于中等，有一定代表性。甲实验班教师为幼师毕业，教龄16年；乙实验班教师为高中毕业，教龄29年。实验班的儿童都是原来招收的，未曾测验或选择。甲实验班24人，男12人、女12人，其中2岁半～3岁7人，3岁1个月～3岁半17人。乙实验班30人，男14人，女16人，其中3岁7个月～4岁18人，4岁1个月～4岁4个月12人。

当时，我们确定的实验原则为：

（1）重视全面提高教育质量，保证执行上级规定的幼儿园各项教育要求和作息制度，避免搞单项研究的局限性。

（2）识字教学中注意准确性和规范性，教材自编，以适合幼儿园教学内容，并避免与小学雷同。注意运用适合幼儿年龄特点的教学方法，使幼儿学得轻松、愉快、牢固，而又有利于入小学后的继续学习。

（3）坚持从实际出发，边实践、边研究、边修订，没有规定硬性的识字指标，不做额外的辅导，防止加重幼儿的负担。

当时设想结合日常生活和各科教学，小班每学期识字20个左右，中班识字50个左右，大班识字80个左右，三年识字300个左右。要求幼儿会用普通话认读字音，简单地解释字义，朗读由熟字组成的短文，利用拼音字母读生字，大班后期会书写20个独体字。为了更好地复习，小班每周设识字课一节，中、大班设识字（包括拼音）课两节。每学期初制订学期计划，期末测查全班幼儿识字情况，并进行小结。

二、实验的结果

三年实验的结果是：甲实验班6个学期识字546个，正确率最高93.6%，最低88.5%，平均91%。全对和错1～3字的人次占全班幼儿总人次的61.5%。乙实验班6个学期识字568个，正确率最高95.9%，最低91.3%，平均正确率94.6%。全对和错1～3字的人次占全班幼儿总人次的61%。这一成绩说明从三岁开始学习识字是完全可以做到的。幼儿认字很容易。两个实验班都有个别学得较差的幼儿，如甲实验班幼儿A平时注意力不易集中，小班下学期只识字35个，正确率35%；中班下学期识字90个，正确率为55.9%；大班下学期识字41个，正确率为54.7%。乙实验班幼儿B从小丧母，父亲是工人，家庭学习条件较差，6个学期识字成绩均是全班最低的，其正确率分别是65%、68%、68.3%、68.6%、64%和79.6%。实践说明，即使是智力和家庭环境较差的幼儿也能达到55.9%～79.6%的巩固率。

三、幼儿识字教学中几个值得注意的问题

（一）幼儿年龄与识字的关系

过去有关的研究材料都是从四五岁或五六岁开始识字。实验证明，幼儿可以从三岁开始识字。我们进行实验的两个小班，甲班年龄是2岁半到3岁半，乙班年龄是3岁7个月到4岁4个月。甲班识字正确率为88.5%，乙班为95.6%。再从甲班下学期不同年龄组识字正确率来看（认字100的21人），2岁3个月～3岁（6人），正确率70.3%；3岁～3岁6个月（6人），正确率为97.3%；3岁7个月～4岁（9人），正确率为92.2%，以上材料说明，3岁幼儿识字能力比3岁前幼儿有明显的进步，正确率在92%以上。

我们又在甲实验园从1979年小班和1980年小班继续研究年龄与识字的关系。1979年小班(20人)上学期识字39个,1980年小班(17人)上学期识字44个,其各年龄组识字正确率为:1979年小班上学期2岁3个月～2岁5个月的2人,正确率为69.2%,2岁10个月～2岁12个月的6人,正确率为72.6%;3岁1个月～3岁6个月的8人,正确率为83.9%;3岁7个月～3岁12个月的4人,正确率为80.7%。1980年小班上学期2岁10个月～2岁12个月的8人,正确率为94.6%;3岁1个月～3岁6个月的9人,正确率为96.3%。

1979年小班各年龄组识字正确率在3岁以后也有明显进步,正确率在80%以上,而1980年小班因两组年龄相近,正确率也相近。

通过4个小班的实验可以看出幼儿从3岁开始识字是可能的,识字正确率最低为80%,高者达97%。这是由于3岁以后幼儿保持注意、记忆的时间和知觉分化能力有明显的进步。同时在同一班中,年龄较大的幼儿,识字巩固率高。

1981年我们对3、4、5岁幼儿识字能力的差别进行了一次专门的小实验。在乙实验园选择3、4、5岁幼儿各5人(包括好、中、差),由一位教师每天用5分钟教两个字,5天后共识10个字。除每天教完当时测查外,5天后经过复习进行总检查。实验结果,识字巩固率是随年龄的增长而提高的。

年　龄	人数	当时测验			复习后巩固率(%)
		巩固率(%)	错字人次	混淆字人次	
3岁4个月～3岁5个月	5	85.9	25	14	94
4岁4个月～4岁5个月	5	90	15	6	96
5岁5个月～5岁6个月	5	100	1	0	98

年岁越小混淆和读错字的人次越多，但是通过复习巩固，差别可以缩小并渐趋于接近，说明3岁幼儿识字能力与五六岁幼儿相比，相差并不悬殊，幼儿从3岁开始识字是可行的。

（二）字义和字形的笔画多少与幼儿识字的关系

一般的汉字教学，总是按照先独体字后复合字，先实词后虚词，先笔画较少的字后笔画较多的字这一顺序进行的。实践告诉我们，对于幼儿识字来说，还表现有以下特点：

1. 字义的理解是认读汉字的关键

幼儿对事物的认识是以感性经验为基础，以具体、生动的表象为依据的。幼儿认读汉字的过程是字义在脑中所产生的表象和联想所得的字音与字形建立起牢固的联系的过程。这个过程中选择的情境越恰当，形象越鲜明，记忆也就越牢固。如教“火”字，教师点燃蜡烛，问幼儿：“这发亮的是什么？”答：“火”。随即出示生字卡“火”，发“火”的读音，指出火字上面像火光，下面像两根木柴。字形、字音与字义的表象相结合成为幼儿识记的生动中介。不到5分钟的时间大都能记住了。反之，凡是幼儿不能理解的抽象名词或不常用的副词、连接词，幼儿就不易记住。乙实验班在小班上学期曾在新年认读“元旦”两个字，全班30人中，“元”字错16人次，“旦”字错21人次，是读错最多的字。在中班时“很”、“还”、“爱”，在大班时“益”、“惜”、“怎”等字，也都是当时读错人次最多的字。幼儿对字义不理解，字形、字音就成为抽象的符号和声音，就很难正确掌握和巩固。

2. 情绪和兴趣在幼儿认读汉字中具有最重要的作用

兴趣使幼儿智力活跃，能积极地感知、注意、想像和记忆。在识字教学中，必须善于捕捉幼儿兴趣的动向和高涨的情绪，才能在最短的时间中取得最好的效果。平时，幼儿一次识字教学最多学习2～3个字。甲实验班在中班上学期有一次组织幼儿看驯兽表演，幼儿印象特别深刻。第二天结合总结性谈话，教师教幼儿认识了8个字：“狗”、“熊”、“狼”、“骑”、“行”、“圈”、“打”、“拍”，第四天，又教认“钢”、“丝”、“认”、“字”4个字，并组成短句：“狗、熊骑自行车。”“牛背小猴跳小圈。”

"猴子和熊打伞，走钢丝。""熊拍球。""小狗认字。"幼儿学习得愉快而又积极。期末检查"狗"、"狼"、"熊"、"打"、"拍"、"认"、"字"等7个字，全班20人都能正确认读，"行"、"骑"、"圈"、"钢"、"丝"等5个字也只各错1人次。特别令人感到惊奇的是，连识字巩固率一贯最低的3个幼儿也都能正确认读这12个字。

中班下学期，我们又作了一次验证。在去玄武湖动物园春游的活动中，结合要求幼儿讲述动物外形和习性，出示了动物图片和相应的汉字，共教认13个字："玄武湖"、"狮"、"骆驼"、"竹"、"虎"、"海豹"、"孔雀"、"鹿"。教师联系已学的笔画、部首，对有些字形作了简单的提示和比较，幼儿对每个字都齐声读了3遍。课后测查13人(包括能力较差的幼儿A)，其结果是："狮"、"骆"、"豹"、"孔"13人全部正确认读；"虎"、"海"、"雀"、"武"、"湖"各错1人次；"驼"、"竹"各错2人次；"鹿"、"玄"各错3人次。不但当场的效果是好的，在期末认读全部117个字的检查中这13个字的效果也是较好的："湖"、"驼"、"虎"、"竹"、"孔"、"雀"、"海豹"8个字无一人读错。"玄"、"武"、"鹿"、"骆"、"狮"5个字仅各错1人次。这说明在认读汉字中，与字义有联系的情绪和兴趣的因素超过了字形的笔画和结构等因素。

3. 字形的笔画多少对识字教学没有多大影响

3年的实践表明，在小班开始学习汉字时，笔画少的实词比较容易被掌握。如两个实验小班对"人"、"大"、"小"、"工"、"口"、"手"、"牛"、"羊"等字的巩固率均较高，但对特别有兴趣的"鸡"和"猫"两个字巩固率也同样高。这说明笔画不是孤立的，它与字义和字的结构相联系。中班以后，笔画多少对认读正确程度没有明显的影响。我们曾选择笔画不同的10个字(十、土、木、米、鸡、苹、草、鸭、猫、糖)由同一个教师对3～5岁不同年龄的3组幼儿，每组5人，进行专门小实验。

通过实验表明，笔画三画的"土"，错误次数量多，为11人次，而笔画16画的"糖"，错误次数较少，为3人次。11画的"猫"字，错误次数也较少，为4人次，这是由于幼儿认字是整体感知，认字时对该字引起的事物联想的情绪性比笔画多少的影响要大得多。"鸡"和"鸭"两字虽能引起幼儿兴趣，但由于字形相似，引起混淆错误次数比平时增多。

（三）教学方法与巩固率的关系

适当的教学方法，能提高识字的巩固率。随着幼儿识字数的增加，巩固逐渐成为识字教学中的一个重要问题。运用多种多样的教学方法，加深幼儿对字的印象，减少幼儿对字的遗忘和混淆，是提高巩固率的重要途径。

在新授生字时，尽量创造形象化的情境，采取游戏的方式，利用幼儿情绪活跃的时机，调动幼儿的兴趣和积极性，强化字形、字义、字音三者之间的联系，如捉到了一条菜虫，就在幼儿兴致勃勃地观察时教“虫”字，在洗手时，教“水”字，这样识字效果就更好些。我们在识字教学中，还注意了以下几点：

1. 引导幼儿观察字形特征

如“羊”字头上两只角，“哭”字旁边一点泪，使字形与实物特征联系起来，以加强记忆。

2. 生字第一次出现，要读音正确，字形规范

甲实验班在教“饭”字时，教师第一次错写成繁体字，幼儿先入为主，以后很难改正，期末测查，半数幼儿读错，成为错误最多的一个字。

3. 多用游戏的方法，提高识字巩固率

实验班在小班教“木”字时，用图片教，错读人次较多。后来在1979年小班教“木”字时，改进教学方法，教师拿出幼儿喜爱的新木枪，再出示“木”字，接着玩“找东西”的游戏，发给每个幼儿一张“木”字卡片，由幼儿放到室内木制的东西上去。幼儿通过自己的活动，认识木制东西，加强了“木”字与实物的联系，幼儿读错这个字的人次就较少。

在日常生活中，要千方百计创造条件，增加幼儿与汉字见面的机会，通过多种方式经常复习是提高巩固率的重要方法。教室墙上应有生字卡、短句或把诗歌与短文写在大张纸上。应做到每个幼儿都有生字本。图书架上陈列着我们自编的识字课本和简易儿童读物。中、大班教师还可把新图书借给幼儿轮流带回家看。平时，在各项作业和活动中要充分发挥汉字的作用，如帮助幼儿写蚕豆、大蒜的种植日记；上

街散步时，认读商店招牌；参观邮局、食品厂后，谈话小结，由教师写成短文张贴出来；给故事、图片加文字标题，节日庆祝活动排出节目单等等。还利用早操前、午饭前、点心后等间隙时间，让幼儿朗读故事，猜谜语，玩“听音找字”、“看图找字”、“击鼓传盒”及组词、造句等识字游戏。

4. 减少混淆，提高幼儿识字正确率

在认读汉字中，混淆在读错字中占一定比重。以甲实验班中班上学期为例，识字161个，错误率占8.6%。幼儿读错字274人次，其中遗忘91人次，混淆183人次。混淆字中，有些字幼儿当时就能自己改正的，有126人次，记忆混淆而读错的计57人次，占读错字总数的20.8%。

发生混淆的原因，或由于字形相似，或字义相关，同时也受教学方法的影响。由于字形混淆而读错的字，如小班把“天”读成“大”、“妹”读成“姐”、“车”读成“军”等；中班把“堆”读成“谁”、“还”读成“过”、“桃”读成“跳”等；大班把“根”读成“很”、“厚”读成“原”、“麻”读成“床”等。由于字义相关而读错的字，如小班把“车”读成“汽”、“手”读成“洗”等；中班把“物”读成“动”、“圈”读成“园”、“刷”读成“牙”等；大班把“榴”读成“石”、“肥”读成“皂”、“哨”读成“兵”、“温”读成“暖”等。根据混淆字的分析，小班字形混淆约占65%～80%，而字义混淆只占20%～35%；中大班字形混淆所占百分比略有下降，约占37%～58%，字义混淆却相对增加，上升到40%～63%。

小班幼儿知觉分化能力差，识记不完善，在脑中不能形成精确的表象，因而字形的混淆多。随年龄的增长，这些能力有了相应的发展。幼儿认字往往依赖直接的联想，如在认“车”字时想到汽车。新授时把意义相关的两个汉字一起呈现，字义就更容易造成混淆，反之，把字义相关的词如“温暖”、“肥皂”、“计算”等分别先后，巩固一个再教一个，混淆就减少。汉字往往一字多义，每教一个字，都应让幼儿进行一些组词活动，有些动词、名词、量词还可以造句，使幼儿了解更多的字与字之间的搭配关系。如大班教“温”字后，让幼儿口头组词，说出“温和、温暖、温度计、保温桶、保温杯、温开水、温习功课”等词语，既培养了灵活应用字词的能力，又减少了字义混淆。

(四) 识字与智力、识字与计算的关系

幼儿识字与幼儿智力发展及计算能力发展有密切的关系。我们在甲、乙两实验班的大班末期，除识字测查外曾进行智力测查(包括概念、方位知觉、记忆力及运算能力)，把认字成绩与智力测查成绩相比较，两者的相关系数，甲实验班 r=0.58，乙实验班r=0.81。幼儿识字成绩与计算成绩的关系，以小班上学期为例，甲、乙两实验班幼儿 46 人，认字成绩与计算成绩的相关系数 r=0.72，说明两者显著相关。

四、幼儿识字在教育和发展中的作用

我们进行识字教学实验的目的原是为了探索识字教育与幼儿全面发展的关系，谋求通过识字教学更好地促进幼儿身心的健康发展。然而，由于实验的范围与时间有限，已得的实验材料还不足以充分论证这个课题。但是，三年的实践，使我们看到：

(一) 识字教学有利于培养幼儿爱学习的情感和认真学习的习惯

由于识字教学采用直观生动的方法，激发了幼儿学习文字的愿望和兴趣。一提到识字，幼儿就流露出高兴、喜悦、渴望的情绪，学习积极性很高，学习中能较快地集中注意力。三四岁的幼儿把识字看做是辨认字形和字音的智力游戏，喜欢识字如同喜欢音乐一样。他们常常拉着家长到字卡前，指出刚学会的新字。中、大班的幼儿则把识字和阅读看做是自己已经长大的标志，产生了自豪感和学习的责任感，有的幼儿生病在家都不忘记让家长专程来园问老师教了哪些新字。幼儿对识字不感到有压力，而认为学会了本领，感到自信和愉快，产生爱好学习的感情。大班幼儿还能自己阅读一些小画书。可以培养幼儿完成一定的学习任务的习惯和对书本的爱好。在大班期末还可教幼儿学写 20 个独体字，并训练正确的写字姿势。这些都为幼儿入学前培养良好的学习习惯打下基础。

(二) 识字教学促进了幼儿的智力和口头语言能力的发展

每个汉字都是一个音、形、义有机联系的复合刺激物，对于幼儿来说，感知字形可以发展视知觉。幼儿通过视觉分析器，对字形这一复合刺激物在脑中形成相应的视觉表象。在不断的认知过程中，幼儿从笼统地感知逐渐发展到精确地感知，学会辨别字与字之间的细微差别，在经常的视觉练习中，促进了视觉敏感性和空间知觉的发展。而听读字音，在大脑中形成声觉表象，又发展了幼儿的听觉。对于字音的区别是读字的前提。学前期正是口语迅速发展的时期，幼儿准确地发音以及利用拼音字母正音和进行拼音练习，发展了语音的分析能力，在组词、造句、讲述字义的过程中，也发展了清楚连贯的语言表达能力。

识记字词的任务明显地促进了幼儿的注意力和记忆力。开始时，我们发现部分小班幼儿依靠字卡在墙上的固定位置来识记，换成桌上的小字卡就不认识了，我们就经常改变墙上字卡的位置，并运用贴绒字块、小字卡和板书等多种形式，使幼儿的有意识记忆能力得到提高。大班期末，甲、乙两个实验班都作过一分钟内记忆一张有16样物品图片的试验。乙班平均正确率为76%，有4人全对。甲班平均正确率为72.6%，1人全对。而两个对比班的正确率分别为43.4%和48.1%，这说明实验班的幼儿在记忆力方面有一定发展。

认字还需要紧张的思维活动，如对字的音、形、义的分析综合、比较异同，字词的活用都有赖于思维。汉字既有具体图象的特点，又概括地标志着现实的事物，认字加深了对字词的理解，汉字本身成为幼儿从形象思维过渡到抽象思维的桥梁和中介，有利于抽象思维能力的提高。小班的幼儿能用“红”字组词十多个，如红苹果、红衣服、红凉鞋、大红花、红灯笼、红领巾、红铅笔、红积木、红鸡冠花、红旗、红糖、红雨伞、红扣子、红汽车、红毛线、红蝴蝶结等。中班能用“游来游去”、“飞来飞去”、“跳来跳去”、“走来走去”等字卡，口头讲述什么东西在什么地方干什么。幼儿造句说：“金鱼在水池里游来游去”，“蝴蝶在花园里飞来飞去”，“松鼠在树枝上跳来跳去”，“大灰狼在树林里走来走去想吃山羊”。通过组词造句，活跃了思路，丰富了想像力，发展了口头语言。大班通过参观后组织谈话，师生一起自编短文，培养了幼儿有顺序地思维和讲述事情的能力。

（三）识字教学为幼儿升入小学做了良好的准备

幼儿园为升入小学做的准备工作包括体力、智力和品德各方面，而识字直接为入学后的学习创造了良好的起点。

小学一、二年级语文教学是以识字为主，应认2 000左右字。幼儿在幼儿园已会认500左右字，有一定认字能力和学习习惯，为他们入学后顺利学习提供条件，使之不会感到负担重。

甲、乙两实验班幼儿于1981年秋升入小学，第一学期语文成绩在98分以上的，分别为10.5%与34.6%，在95～97分的为36.8%与19.3%，在90～94分的为42.2%和26.9%。取得90分以上优秀成绩的占89.5%和80.8%，数学成绩在90分以上的也为79%和80.8%。家长们反映，儿童入学后学习不吃力，学习习惯较好，欢迎在幼儿园识一些字的做法。我们访问了实验班幼儿较集中的某重点小学(有17人)，一年级各班教师反映这些儿童上课能发言，学习认真，大多数儿童遵守课堂纪律，都积极参加各项活动。这说明了，在幼儿园进行识字教学，能使幼儿入学后在学校生活中有良好的开端，大大有利于身心健康成长。

幼儿园的教育是多方面的，应当使幼儿在体、智、德、美几方面获得初步的全面的发展。识字教育只是幼儿园教学的一个环节。通过这次实验，我们认为：在全面贯彻幼儿园教育要求和内容的前提下，内容、方法上合乎幼儿身心发展特点的识字教学，能促进幼儿的发展，对幼儿是有益的。

注：本实验是在两个实验班的教师廖震荣、葛绍耕、樊维斌等同志的合作下进行的，阎柄东、曾宝宜、柏振玲、栾福珍等同志也自始至终参加实验工作，给予了很大的支持与协助。

《南京师范大学学报》1982年第4期

（本文与卢乐珍共同撰写）

幼儿家长的教育价值观调查

一、问题的提出

人的发展包括身体的、认知的、社会的与情感的各种素质的发展。家长在教育子女中重视哪些素质，期望子女能具有哪些素质，反映了家长的教育价值观。近几十年来，家长教育价值观是教育学、社会学和人类学共同感兴趣的课题。美国社会学家科恩（Melivin Kohn）自20世纪60年代起在美国及其他发达国家对家长教育观与其社会阶层、受教育水平、职业的关系进行了研究。之后，其他一些学者也进行了有关研究，如家长教育价值观与教育行为的关系等。我国正处在经济、科技迅速发展和变革的过程中，家长期望子女具有哪些良好素质等问题，引起了人们的重视。这一课题对推进教育改革和提高、改进家庭教育，研究社会文化的变革，有重大意义。

在本研究中希望回答的问题是：

① 幼儿家长重视幼儿哪些素质的发展。

② 幼儿家长教育价值观的争议，近年来父母教育价值观的变化。

③ 幼儿家长教育价值观与下列变量的关系：

a. 幼儿的性别与年龄；

b. 家长的年龄、受教育水平和职业。

二、研究方法与过程

限于条件，本研究的样本只限于可能调查的地区内的幼儿园家长。地区有南京、扬中、江宁县农村，兰州、西安、内蒙古赤峰、青海、新疆。调查采用问卷法，父母分别填写。此次调查的有效样本为623名在园儿童之父母。儿童分布情况为：年龄在2岁半至7岁（其中2岁半至4岁占25.2%，4至5岁占41.1%，5至7岁占33.7%）；民族有汉、蒙、藏(其中汉族占91.6%);来源于江苏、甘肃的最多(分别占41.1%、31.3%);在园类型分社区幼儿园(58.5%)、机关幼儿园(14.8%)、工厂幼儿园、大学附设园、少数民族园。父母一般情况为(父、母均基本如此):年龄在24~50岁左右;文化层次以高中、大学为多,初中次之,研究生、小学生最少;职业以技工职员为多,体力劳动者和专业劳动者次之,农民最少。

调查表格内容主要是家长评价的项目。评价的项目主要参考和采用科恩在1959年设计并于1969年修订的项目,以便本研究结果也可与国外研究进行比较。其评价项目如下:

① 与其他孩子相处得好

② 有礼貌、态度好

③ 努力向上,力求成功

④ 整齐的、清洁的

⑤ 讨大人们喜爱

⑥ 认真及专心

⑦ 能保护自己

⑧ 能自我控制、管自己

⑨ 对人富于感情

⑩ 有愉快的情绪

⑪ 听从父母的话

⑫ 诚实

⑬ 老实的、可信赖的

⑭ 考虑别人,关心别人

⑮ 有好奇心,乐于探究

⑯ 好孩子、好学生

由于考虑到我国传统文化教育观念和具体情况,我们增加了四个项目:

⑰ 外表惹人爱、漂亮

⑱ 聪明

⑲ 有独立性

⑳ 有健康的身体

问卷调查共有如上 20 项评价内容，家长还可自己增加一个评价项目。

家长的评价采用五等级式，以评定某一项目重要或不重要程度。家长评出五项重要素质和五项不重要素质。以“1”代表最重要的，写在所选项目的左边，“2”代表很重要，“3”代表也重要，“4”代表有些重要，“5”代表有点重要。反之，对评为不重要的五项素质，“20”代表最不重要，同样，“19”、“18”、“17”、“16”表示逐渐递减的不重要程度。在资料进行统计处理时，为了便于分析，将“20”改为“10”，“19”至“16”按顺序改为“9”、“8”、“7”、“6”，“10”表示最不重要的项目，“6”表示有点不重要的项目。

在经过试验性的调查后，调查普遍展开，于 1989 年至 1990 年上半年进行。调查资料运用电脑进行了统计处理和分析。

三、研究结果

有 9 项素质的平均数在 5.0 以下，表明是家长评为重要的素质。其中前 5 项素质的顺序是：“有健康的身体”、“努力向上，力求成功”、“诚实”、“聪明”、“有好奇心，乐于探究”。父母亲所评定的顺序是相同的，一致认为这 5 项素质是重要的。在这 5 项以后的重要素质其顺序为：“认真及专心”，“有礼貌、态度好”，“有独立性”，“好孩子、好学生”。

家长评定各项素质重视程度的平均数

素质项目	平均数	
	父	母
有健康的身体*	2.74	2.56
努力向上，力求成功*	2.75	2.70
诚实*	2.96	3.01

续 表

素 质 项 目	平 均 数	
	父	母
聪明*	3.74	3.69
有好奇心，乐于探究*	3.80	3.70
认真及专心*	4.28	4.03
有礼貌、态度好*	4.21	4.18
有独立性*	4.38	4.25
好孩子、好学生*	4.93	4.64
与其他孩子相处得好	5.07	5.07
能自我控制、管自己	5.45	5.39
有愉快的情绪	5.92	5.95
考虑别人，关心别人	6.33	6.11
老实的、可信赖的	6.39	6.46
整齐的、清洁的	6.63	6.55
听从父母的话	6.50	6.56
能保护自己	6.56	6.69
对人富于感情	6.86	7.09
讨大人们喜爱	8.45	8.56
外表惹人爱、漂亮	9.09	9.23

注：有*者为重视的素质项目

家长最不重视的项目也从另一方面反映了家长的教育价值观。父亲和母亲一致不重视的素质项目，第一是“外表惹人爱、漂亮”，其后的顺序是“讨大人们喜爱”、“对人富于感情”、“能保护自己”，而最后一项父母有所不同，父亲认为是“整齐的、清洁的”，而母亲则认为是“听从父母的话”。

幼儿家长教育价值观有没有争议？从调查材料看，家长对所有素质项目的评价中，有些是一致的，有的有争议甚至相反。我们统计出每个项目上家长认为重要的和认为不重要的各自人次百分比，若这个项目的某一评价意见(认为重要或不重要)之人次百分比在 80％以上(即对立意见在 20％以下)则可作为家长意见一致的项目；若这个项目的某一评价意见(认为重要或不重要)之人次百分比在 60％～50％(即对立意见也占 40％～50％)则可作为家长意见不一致的项目。统计表明(表略)，评价一致的项目共有 9 项。一致被认为重要的项目，首先是“努力向上，力求成功”(认为重要的人次百分比高达 96.7％)，其次为“诚实”及“有健康的身体”；一致被认为不重要的项目，第一是“外表惹人爱、漂亮”，其次为“讨大人们喜爱”。评价最有争议的项目，其顺序为：“能自我控制、管自己”、“与其他孩子相处得好”、“好孩子、好学生”；“有愉快的情绪”和“考虑别人，关心别人”也是有所争议的。

统计还表明，与以往相比，家长评价在某些项目上有较明显的变化，如“听从父母的话”、“老实的、可信赖的”，“好孩子、好学生”，在过去几十年，一向是家长所重视的，现在却认为不重要；“好奇心”、“独立性”过去家长一般不重视，现在却认为是重要的素质。

儿童的性别与年龄对父母的教育价值观有没有影响？统计检验表明，性别变量方面，只在母亲的评价中对两个素质项目有明显影响：在“有好奇心，乐于探究”中，男孩母亲评价的平均数为 3.37，而女孩母亲评价的平均数则为 4.08(T_A 测验，$T=3.04$；$P<0.005$)，母亲认为男孩具有这项素质更为重要些；在“整齐的、清洁的”中，女孩母亲评价的平均数为 3.72，而男孩母亲评价则为 4.52($P<0.05$)，女孩母亲更重视这一素质，这与我国传统上对男女孩期望不同有关。在年龄变量方面，也只有母亲对不同年龄子女在“好孩了、好学生”的评价上有显著性差异，5 岁以上儿童的母亲比 4 岁以下儿童的母亲更重视这一项

目。(前者对此项目评价平均数为3.91,后者为5.32)

父母本身的受教育水平、职业及年龄与他们教育价值观有何关系?在本研究中,我们将家长评价认为重要的9个素质项目的得分与家长的年龄、教育水平及职业作了相关分析(分析中,年龄以大小为变量,受教育水平分5级——小学为1级,初中为2级,高中为3级,大学为4级,研究生为5级;职业分4级——农民为1级,体力劳动者为2级,技工及职员为3级,专业工作者为4级)。结果表明(表略),父亲年龄越大越重视“努力向上、力求成功”和“认真、专心”,母亲年龄越大越重视“努力向上、力求成功”,母亲年龄越小越重视“有礼貌、态度好”及“诚实”;父亲受教育水平越高越重视“有好奇心”、“有独立性”及“认真及专心”,越低越重视“有礼貌、态度好”。母亲受教育水平越高越重视“有好奇心”、“有健康的身体”,越低越重视“好孩子、好学生”及“诚实”;父亲是农民或体力劳动者重视“礼貌好、态度好”及“好孩子、好学生”,专业工作者等则重视“有好奇心、乐于探究”、“有独立性”。母亲是体力劳动者也重视“有礼貌、态度好”。

此外,我们还根据调查的原始资料将不同受教育水平、不同职业的父母对各项目的评分的平均数进行了统计分析(表略),从中也可以看出与以上相同的结果。

科恩在家长教育观的研究中,把“有好奇心”、“老实可信赖”、“能自我控制”等项作为“自我引导”,即重视内部的道德准则,而把“态度好”、“整洁的、清洁的”、“好学生”、“诚实”及“听从父母的话”作为遵从别人,即重视外加的规则和要求。他的研究提出:受教育水平越高的家长越重视“自我引导”,而受教育水平越低的家长越重视“遵从别人”;从事专业工作的家长重视“自我引导”,而从事简单劳动的家长则重视“遵从别人”。家长重视对本身职业有用的素质,在这次研究中也有一致的结果。

四、分析与讨论

(一)幼儿家长最重视子女能具有的五项素质

分别是:健康、努力向上、诚实、聪明及有好奇心,其中健康是家长的首要期望,努力向上与诚实是我国的传统美德。人们相信勤奋才能走上成功,在现实生活中,高等学校入学存在的严峻竞争也加强了人们的勤奋意识。诚实是个人品德的基础。再者,聪明与好奇心是学习好的重要条件。家长的教育价值观还是比较全面的,为培养祖国未来接班人,提供了好的条件。

(二)科学技术的发展,各国文化的交流及时代的浪潮,正在影响人们的教育价值观

"听从父母的话"、"好孩子"、"好学生",过去一直是家长较一致的期望,而现在有70.6%的母亲及69.4%的父亲认为"听从父母的话"是不重要的项目;"好孩子、好学生"也成为有争议的项目,有52.8%的父亲及63.3%的母亲认为重要,另一部分父母则认为是不重要的;"好奇心"和"独立性"过去在家庭教养子女中是较薄弱的方面,而现在却放在重要地位。家长教育价值观的转变是一个值得深入研究的问题。

(三)集体主义教育是我国极为重视的教育内容,应从小注重促进儿童社会化和友爱的发展

但在这次调查中这项竟被列为不重要的素质。有47.2%的父亲、46.5%的母亲认为"与其他孩子相处得好"不重要,66.3%的父母认为"考虑别人、关心别人"不重要。这是需要进一步研究的问题。

(四)"有愉快的情绪"、"对人富于感情"、"能自我控制"、"能保护自己"都是发展儿童社会化和情感的重要内容,但在当前教育中还较薄弱

可能有些家长也不理解或熟悉,家长评价这些项目为不重要,是否受这一原因的影响,可进一步进行研究。

注:感谢协助调查的老师及幼儿园,因数量大,不能一一列举;感谢 Dr. Stephon Wilson 与 Dr. Steve Zlotolow 对本研究的建议,感谢 Dr. Felix Famoye 为调查材料作了电脑统计处理。

《学前教育研究》1996年第4期(总第58期)

积木游戏的系列研究

搭积木——开发幼儿创造潜能

第一部分 总 论

丰富多彩的游戏是儿童的主要活动，积木游戏是其中的一种，指儿童用积木拼搭成建构物的一种游戏，也称建筑游戏或结构游戏。积木游戏有实物、有操作，变化多样，对儿童有很大的吸引力，为他们所喜爱。儿童在游戏中心情愉悦，全神贯注，整个身心力量都动员起来。如何通过积木游戏促进儿童全面素质的发展是学前教育的一项重要课题。

随着我国社会改革开放的巨大变革，在 20 世纪 80 年代初，学前教育改革提出的新理念是：儿童是教育的主体，要大力发展儿童的主动性和创造性。但我国幼儿园自 50 年代以来，强调有目的有计划地组织幼儿活动，以教师为中心，大量采用直接教授法，幼儿的活动都是在教师直接指导下进行的。如何从教育观念和教育实施上彻底转变，这是我们面对的最大问题。

以作者多年对幼儿游戏的观察和研究，积木游戏既有具体形象的特点，又通过动手操作，很适合儿童发展的特点，而且积木设备简单、经玩，易于推广，适合我国地区广大、发展不平衡的实际情况。另一方面，搭积木的过程与成果易于考核，便于实验研究。所以随着幼儿教育理念的革新，作者自 1983 年开始至 2001 年先后在幼儿园进行了下面一系列的积木游戏的实验研究：① 幼儿园小班积木游戏的系统观察和实验研究；② 旨在发展幼儿主动性的积木游戏的实验研究；③ 通过积木游戏开发幼儿创造潜能的实验研究；④ 学前儿童搭积木的发展阶段的研究。为了保持当时研究的实际，便于进一步讨论研究，本文采取将各次研究分别叙述的方式。

为了便于广大托儿所、幼儿园教师和家长了解积木游戏，在论述系列的积木游戏实验研究之前，下面首先简单介绍一下积木游戏的历史沿革、特点、教育作用，以及开展积木游戏的方式。

（一）积木游戏的历史沿革

积木游戏亦称建筑游戏，早在公元前 4 世纪，古希腊哲学家柏拉图(Plato)就曾经提出对将来的建筑者从小就要提供小型建筑材料进行游戏。但是在儿童之中开展这种建筑游戏的真正构想始于 17 世纪捷克教育家夸美纽斯(J. A. Comenius)在《母育学校》(1633 年)一书中提出的用泥土与石块建筑小房子的游戏。此后在专门的玩具与游戏的书中，都提到了建筑游戏。18 世纪 90 年代，英国哲学家教育家洛克(John Locke)认为在教育中需要有种东西能锻炼儿童想像、模仿与创造的能力，他推崇在小方木块的六面贴上英文字母，使儿童在玩小方木块时学字母。由于他的倡导，后来就出现了字母积木，这就是积木的初始形式。在儿童教育中系统地使用积木游戏作为教育内容，还是始于德国儿童教育家福禄倍尔，他著有《人的教育》(1826 年)，并于 1840 年创建了世界上第一所幼儿园，被称为“幼儿园之父”。他认为儿童在了解自己所生活的世界中发展自身内部精神，强调人们精神的发展，但不忽视身体的和认知的发展。他重视儿童通过游戏学习。他为幼儿园创设了二十种“恩物”(游戏与作业的玩具和材料)，其中第三、四、五、六种恩物都是一套积木，这些积木基底都是一英寸[1]方块，长度则是从一至十二英寸，每套积木拼合起来成为一方块，便于整理和保存。如第三套恩物为一英寸立方体的积木八块，合成二英寸立方体。第四种恩物为长二英寸、宽一英寸、厚半英寸的八块长方体积木，合成二英寸立方体。第五、六种恩物则是由立方体、长方体对等切割

〔1〕 1 英寸＝2.54 厘米，1 平方英寸＝6.451 6 平方厘米。

开为三角柱、长柱、长方体等各种形体的多块积木，分别合成三英寸立方体。第七种恩物为小木板。福氏提出通过积木游戏，儿童能体验到整体与部分的创造观念，并赋予积木深刻的哲学教育与美学的意义。但他提出的积木玩法有一定程序，很死板，可能受着当时历史、文化的局限。

此后，随着欧美各国幼儿园教育的发展及儿童游戏与玩具的发展，经过多年的应用、设计和制造，出现了多种多样的结构材料。其中以美国普莱特·卡罗莱因（Pratt Caroline）在20世纪初期设计的单位制积木最为著名，推进了儿童的积木游戏。这套积木以木制成，以一长条形积木为单位，高是宽的一半，长是宽的2倍，高、宽、长的比例为1∶2∶4。如以高∶宽∶长为$1\frac{3}{8}$寸∶$2\frac{3}{4}$寸∶$5\frac{1}{2}$寸的长条积木为单位，其他积木的大小以此为单位，或为其倍数，或为其分数，并以此设计各种形状积木，如正方形、长方形、三角形、拱形、半圆形、圆柱等。这套积木中各个积木间有比例关系，便于多种组合，且整齐、美观，适于儿童用来搭各种建构物。现在幼儿园常用的各种桌面积木和中型积木，大都是以此为依据修改、演变而来。（见附录一：普莱特单位制积木的基本形体）

我国自20世纪初建立幼儿园以来，曾采用福氏的恩物。以后随着幼儿园和玩具的发展，逐渐采用各种丰富多样的结构材料，如从不同材料来分有木质的（槭树或桦树木材最适用）、金属的和塑料的；以形体大小来分有大型空心积木、中型积木和桌上积木；从结构不同来分有平滑的与带有连接用的沟槽的；从色彩来分有素色的、彩色的、带有图形的等等；除木质积木外，用塑料制成的积塑品种很多，色彩鲜艳，教育作用也很大，甚为流行。一般幼儿园常备的为桌上小积木、中型积木和各种积塑等。

（二）积木游戏的特点

积木游戏主要指用木质积木进行的游戏，积木的特点也体现了积木游戏的特点。我国曾有用竹子制作的积竹，还有用黄泥做的积砖，也能进行建筑游戏，也具有下列一些特点。本文仅就积木游戏特点作一说明。结合作者的长期观察和研究，积木游戏有下列特点：

① 安全。积木的木质轻软，棱角不锋利，是自然物，不含有毒元素。

② 积木坚实耐用，不易损坏，可使用较长时间。

③ 积木是三维的小木块，一两岁至五六岁各个年龄的儿童都可以直接感觉到，可以动手操作，可以触摸、丢掷、拼搭，从而学习控制外界事物。

④ 一套积木中每块积木间有大小、形状的比例关系，可组合成不同的各种形体，又平稳不易倒。

⑤ 组合和拆散方便，适于多次和反复地搭拆，不留痕迹，有利于儿童不断地探究、实验，并培养克服困难的信心和勇气。

⑥ 能及时地得到成果，具体而直观，而且能保存，因而增强儿童的兴趣和信心。

⑦ 可以按儿童的意愿搭出儿童喜欢的或想像的东西，从简单到复杂，变化万千，能发展儿童的想像力、创造力，使其感到满足和愉快。

⑧ 搭积木是儿童表达思想感情的一种无声的表征方式，可以发展儿童的思维和想像，抒发儿童的感情。如一位 6 岁儿童搭了“长江大桥”后说：“这是南京通到北京的大桥，能升高和降低，晚上还能在桥上睡觉。”他通过搭“大桥”表达了自己的思想感情。

⑨ 一物多用，能适合年龄不同、发展水平不同、兴趣不同和性格不同的儿童的需要，促进他们的健全发展。如一两岁儿童用积木练习抓握动作，五六岁儿童用积木搭出“天安门”，好动儿童在搭积木过程中学习安静地认真地工作，不善于与同伴交往的儿童在搭积木过程中学会与同伴商量与合作。

⑩ 搭的方式的多样化，可以个别玩，可以两三个儿童玩，也可以小组合作玩，能适合各种不同儿童的需要，培养独立性、自信、交往、合作等多方面优良品质。

⑪ 搭积木在形状、大小、数量、组合、工作程序等方面都有相应的

科学知识、技能和标准，要求儿童不断探究，在做中学习，才能搭出建构物，从而培养儿童勤于动手、爱动脑筋的好习惯。

⑫ 搭积木的过程和成果都有一定客观要求，如要求建筑物稳、整齐、像、美、新颖等，提供儿童自我检查和自我改正的条件，使之养成认真学习、工作的好习惯。

⑬ 积木的用途多样，除了能搭出建构物外，还能作为教具，如认识形状、数量，比较长短等。积木游戏还可结合角色游戏进行，如为家家搭沙发、电视机等。

(三) 积木游戏的教育作用

积木游戏以其所具有的种种特点，对学前儿童的优良素质的培养有重要作用，兹将其最主要的作用分述如下。

1. 激发儿童的想像力，培养主动性和创造性

积木可以搭出儿童想搭的东西，因而能引发儿童的兴趣，增强自信，使儿童的想像力进一步活跃和丰富起来。在搭积木的全过程中，无论是构想、操作或是完成建构物中都有想像的参与，他们搭的“军舰”正在舰长的指挥下航行在大海上，他们所搭的“房子”中的小朋友在听老师讲故事，“军舰”和“房子”都不是静止的。而且搭积木又可以增减或改变其内容，“军舰”可以变为“航空母舰”，“房子”可以变成“高塔”，使儿童的想像力有飞翔的广阔天地。

儿童的想像力发展的同时也发展着主动性与创造性。想像不仅是思维和情感发展不可或缺的因素，还能发展主动性和创造性，儿童的再造想像和创造想像都激发着主动性、创造性的发展。加之搭积木本身就是一种创造性活动，积木游戏环境比较宽松和自由，成人没有死板或统一的要求，允许儿童自主和创造。积木本身只有简单的形状和一定的数量，而儿童想搭的东西却是多种多样，这就要求儿童想办法、动脑筋，“长江大桥”的桥墩如何搭，“天坛”圆形建筑如何搭，怎样才能美化，各种问题促使儿童去想新主意、新办法，推动了创造力的发展。

2. 培养儿童自信、进取、坚忍、合群等良好个性品质

搭积木有具体的成果，又能保存，使儿童体验到自己的能力与成

功，特别是能力较差的儿童，通过搭积木能看到成果、体验成功、树立自信心，甚至改变整个精神面貌，从畏缩变成活跃，在作者的观察中就有不少实例。

在积木游戏中，由于自己或同伴不小心的碰撞，或是搭得不稳，建构物极易倒塌。在一次游戏中，建构物倒两三次是经常发生的，或因其他多种原因拆掉重搭也是常有的事。由于游戏的吸引，遇到建构物倒塌儿童都会继续重搭。这一过程能使儿童体验挫折和失败，培养他们对挫折的承受力和坚持性。同时，还能培养儿童敢于冒险和进取的精神。

搭积木使儿童间有自然接触的机会，在小组搭积木中，儿童学习互相协商，听取同伴意见，按能力和兴趣分工，有的负责设计，有的提供积木材料，有的在旁实地观察和学习，同伴间的交往和友谊得到加强，培养了儿童的合群精神，使胆怯儿童有适当的机会和方式与同伴交往，有侵略倾向的儿童学习发泄精力，尊重同伴的合作。因此，积木游戏有助于儿童社会交往能力的培养。

3. 儿童在活动中、在实物操作中学习初步的数学概念和科学知识，同时发展感知觉和思维，促进左、右大脑协同发展

通过搭积木操作实物、动手做的过程，儿童学习初步的数学概念和科学知识，认识形状、大小、长短、数量、面积、体积，发展空间观念，认识上下、左右、中间、连接、分开、远近、四周包围、平行与垂直等，以及具体体验到部分与整体、平稳、平衡、对称和力的相互作用等。同时，更为重要的，在学习和探究过程中发展动作、感知觉、想像、区分、比较和分类能力；使用积木表达思想感情的表征能力；发现问题和解决问题的能力；有效地促进视觉空间智能、逻辑数学智能、语言智能、运动智能、交际智能等多元智能的发展。

如果进一步从左右大脑的协同发展来看，左脑优势在抽象思维，具有语言、分析、数学能力，右脑优势在形象思维，具有直觉、情感、音乐、图像能力。搭积木过程一方面是直觉、形象的活动，另一方面又有数学、语言活动，从而有力地促进左右脑的协同活动，从小开拓脑功

能，提高儿童素质。

4. 培养儿童探究兴趣和认真学习的习惯

搭积木本身就是一项探究活动，从搭什么和怎样搭过程中所遇到的一系列问题，如搭在什么地方、选用什么积木、怎样搭砌等，都要求儿童不断地实验、探究、发现。搭积木既能立即看到具体的成果，又能不断修改，可大大激发儿童探究的兴趣。

搭积木本身具有一定的客观要求，结构物要能表现某一事物的形象和特征，每块积木要搭得整齐、平稳，要求美观、新颖。不按这些要求办，就搭不稳、不像、不美。如搭“天安门”，有几个门洞，高矮是否一样，选择什么形状、长短的积木等等，儿童体验到观察外界事物要仔细；搭的过程要集中注意力，一丝不苟；所选积木要合适，每一块要对齐，否则搭不起来，搭不像。在这过程中逐步培养儿童对外界事物积极的态度，仔细观察、认真学习的习惯，为将来成为高素质的有用人才打下基础。

此外，搭积木在学前教育中又是测验儿童能力的工具。如斯坦福比纳智力量表，要求两岁儿童搭一搭木桥，丹佛儿童发展筛选量表中用搭积木测试婴儿发展水平。再者，从作者看来，搭积木也是学前教育领域中，转变教师和家长教育观念，树立教育要以儿童为主体的思想的有效工具。成人通过开展幼儿自主搭积木游戏的教育实践，进一步了解儿童的实际，看到儿童的主动性、积极性和创造性，看到自己进行教育改革的效果，从而能进一步认识教育的客观规律，提高教育质量。

(四) 创设积木游戏的环境

为了实现游戏的教育作用，引导儿童开展积木游戏，教师和家长应掌握以下几方面要领。

1. 提供积木

积木的形体与数量直接影响儿童搭的建构物。以幼儿园每班 25 名儿童计算，桌上最基本的应备有 2～4 盒积木(每盒约 40 块左右)，以木质好的原色积木为佳，桌上也应有其他多种多样的积木。有条件的幼儿园应有在地面搭建的中型积木或空心大积木。除积木外还应提供辅助材料,如建构房屋用的屋顶、楼层必须用的小三夹板(长方形、正方形或圆形等),装饰庭园用的花、树等。四五岁的儿童还可以自制需用的辅助材料。根据需要可用其他小玩具或杂物(如小瓶、胶卷盒)作为辅助材料。

2. 安排游戏场所及时间

有条件的幼儿园可在儿童活动室内设积木角,或有专门的积木游戏室。空间宽大,儿童搭建起来更方便,作品也易于保存。如果活动室面积较小,也可临时腾出一块地方供积木游戏用,注意使儿童的搭建少受干扰,又不妨碍同伴的游戏。

积木游戏的时间较灵活,晨间来园、下午点心后等零散时间都可进行。但每周应有一两次半小时至一小时的完整时间开展积木游戏,供儿童观察、参观、互相观摩作品、谈论等,以利于游戏的开展。

3. 儿童对外界事物的鲜明表象及成人对游戏的支持与鼓励

儿童通过对外界事物的接触和体验,通过童话故事和谈话累积了一些表象和经验,搭积木和绘画一样是表征他们的认识和感情的一种手段。没有到过天安门或看过天安门图片、听过有关故事的儿童就不可能搭出天安门。所以在教育工作中不断地丰富儿童对外界事物的认识,引导儿童仔细观察事物的特征,积累知识和经验,对开展积木游戏就很重要。

教师和家长对积木游戏的态度与鼓励直接影响和感染着儿童,成人兴致勃勃地向儿童介绍各种积木,认真地观察儿童搭积木,称赞他们哪些地方搭得好,如让儿童自己想办法搭稳亭子的四根柱子,把儿童的作品画下来或拍照,请同伴来观摩儿童的建构物等都能激发儿童搭积木的兴趣,增强他们的信心,让他们看到自己的成就。

(五) 培养儿童遵守积木游戏的基本规则

为了使积木游戏能顺利开展,教师或家长还应逐步培养儿童遵守游戏的一些基本规则。

① 积木只能用来搭、砌等，不能丢掷、敲打。

② 想好要拿取的积木、拿多少，逐步学习先想好搭什么建构物，按需要拿积木。

③ 积木不够用时可用其他积木来代替，可与同伴商量："请你给我一块××形状的积木，好吗？"

④ 积木盒放在右手边，便于取拿积木，也避免了碰倒自己的建构物。

⑤ 随时整理建构物的四周，放回不用的积木，避免杂乱地堆放。

⑥ 注意不碰到同伴的建构物。

⑦ 游戏结束时，一块一块地拆除建构物，不要用力推倒它。

⑧ 收拾积木时，把积木放回原来的架上或积木盒中，分类摆放整齐，学会分工合作。

(六) 鼓励儿童逐步掌握积木游戏的基本技能

儿童把积木搭成建构物（如楼房）需要具有一些搭积木的技能，他们在搭积木游戏过程中，经过反复尝试、探索而逐渐获得这些技能。教师和家长可按实际情况的需要给予适当的指点，更好地促进儿童身心的发展。结合作者的长期的观察和研究，儿童积木游戏需要以下一些基本技能：

① 把积木一块接一块，边对齐，摆成一横行，或一块加一块搭高。应逐渐由简单到复杂。

② 用几块积木搭成简单物体，如火车、汽车、椅子等。

③ 把积木搭平稳，搭整齐，积木的边要对齐，大的积木放下面，小的放上面。

④ 在搭桥 ⫪ 时，所用的两根柱子要一样高，上面放的横积木要长于两柱之间的距离。

⑤ 房屋或亭子的四根柱子竖立在楼板的四角，先立稳柱，再放上楼板。

⑥ 会围合房屋的四面墙，墙要平稳、牢实。

⑦ 会用木板或积木搭房顶，会搭房屋的门和窗。

⑧ 会用对称的方式（两边对称、四角对称）使建构物整齐、美观。

⑨ 会有计划地选用所需积木，如搭门时，先选好两块一样长的积

木，而不是一块一块地凑。某种积木不够时，会用相应的积木代替，如方块积木不够时可用两三角形积木或两长条形积木代替。

⑩ 会运用或自制辅助材料，如用胶卷盒做桥墩，自制小旗插在楼房顶上。

⑪ 会创造性地运用积木表现某一建构物的特征，如用三块三角形积木作为塔顶，用拱形积木作为中国古代建筑的屋檐。

⑫ 所搭建构物内容丰富多样、美观、新颖，并能克服困难，不断改进。

第二部分　对小班幼儿积木游戏的系统观察和研究

积木游戏在幼儿园开展得很普遍，幼儿都爱搭积木，但对积木游戏的研究资料很少。作者首先对小班作系统的观察和研究，进一步了解积木游戏的特点及教育作用，并对当时有争论的问题——教与不教对幼儿搭积木的影响——进行实验。

1983 年 3 月在南京市第一幼儿园小班进行该项研究。该班幼儿 29 人，年龄 3 岁 5 个月至 4 岁 3 个月，男 15 人，女 14 人；父母文化水平：大学 7 人，中专 4 人，高中 10 人，初中 7 人，初小 1 人。该园为寄宿制，小班每天上午一节课，其他时间由教师组织进行游戏及各种活动，积木游戏常在上午的游戏时间进行。教师一般仅重视活动前的讲解规则、示范，或者只给每个儿童少量积木，让各人自己玩，作为组织儿童的手段。

(一) 了解小班幼儿搭积木水平及特点

为了解儿童搭积木水平，对儿童进行了个别测试。使用同一种桌上小积木，(附录二)同一指导语，让幼儿分别搭积木。指导语："今天每人有一盒小积木，搭你们最喜欢的好看的东西，搭好后不要弄坏，老师要来看。"幼儿搭好后，请幼儿自己说出搭的是什么，教师画下所搭建筑物并注明用了几分钟。按所搭积木的级别标准〔1〕分析。测试结果如下：

---

〔1〕 所拟儿童搭积木的级别标准，第一级：不搭；第二级：铺平，搭高；第三级：搭简单物体；第四级：堆砌；第五级：搭结构复杂或组合的物体；第六级：搭门或桥；第七级：围合搭出房屋；第八级：搭立体建构物，对称整齐；第九级：搭特定建构物，逼真；第十级，建构物美化，有场面和情节，有创造性。

搭积木水平级别	分数	人数		累计分数	例图
			%		
第一级：不搭	1	1	3.6	1	
第二级：铺平，搭高	2	3	10.7	6	图 1
第三级：搭简单物体	3	8	28.6	24	图 2
第四级：堆砌	4	3	10.7	12	图 3
第五级：搭结构复杂或组合的物体	5	3	10.7	15	图 4
第六级：搭门或桥	6	5	17.8	30	图 5
第七级：围合搭出房屋	7	5	17.8	35	图 6
		N=28		123 平均分 4.4	

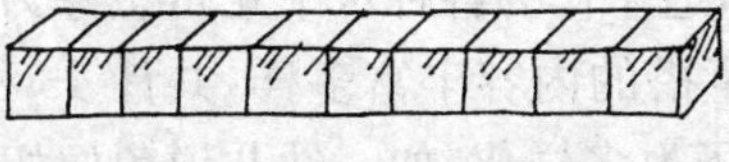

图 1　铺平

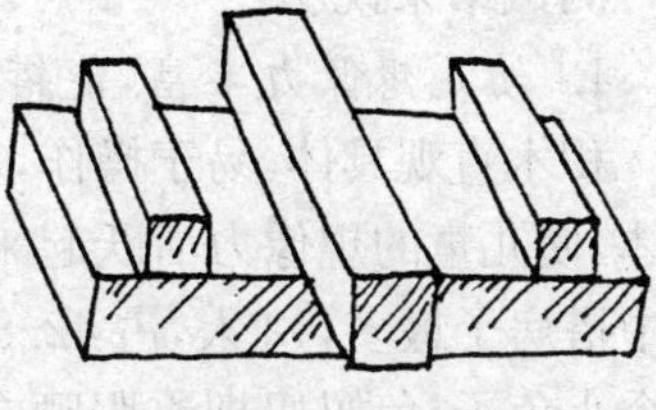

图 2　飞机

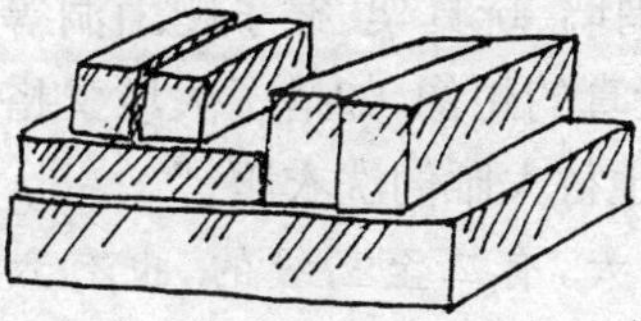

图 3　搓衣板

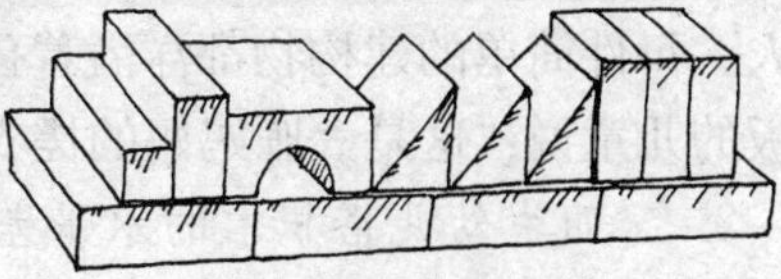

图 4　复杂的火车

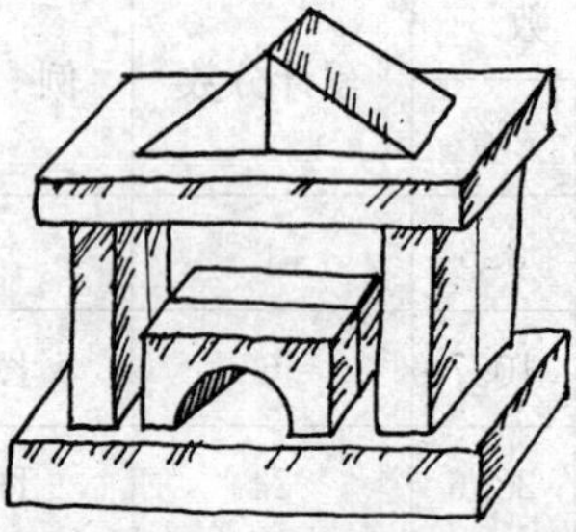

图 5　立体的门楼

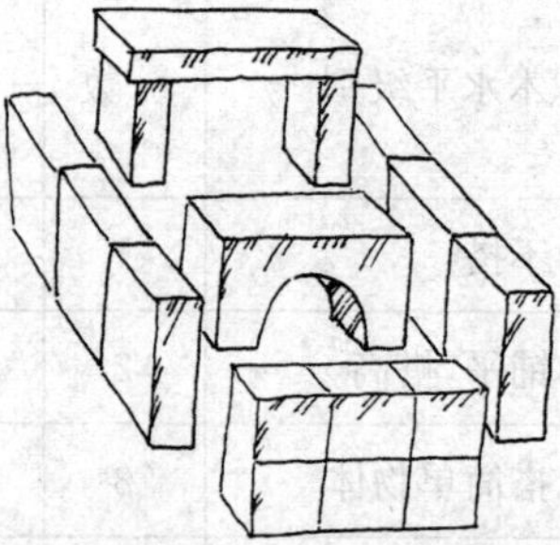

图 6　围合的房屋

本班(3～4 岁)幼儿搭简单物体(如飞机,3 岁 4 个月,如图 2)或较复杂物体(如火车,3 岁 11 个月,如图 4)较多,共计 11 人,占39.2%,其中搭简单物体 3 人,占 10.7%,较复杂物体 8 人,28.6%。其次能搭桥、房屋(3 岁 8 个月,如图 5),或四周围合的,如房屋(4 岁 3 个月,如图 6)共 10 人,其中较好的,能搭得整齐的,占 35.7%,只搭高或平铺(如平铺,3 岁 7 个月,图 1)的 3 人,占 10%。测试时是小班下学期,儿童搭积木水平较好。

测试结果说明:

1. 幼儿想像力丰富,能搭建构物内容多样

积木直观具体,易于操作,多变化,适于作为各种水平儿童想像力的载体,使儿童的想像力活跃起来。儿童搭的内容丰富多样,共计 13 种。其中搭房子最多,12 人,占 42.8%,房子也多样化,如一幼儿说兔妈妈有两个小兔子,兔妈妈把衣服晒在阳台上,(如图 6)另一幼儿说这是狼外婆的家。儿童所搭内容,除房屋外,火车 3 人,汽车 3 人,其余飞机、指挥灯、搓衣板、大雁、照相机、琴、推的东西、围墙、玩具架、猴子爬山洞等各一人。每件简单的建构物都洋溢着孩子天真的想像,如搭了大雁又搭搓衣板的儿童说:“这是大雁妈妈的搓衣板,她替大雁们洗衣服。”

2. 三四岁幼儿搭积木的水平差别很大,有二至三级的,也有六至七级的

只能平铺积木的幼儿和搭立体房屋的幼儿所搭的建构物相差 6

级，而年龄却都为 3 岁 7、8 个月。同年龄的幼儿的个体差异是很大的，对全班的幼儿的教育、教学工作要尽可能地考虑到每一幼儿的个别特点，才能收到较好的效果。

3. 小班幼儿智商及动作、语言及数概念的发展及其与幼儿搭积木水平的联系

为了对该班幼儿有较多的了解，在入园初期曾进行了比奈智力测量及动作发展（走、跑、平地跳起）、语言发展（学话、看图说话）、数概念发展（唱数、点数、按数取物）的个别测试，通过这些测试可看出儿童的各领域发展的组合以及多元智能的组合是多样的，各个儿童有不同的优势。（见附录三）从搭积木水平较高的六、七级 10 位幼儿与水平较低的二、三级的 11 位幼儿的各项测试结果相比较，可看出搭积木水平高的儿童中有智商较低的，动作、语言、数概念发展较差的，而搭积木水平低的儿童中也有智商高的和各项发展水平高的，具体参见下表：

各项发展水平	智商								动作发展				语言发展				数概念发展			
	120～130		110～109		100～109		90～99		平均分 12.2				平均分 11.5				平均分 21.3			
									均分以上		均分以下		均分以上		均分以下		均分以上		均分以下	
	人数	%	人数	%	人数	%	人数	%	人数	%	人数	%	人数	%	人数	%	人数	%	人数	%
六、七级 10 位幼儿	4	40	3	30	3	30			6	60	4	40	2	20	8	80	4	40	6	60
二、三级 11 位幼儿	2	18	2	18	6	55	1	9	5	55	4	45	3	33	6	66	1	11	8	88
备注									二、三级只测试 9 人											

根据现有的资料只粗略地了解了搭积木水平和各领域发展的直接联系，以后要进一步研究。但我们可以得到启示：教育工作者要珍视各个幼儿不同的发展优势，多方面地发展儿童的潜力，激发他们的兴趣，鼓舞他们的信心，使每个儿童都能得到最佳发展。

(二)教师直接教法对幼儿搭积木的影响

20世纪80年代初,教育要以儿童为主体的新教育理念开始发展,而传统的以教师为中心的直接灌输法仍习惯地沿用着,在积木游戏中教师常讲解搭法并直接示范,怀疑让儿童自主操作,儿童会乱、会学不好。搭积木要不要教师直接教,当时有不同的看法。所以我们在该班进行了直接教搭积木和让幼儿自主搭积木的比较实验。参照各个儿童活动能力、兴趣、性别,将儿童分为相应的两组:实验组和控制组,每组10人。实验组由教师直接教儿童如何搭,边讲边示范,或有范例。自3月底开始,为期两个月,每周一次,共教八次,教的内容有房屋、亭、火车、轮船等。如第一次教搭"给娃娃搭房子",教师边说边用积木示范,搭有两面墙、有顶的房子,主要教两点:① 搭墙时会选择把大积木放在下面,小积木放在上面,一块一块摆整齐、搭稳;② 房子两边墙要搭得对称。在一周后教第二次,增加屋顶上有装饰物,室内有布置,随即两组幼儿分别搭房子,以进行比较。按所拟房屋级别标准[1],两组幼儿所搭房屋比较如下:

实验组				控制组			
幼儿	级别	分数	内容	幼儿	级别	分数	内容
A	六	6	有四柱,有顶和装饰	B	四	4	飞机
C	七	7	屋内有座位	D	五	5	幼儿园大门
E	七	8	有室、梯	F	五	5	两扇门开着
G	七	7	有门、梯	H	六	6	两间房、厕所与卧室
I	七	7	二层楼	J	五	5	四面包围,无顶

〔1〕所拟儿童搭房屋的级别标准,一级:个别物体;二级:堆砌;三级:平面门楼;四级:四周包围;五级:有墙顶;六级:有门窗;七级:对称;八级:特定房屋;九级:有场面或情景;十级:设计新颖,美化建筑物。

续 表

实验组				控制组			
幼儿	级别	分数	内容	幼儿	级别	分数	内容
K	七	7	三边有墙室	L	七	7	四面包围,有门
M	六	6	有楼顶	N	四	4	四周搭高
O	七	7	梯门	P	六	6	搭亭、顶有装饰,有小朋友排队
Q	七	7	楼上有装饰	R	七	7	四周包围,有装饰
S	六	6	较简单	T	七	7	奶奶的家,屋顶有装饰
10人		67	平均分6.7	10人		56	平均分5.6

上表说明,在实验的第二周,两组幼儿进行搭积木水平的比较,实验组幼儿10人,六级3人,七级7人,平均分为6.7分;控制组幼儿10人,四级2人,五级3人,六级2人,七级3人,合计得分56分,平均分为5.6分,实验组搭房子水平高于控制组。直接教的实验组学习搭积木的技能较好,水平整齐,但所搭建筑物和教师示范的一样,直接模仿的成分多。控制组幼儿搭积木的技能水平不齐,低于实验组,但所搭房子多样化,想像力活跃,有睡觉的房子,有厕所,有的搭了奶奶的家。学期将结束时,实验两个月后,实验组与控制组按主题"美丽的楼房"分别进行建构和比较,其结果如下:

实验组				控制组			
幼儿	级别	分数	内容	幼儿	级别	分数	内容
A	八	8	二层楼,有梯	B	六	6	三层楼,装饰
C	七	7	二层	D	七	7	三层,有装饰

续　表

实验组				控制组			
幼儿	级别	分数	内　容	幼儿	级别	分数	内　容
E	八	8	三层，梯门，对称	F	七	7	围墙，室
G	七	7	二层，窗，门	H	八	8	三层，顶，门
I	七	7	有梯、阳台	J	八	8	梯，顶有装饰
K	七	7	三层，有装饰	L	七	7	四面包围，有门
M	六	6	围墙，窗	N	八	8	三层，装饰
O	六	6	一层，窗	P	八	8	三层，室，顶
Q	六	6	三层，对称	R	八	8	二层，梯
S	七	7	二层，有装饰	T	七	7	二层，墙，梯
10人		74	平均分7.4	10人		74	平均分7.4

实验组和控制组，搭积木水平相同：六级1人，七级4人，八级5人，平均分为7.4分。经过一段时间后，实验组幼儿没有表现出搭房屋的优势。

在该班升入中大班后，虽未对积木游戏进行专门研究，但对该两组幼儿进行了跟踪了解。大班开始时，两组测查结果：实验组儿童搭亭、门楼、房屋、城堡、桥，平均分7.3分；控制组儿童搭楼房、亭、门楼，平均分7.4分。控制组略好于实验组。

大班结束时，两组测查结果：实验组儿童搭轮船、火车、房屋、公园，平均分8.6分；控制组搭楼房、火车、轮船，平均分8.6分。实验组和控制组水平相同。（见照片，实验组1、2、3、4、5，控制组1、2、3、4、5）

以上通过实验组和控制组四次搭积木的比较，说明教师直接教法在短时期内有提高幼儿搭积木技能作用，但在对建构物的想像力方面不如控制组儿童；较长时期后，实验组幼儿没有优势，直接教法没有较好效果。美国罗伯特·施尔切尔（Robert Schirrmacher）1975 年在学前儿童中实验成人范例对搭积木的影响，其结果表明有模仿经验的儿童搭积木技能不比控制组儿童好。本研究结果与该研究是一致的。

本次实验因实验组与控制组同在一班内，互相影响大，应考虑这一情况对实验结果有不利影响。

第三部分　放手让幼儿主动搭积木，发展幼儿主动性

为了改变过去直接灌输教育的旧观点，真正做到教育以幼儿为主体，发展幼儿的主动性，作者于 1989 年在南京第一幼儿园（以中班为主）及天妃宫幼儿园（以大班为主），开展了实验研究，实验目的是以积木游戏为突破口，培养幼儿主动性；强调在积木游戏中，放手让幼儿主动搭积木，在活动过程中，一切以幼儿主动在先，发展幼儿主动性。

（一）了解幼儿搭积木游戏的现状及水平

第一幼儿园中班：儿童年龄 4 岁 2 个月至 4 岁 9 个月 23 人，4 岁 10 个月至 5 岁 10 人。男 19 人，女 14 人，共 33 人。

天妃宫幼儿园大班：儿童年龄 5 岁 6 个月至 6 岁 3 个月。男 17 人，女 15 人，共 32 人。

两班实验前，中班全班幼儿进行了搭积木个别测试，大班选择好、中、差三组 12 位有代表性幼儿进行个别测试，用同一指导语、同一种桌上小积木一盒，测试结果如下：

级　别	分数	第一幼儿园中班			天妃宫幼儿园大班		
		人数	%	累计分	人数	%	累计分
第一级：不搭	1	2	6	2			
第二级：铺平，搭高							
第三级：搭简单物体	3	5	15	15			

续 表

级　别	分数	第一幼儿园中班			天妃宫幼儿园大班		
		人数	%	累计分	人数	%	累计分
第四级：堆砌	4	4	12	16			
第五级：搭结构复杂或组合的物体							
第六级：搭门和桥	6	15	46	90	5	42	30
第七级：围合搭出房屋	7	5	15	35	3	25	21
第八级：搭立体建构物，对称整齐	8	2	6	16	4	33	32
		N=33，平均分 5.3			N=12，平均分 6.9		

第一幼儿园中班 15 人搭平面门楼，有的较对称。有 5 人搭四周包围的房屋，有 2 人搭有顶的房屋，按儿童搭积木的级别标准计分，平均分为 5.3 分；参照 1983 年小班结束时搭积木水平7.4分，说明该班幼儿搭积木水平不高。

天妃宫幼儿园大班，5 人搭平面门楼，3 人能搭四周围合，4 人搭有墙有顶房屋，计平均分 6.9 分，低于第一幼儿园。1985 年大班开始时测试为 7.4 分，说明该班幼儿搭积木水平不高。

（二）实验的过程

教师的任务首先是提供积木游戏的环境。游戏环境是直接作用于儿童的刺激因素，具体包括：① 提供游戏所用的积木；② 布置积木游戏场所，在活动室中设置“积木角”，或有专门的积木游戏室；③ 充分的游戏时间；④ 教师的鼓励和支持也是游戏环境的重要因素。

第二步，教师向儿童介绍各种积木，鼓励儿童用积木主动地自由地进行游戏，坚持做到“儿童主动活动在先”。在游戏时间，儿童可以自己取拿积木，可一个人玩或与同伴一起玩，搭自己爱搭的建筑物。

教师要对游戏过程和结果给予鼓励和支持，有时还要拍照或录像。主动游戏在每一班都大大激发了儿童搭积木的兴趣和积极性。

第三步，丰富儿童对建构物的印象，积累有关知识和经验。带领儿童参观附近建筑物，观看照片及实例，丰富搭积木素材，提高表现的愿望。如第一幼儿园中班儿童游览白鹭洲公园，参观亭子、桥，教师与儿童一起观察讨论，如看拱形桥有几个桥墩，观察弯弯曲曲的曲桥等，使幼儿认识各种建筑物的特点。通过这种玩玩、看看、谈谈等愉快的活动，提高儿童对搭积木的兴趣和知识。天妃宫大班儿童参观渡江纪念碑、博物馆，参观附近儿童乐园、公园等，激发儿童用积木表现自己的想法和感情的愿望，丰富儿童对建筑的知识和印象，提高了搭积木的兴趣。

（三）实验结果

教师在以发展幼儿主动性观点的指导下，在游戏中坚持做到由幼儿主动活动，尽可能多地让幼儿自主，解放了儿童的被动活动的枷锁，从而大大激发了幼儿搭积木的兴趣和积极性。他们在兴高采烈的活动中，积极动手动脑，充满信心和积极性，并且提高了搭积木的能力和水平，积木游戏出现了新气象。在我们所拍的录像带中留下了许多动人的画面，如小班游戏一开始，一名幼儿高兴地说："我要搭动物园。"中班儿童聚精会神地搭曲桥，搭水榭，大家一起搭了白鹭洲公园；大班儿童搭桥、楼房、舞厅、儿童乐园和动物园，组成了美丽的乐乐公园。

儿童在搭的过程中，开动了脑筋，克服了困难，学习了如何协作，看到了可喜的成果，增强了自信心，促进了身体的、智力的、情感的和社会性的发展。中班幼儿在搭桥中设计了新颖的双层桥，克服了搭引桥的困难；在搭亭子的过程中学习怎样立稳四根柱子，怎样搭台阶；在搭楼房中，学习怎样搭好楼顶。大班幼儿创造性地用积木搭出了各种动物，如狮子、鸟、白兔等，搭出了桥的栏杆，这些都是幼儿自己经过多次的尝试、互相协作而取得的成果。

发展儿童的主动性是学前教育改革的关键，幼儿教育工作者长期在被动灌输的传统教育束缚下或多或少有求稳怕乱的想法，怀疑强调发展儿童的主动性是否会造成混乱。但儿童主动性搭积木的活动取得了良好的成效，儿童快乐活泼，获得了健康的发展，同时各项活动也井然有序，从而坚定了教师树立以儿童为主体、培养儿童主动性的理念，加强了教师推进教育改革的信心。

第四部分　通过积木游戏发展幼儿创造潜能

向儿童进行创新教育是21世纪教育改革中的重要课题。幼儿创新教育就是初步培养幼儿的创新精神和创造能力，为长大后成为创造型人才打下最初的基础。创造是人的素质的综合体，包括创造的动力系统、认知系统、个性系统和行为系统。动力系统包括创造的动机与需要以及创造意识等；认识系统包括注意、感知觉、记忆、想像和思维等，其中以发散性思维最为关键；个性系统指个性品质等，如自信心、进取心、坚持性、独立性等；行为系统是指各种外显行为和创造技能等。创造素质是以上四者的综合整体。

学前儿童具有创造的潜能，他们兴趣广泛，好奇心强，主动地去探索周围事物，并在探索中得到自我满足。学前儿童的认知发展尚处在感知运动阶段和前运算阶段，他们的创造力是以其特有的认知发展阶段和知识经验为背景的，所以具有自发性强、目的性差的特点，表现在活动与操作或具体直观的事物中，就是想像力活跃、表现的空间大、不受拘束。

积木是具体、直观的，又能动手操作，简单形体的小木块，能搭出多种多样的建构物，能激发幼儿兴趣，调动幼儿的思维和想像。而且搭积木又能反复地更改、变化，允许儿童不断地尝试和探索，成果又立即可见，这样，积木游戏就为幼儿发展创造力提供了广阔空间，是当前发展幼儿创造力有力、可行的手段。我们为研究积木游戏发展幼儿创造潜能这一设想，2001年在南京实验幼儿园大班进行了一学期的实验研究。

该班儿童31人，年龄3岁8个月至6岁4个月，男孩17人，女孩14人；教师2人，教龄分别为7年及18年。

（一）实验目的

（1）发展幼儿的主动性、创造性及想像力，培养幼儿创新精神的萌芽，提高幼儿综合素质。

（2）在系统研究幼儿积木游戏的基础上，结合我国教育改革实际，提出幼儿园普遍可行的、创新教育的措施。

（3）通过实践，促进教师树立以创新教育为核心的教育理念。

（二）实验过程

1. 了解幼儿原来搭积木的情况和水平

该班原有积木数量少，形体少，类型分散。有小长条积木（长7.5厘米，宽2.5厘米，厚1.5厘米）104块，小方块积木（3厘米）206块，另有几盒彩色小积木。室外有一套中型积木。实验前幼儿只是一般地进行积木游戏。如在2001年3月一个下午该班的积木游戏：18位儿童分坐了3张桌子，桌上放有一些积木。每个儿童自己取拿桌上积木，多则20～30块，少则10多块，各人自由搭建。幼儿搭了简单的楼房、平面的城堡，还有大码头、基地、公园、船等，搭简单的平面物体较多，儿童边搭边玩，都玩得津津有味。走廊上的中型积木区有三位儿童在搭楼房、公园和高速公路，主要由一位搭积木水平较好的儿童搭，其他两位儿童做助手。

为了进一步了解搭积木游戏的实际情况和水平，在该班选了有代表性的9名儿童，提供较多的积木，进行了个别测查，并进行录像，兹按儿童搭积木的级别标准分析测试结果如下表。

大班儿童原有搭积木水平测查结果

儿童	级别	分数	搭　建　内　容
A	八	8	选积木熟练，搭了城堡，四周包围，先搭主楼，再扩充其他建筑，注意装饰，加固（见照片一）
B	七	7	搭立体围合房屋，但不对称，杂乱。“庙，有很多挂像，很多人在看。”

续　表

儿童	级别	分数	搭　建　内　容
C	五	5	能搭门，但反复拆，未搭成，想搭城堡
D	六	6	平铺一条作为房子，用有动物的积木搭围墙，“亭子，里面有花、小动物爱来玩”（见照片二）
E	五	5	把有动物积木排成一排，再装饰，不对称，动作慢
F	六	6	用拱形  三块排成底座，第二层有顶，搭很高（照片三）
G	六	6	搭平面门楼，两边有延伸的“公园”
H	七	7	搭主体五层小高楼，注意对称和装饰，城堡，搭得较慢
I	八	8	较熟练地搭立体房，以拱形为底座，长条为楼板，搭三层楼，整齐，高房子
N=9		58	平均分为 6.4

说明：① 一般搭平面的门楼或其他建构物（见照片二、三），两人未搭。② 三人能较熟练地搭立体房屋，整齐、对称（见照片一）。③ 2 人八级，2 人七级，3 人六级，2 人五级，平均分为 6.4。④ 参照 1989 年在一大班所进行的个别测试平均分 6.9 分，本班幼儿搭积木水平一般。

2. 改进积木游戏的环境

增加桌上 6 盒清水积木（每盒 30 块，单位积木长 10 厘米，宽 5 厘米，厚 2.5 厘米），增加方形、圆形等小木板，便于幼儿用做房顶，并增加其他辅助材料，如各种小积塑和胶卷盒等。增加搭积木时间，除每天游戏时间可以自由搭积木外，每周上午有一次固定时间用来搭积木，以保证研究活动的进行。教师重视、支持，并对幼儿搭积木进行拍照和录像，也能增加幼儿搭积木的信心和兴趣。

照片一　立体城堡

照片二　平面房屋

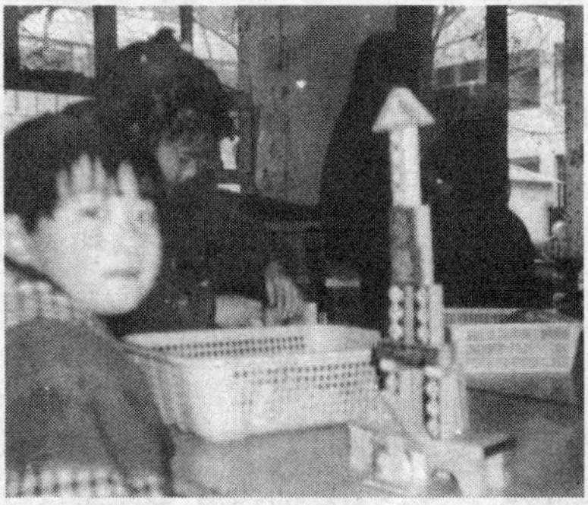

照片三　楼

3. 以发展幼儿创造潜能为主线，通过多种活动鼓励幼儿搭积木的主动性和创造性，使幼儿动手、动脑和运用各种感官，有效地提高幼儿搭积木水平

首先鼓励幼儿动手自主搭积木，幼儿在开放的自主的气氛中搭积木，能激发兴趣，活跃想像力和创造性，进一步迸发积极性。可轮换用各种方式搭：个别搭，自由组合两三人一起搭，按主题小组搭。如幼

儿自己提出五个主题“桥”、“幼儿园”、“轮船”、“北京建筑”、“房屋”，幼儿自由组合，各组都会有很大进步。

4. 在搭积木过程中应重视语言和思维作用

让幼儿把动手、动口、动脑结合起来，通过语言、思维活动，可说明有关搭积木的活动，也可整理、交流搭积木的知识、经验，开阔思路，表达自己的思想感情，促进左脑和右脑的协调发展，提高幼儿素质。可采取下列多种方式，引导幼儿谈话和讨论交流。

(1) 把搭积木和说话结合起来。在幼儿搭成建构物后，有同伴或其他班幼儿或老师来参观，要求幼儿说出搭的是什么、有哪些部分、有什么用处；参观的幼儿也提出看法，说说好在哪里、怎样改进；有时教师还为建构物拍照。这样既整理、交流了经验，锻炼了思维，又提高了幼儿搭积木的兴趣和信心。有的幼儿在与教师个别谈话时，说出喜欢搭积木，是因为有小朋友来看，还能拍照。这种同伴的认可，增加了他的信心。

(2) 教师设计主题，进行大组讨论。如“有趣的积木”的讨论，旨在引导幼儿整理和交流搭积木的经验和想法。通过“你喜欢搭积木吗？为什么？”“过去搭过哪些东西？还想搭什么？”“怎样才能搭得好？”等问题，了解、交流幼儿对搭积木的兴趣和经验。在问“需不需要老师帮忙”时，老师感到很意外，多数幼儿说不要老师帮忙。老师进一步启发：“遇到困难时，要不要老师帮忙？”幼儿说：“我们自己想办法。”“老师想的和我们不一样。”“老师搭，我们就没有玩的了。”老师发现大班幼儿的自主意识强烈，不希望老师过多“指导”。

又如“认识新积木”的讨论，旨在让幼儿自己发现新积木的形状及各种形状、大小间的关系，如三角形与正方形、半圆与圆有部分与整体的关系，小长方条积木是大长方条积木的一半等等。幼儿在操作、比较中发现这些整体与部分及比例关系，在搭积木中就可以灵活运用各种积木并能用相关的积木去代替缺少的形状，使建构物更整齐、美观。在讨论“各种形状的积木可以有哪些用处”时，幼儿指出拱形积木可以作为电话听筒、汽车的轮子、桥墩、花墙、中式房屋飞檐、两个拼起可做钟等，三角积木可当作小人、旗、指路牌，还可做电脑的鼠标，两个拼起可做搭墙的砖，三个拼起可搭成房屋顶上装饰等。

5. 通过参观、观察和鉴赏，丰富幼儿关于建筑知识的经验，开拓幼儿建构的源泉

因为实验时已是大班第二学期，所以在过去参观旅游的基础上，观察、鉴赏有关建筑的挂图、图片和幻灯，如观看所熟悉的南京长江大桥的挂图，着重观察、分析桥的结构，以及有多少桥墩等。挂图放在活动室内，有的幼儿在搭"南京长江大桥"时又来观看图片。又如欣赏北京建筑的图片，观察了天安门、人民大会堂、毛主席纪念堂、天坛、北海公园的五亭等挂图和图片，注意到天安门有几层、几个门洞，人民大会堂的台阶和高柱、天坛的圆形特点及中国建筑的飞檐等。在观看外国名建筑的幻灯片中，幼儿观看印度的阿尔卡拉寺、君士坦丁堡的凯旋门、意大利的米兰大教堂等，直觉感受到这些建筑的不同风格和特点，分析了建筑样式、门、屋檐等有哪些不同。此外，每次积木游戏结束前，幼儿还互相观看、评价所搭建筑物。通过这些活动幼儿获得了建筑物的清晰形象，发展了幼儿的想像力和创造力，丰富和扩大了搭积木的内容，提高了搭积木的技能。

（三）实验结果

1. 丰富和扩大了幼儿搭积木的内容，发展了幼儿的想像力和思维，活跃了创造力

搭积木是一种表征方式，通过所搭建构物，把幼儿想像的东西反映出来，使幼儿觉得有趣、好玩。幼儿在原有知识经验的基础上，通过搭搭、说说、看看，丰富和扩大了搭积木的内容。除了搭"幼儿园"、"公园"、"城堡"、"机场"、"轮船"、"坦克"以外，幼儿搭了"长江大桥"（照片四）、"天安门"、"毛主席纪念堂"、"天坛"、"人民大会堂"（照片五）、"北海公园"、"凯旋门"、"艾菲尔铁塔"、"金字塔"、"外国教堂"（照片六）、"轮船与水上建筑"，搭了电影中的"泰坦尼克号"（照片七），还搭了我国古代的"黄鹤楼"（照片八）、"滕王阁"，有的幼儿还搭了没有看过的

"圆明园"。老师问他，他说："我没有看过，我自己想的。"搭这些主题的建构物的过程，能激发幼儿的想像力和创造力，如一个幼儿搭了"自动化飞机场"，在飞机跑道两边有两个大夹子，他说："飞机进场后，两只大夹子把它夹住，就不会飞掉。"又如一幼儿在搭大桥时说："这是南京到北京的大桥，这桥可以升高，可以降低，晚上可以睡觉。"这些是多么美好、天真的想像和创造！

照片四　南京长江大桥

照片五　北京人民大会堂

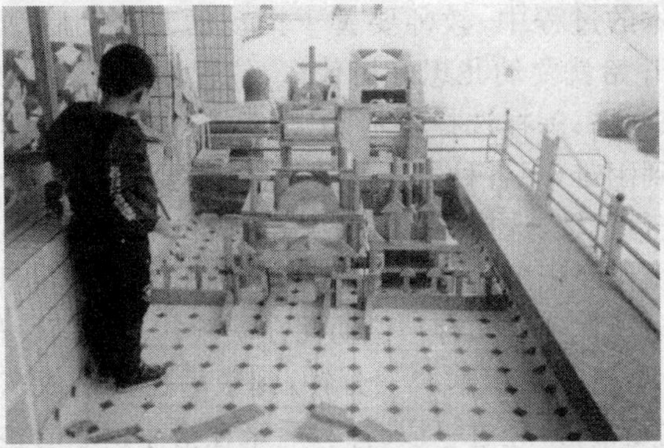

照片六　外国教堂

照片七　泰坦尼克号

照片八　黄鹤楼

在搭积木的过程中，教师要善于推动幼儿开动脑筋，发展思维。搭积木从一开始就要幼儿想好搭什么，位置选在什么地方；怎样搭第一步，然后怎样搭；怎样选择积木；怎样能搭得平稳，搭得像，怎样能对称、美观；遇到困难，想各种办法解决，这些都要求幼儿开动脑筋，想出多种方案，进行比较、选择，并不断实验。搭积木的过程就是幼儿通过具体实物的操作而积极地思维的过程，这种思维活动在思维较慢的幼儿身上更容易观察到。如有一位幼儿在实验初拿起两块积木，不知如何摆放，有时举起一块积木二三分钟，到最后也没搭成东西。但他喜欢搭积木，也经常搭，经过一段时间，后来在搭小房子时也出现反复考虑的情况，但在同伴的帮助下，能搭出楼房等。在搭积木过程中实际锻炼了他的思维能力，有了进步。

2. 创造性运用各种积木

一套积木的各种形体是固定的，但是幼儿所搭建构物多种多样。搭积木的需要能激发幼儿想办法，创造性地使用各种积木。如班上有一套长条积木（长 7.5 厘米，宽 2.5 厘米，厚 1.5 厘米），红黑两色，共有 104 长条。幼儿常用这套积木搭平面的“基地”、“隧道”、“自动化飞机场”等平面建构物，而不易搭出立体的建构物。但有一幼儿用这套积木搭了北海公园五座亭子，用三根积木叠起作一根柱子，亭子有六根柱子，再用长条互相支撑而搭起塔顶，其工艺使人想起中国古代的木拱桥，用木条互相支撑搭成桥，真令人惊叹幼儿的创造力。这位幼儿在亭外还搭了一座自动开关的大门，说：“有身份证这门就会自动开开，坏人就不会进来了。”（见照片九）

在搭积木过程中，儿童逐步发现一种形体的积木有多种用途。如幼儿很喜欢的拱形积木，常常被当做“电话”或“门”、“桥墩”，还可以做小汽车车身，后来发现两块这样的积木还可以当做圆窗子，当做钟，或作为公园房屋的花柱子及中式建筑的飞檐等。

儿童还能创造性地运用各种辅助材料，如他们在搭“北海公园”时，用雪花胶粒搭围墙，在搭“儿童乐园”时又用雪花胶粒搭假山、喷水池，幼儿不但搭天坛时用胶卷盒，搭“军舰”时还用胶卷盒做大炮，当发

照片九　北京北海公园

射架。

3. 通过反复尝试和探究，解决搭积木中的问题和困难，并树立克服困难的信心

用有限的形体和数量的积木搭成各种建构物，要求搭得稳、像和美观，并没有陈规可循，教师应要求幼儿反复尝试和探究，学会一定的建构技能。幼儿用积木搭成的建筑物很容易倒，反复搭两三次才稳，这是常遇到的情况。搭积木是幼儿的一种探究性学习，这锻炼了幼儿面对挫折的能力，并培养他们勇于克服困难，树立克服困难的信心，体验战胜困难的喜悦。一位幼儿说："搭积木很有趣，积木要倒了，我能使它不倒。"班上提供的积木是有限的，常遇到积木不够的困难，要求幼儿想出各种办法，如搭桥墩，拱形积木不够，幼儿就试探着用各种积木，如用小长方形积木上加长条积木（）等等。

又如搭北京天坛，搭圆形建筑是一个难题，幼儿尝试了几次，用了几种办法，都没搭成，后来终于想到用辅助材料，照片胶卷盒搭成一圈，再加上小长方形积木，圆顶建筑便搭成了。对圆顶的表现，幼儿也想出用大的半圆积木()放在中间,旁边放四个小半圆()的办法。又如搭外国教堂要有十字架,没有这形状积木,用长方和小长条积木试搭几次都不成,最后幼儿就想起用小长方积木作底,上加一长条横放(),上面再竖一长方条(),十字架就搭成了。还有用三块三角积木()竖起来,成为尖顶,等等。

4. 从幼儿自身的感受看,幼儿喜欢搭积木,认为积木有趣有益

在实验结束时,作者与全班每一幼儿个别谈话,了解幼儿对搭积木的亲身感受。在被问到“喜不喜欢搭积木,为什么”时,27 位幼儿中只有一位说搭的少(因故未参加),不很喜欢;26 位幼儿都说喜欢搭积木。在问“为什么喜欢搭积木”时,幼儿的回答很有趣:

开动脑筋,发展创造力	9 人
学知识学本领	2 人
能搭出有趣的、表现想像力的不同的东西	1 人
有趣,要倒,能使它不会倒	2 人
新积木,积木上有娃娃等	2 人
和别人在一起玩	1 人
可以拍照,小朋友来参观	1 人

从以上可以看出,搭积木使幼儿感受到动脑筋,学知识,发展创造力,而且好玩、有趣,这正是搭积木的效果,也是我们实验研究的目的。特别是最后两项幼儿自己的感受,出自两位能力较差的幼儿,积木游戏为他们提供了和同伴一起游戏的机会,使他们高兴。搭积木的成果能拍照,有小朋友来参观,感到受到重视和得到同伴的认可,看到自己的闪光点,培养了自信心,为发展想像力、创造力注入了力量。

5. 幼儿搭积木的内容和技能有了明显进步

其测试结果如下:

大班实验末测试结果

儿童	级别	分数	内　　　容	前测分
A	九	9	搭座楼房，注意对称，有装饰，前面有一门楼，能有创意使用积木	8
B	八	8	楼房，注意装饰，但有的不对称，在搭时有创造性，搭了桥墩和车辆	7
C	六	6	搭门不熟练，四周包围搭得慢，需提醒，新积木搭时较熟练	5
D	八	8	搭三层楼房，装饰细致，前面有桥，用新积木搭船，有创意	6
E	六	6	搭幼儿园有滑梯等，桥搭得杂乱	5
F	九	9	搭多层的金字塔，有新意，还搭了三辆坦克	8
G	六	6	房屋，装饰零碎，无顶，四周包围	6
H	九	9	城堡，边上是公园，有围墙	8
I	九	9	城堡，更改多；船	8
N=9	0	7	平均分 7.8	平均分 6.4

实验末测试有录像，可与测试前相比较，此次测试平均分为 7.8 分，比实验前测试平均分 6.4 分，进步了 1.4 分。

儿童们的进步还可以从小组主题搭建中看出，如“房屋”组，一人搭了“黄鹤楼”，一人搭了“滕王阁”，还有一位能力较差的也独自搭了较复杂的厕所，每人搭的建构物都各自有创意。搭“桥”的小组解决了搭斜坡的难点，又搭了桥头堡，并在桥上加小旗加汽车作为装饰。

儿童在搭积木的过程中学着解决出现的一系列问题和困难。本研究增进了每个幼儿搭积木的兴趣和主动性，提供不断尝试和探索的机会，为幼儿提供发展创造力的平台，开发了幼儿的创造潜能；同时又是幼儿园实施创新教育的一个窗口，教师也通过这次实践逐步增强了创新教育的教育理念。

这次实验得到南京实验幼儿园领导的大力支持及大班刘晓兰、黄菲两位老师的参与、协作，克服了大班儿童幼儿园结业时其他活动较多，及该园建造新大楼及拆迁房屋的困难，使研究得以完成，在此一并致谢。

第五部分 学前儿童搭积木的发展阶段

学前儿童搭积木从不会搭到会搭，从搭简单建构物到复杂建构物，变化多样，有一定发展倾向。一般来说，学前儿童搭积木主要是以儿童身心发展水平为背景的。具体影响因素有：儿童对周围世界的知识与经验，搭积木的经验和技能，对外界物体的直觉，对三维空间的理解和掌握能力，手的精细动作的发展，手眼协调能力，通过具体形体的表征能力，想像力的发展，思想情感的表达，搭积木规则和结构过程的理解，艺术的表现能力等等。同时，游戏的外界条件方面也很重要，包括充分的积木材料和游戏时间、适宜的游戏场所、成人和同伴对游戏的支持和鼓励等。了解学前儿童搭积木的发展可以帮助成人进一步了解儿童，有利于成人有效地支持儿童搭积木的兴趣和发展，同时也对儿童身心发展水平提供了具体资料。

关于学前儿童搭积木的发展，自 20 世纪 30 年代就有一些研究，如美国赫瑞特·约翰逊（Harriet Johnson）、玛乔里·贝利（Marjory Baily）等以及 50 年代埃特罗尔·罗宾逊（Eteanal Robinson）的有关研究。其中赫瑞特·约翰逊的研究较系统全面，他所研究的学前儿童搭积木的发展阶段至今为人们所引用（附录四）。但结合我国当前社会、经济和文化的特点，我国学前儿童搭积木的发展阶段，尚未见有研究材料。因此为了加深对积木游戏的认识和促进其发展，我国 80 年代把学前儿童搭积木的发展阶段作为研究课题之一。

我们自 1983 年在南京第一幼儿园小班研究搭积木游戏时，就有计划地进行了对儿童的个别测试。选用同样桌上清水小积木一盒（见附录三)、各种形状积木共 46 块,用同一指导语:“这里每个小朋友有一盒积木,现在我们搭积木,看谁能干,能搭出好玩的东西。”每次 8 位儿童分坐四张桌前,搭好后老师来看,并让儿童说出搭的是什么,成人将建构物画下或拍照。继之在 1988 年至 1989 年对南京市托儿所与幼儿园[1]一岁半至六岁半儿童逐一进行个别测试,用与上述同一积木与指导语,并进行录像。样本一共 284 名儿童,一岁半至三岁计 58 人;三岁至六岁,按年龄分三级取样,每一级 60 人;六岁半至七岁 46 人。男女儿童约各一半。

根据所测试资料的分析、整理,曾经将学前儿童搭积木的发展阶段分为 15、12、10 个阶段,因其中有些重复,后来又分为 8 个阶段。

(一) 学前儿童搭积木的发展阶段

第一阶段(一岁半至二岁):不会搭,光拿着玩、敲、扔,拿起放下,乱堆积木。

第二阶段(约二岁至三岁):用五块以下积木搭成简单物体,如椅子、汽车、火车。

第三阶段(约三岁至四岁):用同样积木排列,一一竖放,排横行,搭高,逐渐有规则地搭积木。

第四阶段(约四岁):较整齐地搭平面建构物,如火车、房屋。

第五阶段(约四岁至五岁):学会搭桥,竖放两块积木,中间有空档,再把第三块积木放在上面,如门楼。同时出现四周包围的空间,搭有围墙的房屋。

第六阶段(五岁以上):运用多种技能搭立体建构物,表现物体的特征,整齐、对称,如楼房、轮船。

第七阶段(六岁左右):搭出特定建构物,形象逼真、美观,有装饰,如城堡、天安门。

第八阶段(六岁至七岁):表现建构物的细节,用几部分组成场

[1] 取样园所:南京市第一幼儿园,天妃宫幼儿园,南京市实验幼儿园,商业局幼儿园,南京师范大学托儿所,儿童保健所托儿所,下关工厂托儿所、幼儿园。一并在此致谢。

面，构思新颖，有创造性、美观。如美丽的宫殿、轮船、艾菲尔铁塔、儿童乐园等。

（二）在这次对学前儿童的个别测试及材料整理中，还发现以下结果

1. 学前儿童搭积木的发展阶段遵从按年龄发展的趋势，但同一年龄搭积木的发展水平有很大的差别，按所拟的10级级别标准可差三四级

三岁儿童可达到六七级，五六岁儿童也有处于四五级较低水平的。在所做的测查中，都按儿童的年龄班级进行，各个班级都出现这种儿童搭积木水平的个别差异很大的情况。

2. 男女儿童在搭积木发展方面没有性别差异

这与玛丽·莫西（Mary Massy，1969）所研究结果一致，而与美国缪里尔·法雷尔（Muriel Farrel，1957）所研究结果不一致，他研究的结果是男孩搭积木的人数是女孩的五倍，时间是女孩的两倍。这主要是由于不同社会中男女的地位不同及习俗的关系，以及教师与家长对积木游戏的影响所形成的。

3. 在儿童搭积木的发展阶段方面，与赫瑞特·约翰逊的研究结果大轮廓上相一致，但出现儿童搭个别物体进行游戏的情况较多，从三岁到六岁都有

这一方面与搭个别物体是搭积木的初始阶段，一方面也与班级积木较少，而同时搭积木儿童又多这一情况有关。

4. 儿童搭桥的技能和四周包围的技能几乎同时出现，所以列入同一阶段

5. 儿童在某一阶段持续时间的长短，各个儿童和各个阶段都不同，有时还出现停滞或回归到前一阶段的情况

由于所取样本数量不多，样本来源都取自幼儿园或托儿所，对于学前儿童搭积木的发展阶段还应继续进一步研究，并可细致分析社会文化与环境对儿童搭积木的影响。

附录一：普莱特单位制积木的基本形体〔1〕

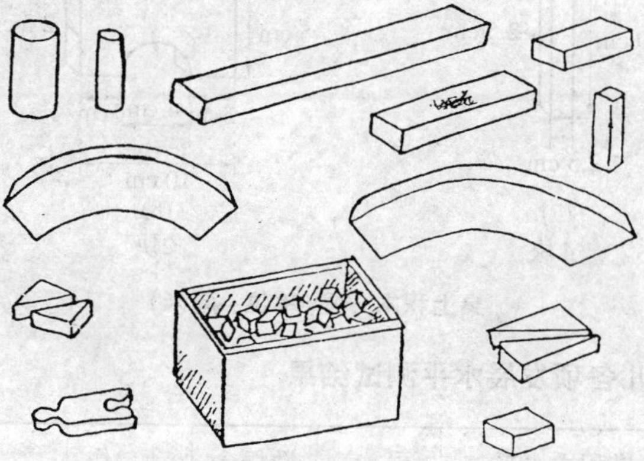

全套积木

附录二：测试用积木一盒

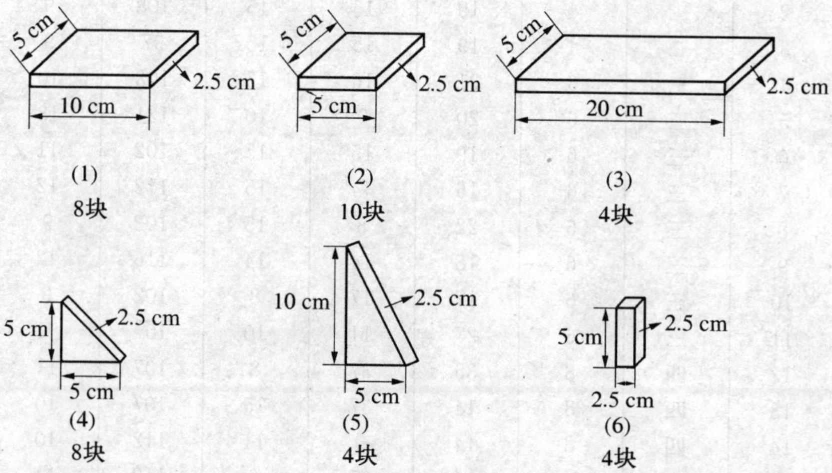

〔1〕 Basic Shapes of Pratt's Unit Blocks. From Harriet Johnson, The Art of Block Building, 1993.

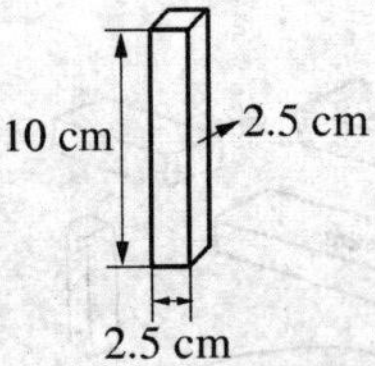

(7)
4块

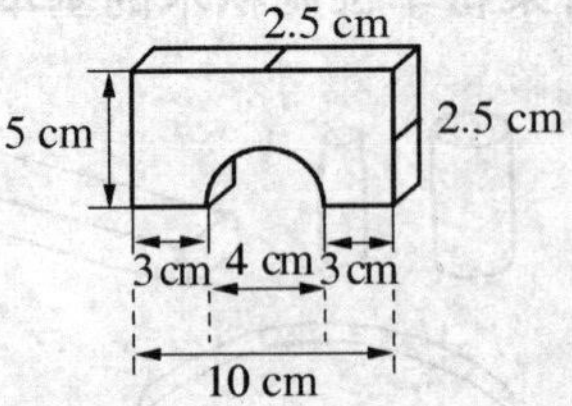

(8)
2块

桌上积木一盒(单位：厘米)

附录三：幼儿各项发展水平测试结果

幼儿编号	搭积木水平		语言	数概念	动作	比奈测量	
	级别	分数	（分数）	（分数）	（分数）	智商	总分
1	二	4	19	15	15	121	13
2	二	4	19	15	15	108	9
3	二	4	19	15	15	97	9
4	三	6	31	16	15	103	10
5	三	6	20	9	10	121	13
6	三	6	19	15	15	102	11
7	三	6	16	44	15	112	12
8	三	6	22	8	15	102	9
9	三	6	18	14	14	116	12
10	三	6	17	17	8	102	9
11	三	6	27	11	10	107	11
12	四	8	35	37	8	107	11
13	四	8	14	37	15	107	10
14	四	8	14	9	11	112	10
15	五	10	19	37	6	112	14
16	五	10	22	18	15	99	10
17	五	10	21	17	14	99	10
18	六	12	18	19	14	116	12

续 表

幼儿编号	搭积木水平		语 言	数概念	动 作	比奈测量	
	级别	分数	(分数)	(分数)	(分数)	智商	总分
19	六	12	19	34	13	121	14
20	六	12	18	14	12	107	11
21	六	12	15	17	13	130	16
22	六	12	33	37	14	124	16
23	七	14	19	16	14	107	11
24	七	14	18	23	14	120	15
25	七	14	21	22	15	116	14
26	七	14	18	18	14	130	16
27	七	14	14	10	8	112	13

附录四：赫瑞特·约翰逊所提出的儿童搭积木的发展阶段〔1〕

赫瑞特·约翰逊在20世纪20年代研究了儿童搭积木的发展阶段：

阶段一：(两岁以下)积木不是用来建造的。儿童拿着一两块积木玩弄，对积木多方面探究，不断地转动积木、丢掷、推，把积木竖着放。在这阶段儿童先把一块积木多方面仔细探究，然后再用两块三块或较多积木。

阶段二：(两或三岁)搭积木活动开始出现。儿童喜爱把积木排成行，排成横条或搭高"重复地拿着一块积木当作汽车或火车推着玩"这是这阶段特有的模式。

阶段三：(三岁)开始出现架桥。竖立两块积木，中间有一定距离，把第三块积木横放在上面连起来。在这阶段仍有排横行和搭高，搭桥说明儿童能解决搭积木中的问题。

---

〔1〕 Harriet M. Johnson, The Art of Block Building, Bank Street College Publication, New York, 1962 reprint.

阶段四：(二三四岁)会用四块积木围起封闭的空间。儿童知道空间的里面和外面。有了四周围合和搭桥的技能，就出现了一些较复杂的建筑物。

阶段五：(四岁)当获得搭积木的一定能力后，装饰的各种样式就出现了，在建筑物上有了对称。建筑物虽然没有名字，但已变得较精致了。

阶段六：(四到五岁)在这阶段前，建筑物的名称并没有和它的实际作用联系起来。现在儿童开始进行角色游戏，而以建筑物的实际功能命名它了。

阶段七：(五岁及五岁以上)搭积木以建构或表征实际生活中的建筑物。积木的建筑物成为角色游戏内容的组成部分。

2003 年

第三篇

专题文选与讲座

学前教育讲座

第一讲　学前教育的重要意义

学前教育指从出生至六岁婴幼儿的教育，包括三岁前的先学前教育和三至六岁的幼儿教育。近年来，由于党和国家号召全党全社会都来关心少年儿童的健康成长，因而学前教育越来越受到人们的重视。江苏省学前教育事业也在蓬勃发展，广大托幼工作者正在学前教育岗位上辛勤地劳动着。

回顾学前教育的历史发展，从国际而言，是近一百多年的事。人类长期以来都不了解自已的童年时期，对婴幼儿有种种不正确的看法，因而忽视了对他们的教育。如把婴幼儿作为私人财产，任意支配甚至买卖或溺婴；抹煞婴幼儿身心特点，把他们当作小大人，要求他们像成人一样行动，如长时间坐着不许动；认为婴幼儿无知无能，不需要教育，抚育婴幼儿不过是人人都会的日常家务等等。一直到 19 世纪英国空想社会主义者欧文和德国教育家福禄倍尔创办了婴幼儿教育的专门机构——托儿所、幼儿园，以及随着生理学和心理学的逐步发展，学前教育才逐渐引起社会的重视。我国在清末(1903 年)开始建立少数幼儿园，解放后学前教育才有了较大的发展。学前教育是一项新兴的事业，所以，研究和阐明学前教育的重要性，对提高学前教育的质量，发展学前教育事业都是非常必要的。

学前教育的重要意义可从学前教育对社会的职能和学前教育对婴幼儿发展的作用两方面来说明。

(一) 学前教育对社会的职能

1. 学前教育为培养年轻一代成为社会主义建设者打下最初的基础

在我国社会主义现代化的建设中，科学是关键，教育是基础。随着现代科技的发展和生产力的提高，要求具有一定水平的熟练工人和技术人员参加生产劳动和企业管理，劳动智力化程度不断提高，而这些要求必须通过教育才能实现，因此，教育成为经济发展的一个重要因素。日本在战后经济发展的速度很快，其重要原因之一就是重视教育和人才培养。学前教育是我国学制中最初的一环。学前教育与各级各类学校教育（小学、中学、职业技术教育、高等教育）一起共同担负着为国家和社会培养社会主义建设者的任务，而学前教育是学校教育的基础，受过托儿所幼儿园教育的六岁儿童，在身体上、智力上、道德品质上和其他儿童已有显著差别，入学时起点不同，对学校教育质量和年轻一代的发展有很大的影响。学前教育能为提高社会主义建设者的素质打下最初的良好基础。

2. 学前教育为广大家长解除后顾之忧

减少子女对家长的牵累，使他们能精力充沛地参加各项建设工作，学前教育是直接为当前的四化建设服务的，在保护和解放劳动力方面起了很大的作用。

（二）学前教育对婴幼儿发展的作用

婴幼儿的发展是指婴幼儿身体的生长发育和心理的发展。关于学前教育在婴幼儿发展中的重要作用，虽然很早就为一些哲学家和教育学家如柏拉图、夸美纽斯、福禄倍尔和乌申斯基等所论述，但是他们还只是根据一般的观察和经验来说明的。直到19世纪末叶以后，由于科学的发展，特别在近二三十年来对大脑研究的进展和现代技术的发展，通过大量的实验研究，才进一步科学地论证了学前教育在婴幼儿发展中的作用。下面简单地分四个问题来说明。

1. 教育在影响婴幼儿发展的因素中的作用

婴幼儿的发展受遗传、环境和教育三种因素的影响。遗传指遗传素质（如生理解剖特点）从上代传给后代的现象。环境指婴幼儿的生活环境。教育指对受教育者有目的、有计划的影响，也可以说为促进受教育者身心发展而组织的特殊环境。对婴幼儿而言，环境和教育便结合在一起，因为婴幼儿主要是从生活环境中受教育的。遗传、环境和教育在儿童发展中的作用是一个长期有争论的问题。根据一些实验研究材料，我们认为遗传素质是婴幼儿身心发展的物质前提，它提供了身心发展的可能性，例如失明的婴幼儿是无从发展视觉的。人的遗传素质如大脑的结构和机能是有差别的，但一般地讲，大多数人的遗传素质相差并不很大。遗传素质所提供的只是身心发展的可能性，必须在一定的环境和教育下才能变为现实。环境和教育在婴幼儿发展中起更重要的作用。婴幼儿的发展是自己的主观能动性和遗传、环境和教育相互作用的结果，而不是天生的。

2. 环境和教育对婴幼儿的影响从什么时候开始

过去，人们总认为出世不久的婴儿无知无能，什么也不懂，谈不上教育。儿童心理学的实验研究证明：婴儿自出生后，除睡眠外，就能通过感觉器官不停地看、听、活动，从周围环境获得信息，并加以整理。如出生几天的新生儿能辨别味道、气味等，三周时能模仿成人的吐舌动作，对周围环境有所反应。有实验表明：对 5 名新生儿每小时按摩 5 分钟，他们就比另 5 名新生儿长得快些，七八个月时更健康活泼些。这说明环境和教育从出生时就对新生儿有影响了。随着婴儿神经系统的发展，在环境和教育的影响下，他们的认知和学习能力不断发展，如 5 个月会分清熟人、生人，9 个月听见“再见”会招手，一岁半会讲“妈妈走了”这样简单的句子。婴儿有学习的能力，从出生起就是对周围环境的主动探索者，这一认识是最近二十多年来儿童心理学领域的最重要的成就。

还有许多研究材料说明：在出生前，胎儿就受母体环境的影响。母亲的营养、疾病、服药、情绪以及吸烟、饮酒都对胎儿有一定的影响。如母亲营养不良，出生后婴儿的脑细胞数量就低于正常婴儿脑细胞的数量，并影响婴儿智力的发展。

3. 环境和教育对婴幼儿发展的具体影响

一些研究材料说明：良好的环境和教育能促进婴幼儿的发展，反之，则阻碍他们的发展。这方面的证明材料是很多的。如我国有人曾对 37 个超常儿童进行追踪研究，发现他们在学前期几乎都有良好的教育和环境。国外传记作家对四百位名人摇篮时期的研究也获得和上例相同的结论。近年黔阳有人对受过与未受过幼儿园教育的小学、中学学生在品德和智力方面的表现作了调查,发现他们在小学、初中和高中都有明显差异。如调查小学三年级 386 名学生,受过幼儿园教育的学生中三好生占77.5%,语算两科 90 分以上者占 34.5%;而未受过幼儿园教育的学生则分别为 25.4%、15.9%。调查高三学生 794 人,受过幼儿园教育的三好生占 67%,考入大学的占 20%,而未受过幼儿园教育的学生则分别为 13%、3%[1],以上说明受过幼儿园教育的幼儿在品德和智力方面发展较好。国外有人对孤儿院 25 名 19 个月婴儿进行实验,按智力分为两组,对智力较差的第一组改善其环境,有专人照顾,对智力较好的第二组则仍旧是原来的孤儿院环境。4 年以后,第一组幼儿智力有了提高,跟踪研究二十年后,他们大都读完中学,有三分之一升入大学,都能自立。而第二组幼儿智力逐渐落后,读书不超过小学三年级,以后不能自立,仍旧留在孤儿院。此外,正常的亲子关系和成人对婴幼儿的关心爱护也影响婴幼儿智力和情感的发展。有人对第二次世界大战期间失去父母的数千名儿童进行研究,发现早年丧失父母和正常家庭环境对儿童日后智力和行为的发展极为不利。以上正反两方面实验研究材料说明环境和教育对婴幼儿的发展起决定性的作用。

4. 为什么环境和教育对婴幼儿有决定性的作用

人脑是机体的统帅,是心理发展的物质基础。婴幼儿对周围环境的认识和行为习惯的形成,都是在外界环境的作用下而形成的暂时神经联系。学前期正是大脑迅速发育时期,其中尤以胎龄十八周至出生后两岁为关键时期。从大脑重量来看,出生后增长很快:初生时 350～400 克,六个月时 650 克,一岁时 900 克,为成人脑重(1 500 克)的 6/10,两岁时为 1 000 克,六岁时 1 300 克,为成人脑重的 9/10。在脑的迅速发展时期,外界的新鲜刺激,能留下深刻痕迹,而且正在发展

〔1〕 参见《教育研究》1982 年第 6 期。

的脑具有较大的可塑性，容易接受外界的刺激。婴幼儿又是世界的生客，对周围一切感到新奇，有探究的愿望，所以环境和教育在学前期具有更大的作用。国外有人对近千名儿童从诞生一直追踪研究到成年，研究结果发现五岁前是智力发展最为迅速的时期，环境和教育在这一时期影响最大，而对以后各时期的影响则较小。

在20世纪60年代有人对婴白鼠进行研究，发现丰富多彩的环境能使白鼠的脑皮质增厚、加重，早期经验能改变脑的结构。还有人认为有机体往往在生命的早期出现发展某一特定能力的敏感期，如二至三岁是幼儿学习口头语言的敏感期，出生后到四岁左右是发展形状知觉的敏感期等。这些研究虽有待进一步深入，但也能从这些方面开始揭露生命头几年的奥秘及环境和教育的重大作用。

《幼儿教育》，1983年创刊号

第二讲　幼儿园是教育机构，是幼儿生长和学习的乐园

幼儿园是对三至六岁幼儿进行教育的机构，教师是教育幼儿的主要人员。怎样才能使幼儿园成为真正的教育机构，又是幼儿生长和学习的乐园？这一讲主要就来谈一谈幼儿园的教育任务和实现教育任务的基本要求。

幼儿园是我国学制教育的第一步，教育目标在各个教育阶段是统一的："我国的教育是要培养出一代有共产主义远大理想、有道德、有知识、有体力，立志为人民作贡献，为祖国作贡献，为人类作贡献的新人。"由于教育对象的年龄特征不同，各教育阶段的具体教育任务是不同的。根据政府规定，我国目前幼儿园的教育任务是："向幼儿进行体、智、德、美全面发展的教育，使其身心健康活泼地成长，为入小学打好基础，为造就一代新人打好基础。"

幼儿园向幼儿初步进行的体、智、德、美四育的具体任务是什么

呢？现简述如下：

“保证幼儿必需的营养，做好卫生保健工作，培养幼儿良好的生活卫生习惯和独立生活的能力，发展他们的基本动作，培养幼儿对体育活动的兴趣，提高机体的功能，增强体质，以保护和促进幼儿的健康。”

“教给幼儿周围生活中粗浅的知识和技能，注重发展幼儿的注意力、观察力、记忆力、思维力、想像力以及语言的表达力，培养他们对学习的兴趣，求知的欲望和良好的学习习惯。”

“向幼儿进行初步的五爱教育（爱祖国、爱人民、爱劳动、爱科学、爱护公共财物），培养他们团结、友爱、诚实、勇敢、克服困难、有礼貌、守纪律等优良品德、文明行为和活泼开朗的性格。”

“教给幼儿音乐、舞蹈、美术、文学等粗浅知识和技能，培养幼儿对它们的兴趣，初步发展他们对周围生活、大自然、文学艺术中美的感受力、表现力、创造力等。”

体育在幼儿期有特别重要的意义。幼儿机体的各系统、各器官正在迅速地生长（形态的增长）发育（机能的发展），比较柔弱；对外界的适应力和抵抗力较差，容易感染疾病；幼儿照料自己生活的能力差，饮食、睡眠等日常生活都依靠成人给予照料和安排；幼儿机体的可塑性大，易受外界条件的影响。因此，必须正确地对幼儿进行体育教育，以促进幼儿身体的发展。如注意合理的营养和作息制度，充分的户外活动，运动生活卫生习惯的培养，以及医疗保健与疾病预防等对增进幼儿健康都会起很大作用；反之，将使幼儿身心受到损害，甚至危及生命。

体育不仅能增强幼儿体质，促进幼儿正常生长发育，为幼儿心理发展提供物质基础，并且与德育、智育均有密切联系。如给幼儿充分的营养，即为幼儿脑细胞的发展提供必需的蛋白质，直接有利于幼儿智力的发展。在体育的动作发展中能同时锻炼幼儿的大脑，使幼儿产生愉快的情绪，并培养幼儿勇敢、坚强的意志品质。

学前期是儿童智力发展的黄金时期，幼儿有探究周围事物的好奇心、求知欲，他们不仅好问，还喜欢看看、摸摸、动动。如果能为幼儿提供丰富多彩的环境，注意进行感官教育，及早发展语言，让幼儿多活动、多游戏，多有动手操作、用脑思考的机会，并注意培养幼儿良好的学习习惯，这将大大促进幼儿智力的发展。如果活动内容单调，甚至强迫幼儿长久枯坐，就剥夺了幼儿认识周围事物的机会，扼杀了幼儿的求知欲，这样必然会影响幼儿现在和将来身心的发展。在幼儿园中，及早对幼儿进行智育是非常重要的。

婴幼儿自出生后就与周围的人接触，看到、听到、感受到人们的行为和人与人的关系，并逐渐了解成人对自己各种行为的态度。这一切在婴幼儿的大脑中留下了深刻的痕迹，形成了暂时的神经联系。婴幼儿对人对事的态度、行为习惯和性格在生命的头几年便打下了烙印，并在他的一生中留下痕迹。所以从一开始就对婴幼儿进行道德教育，培养他们对待周围事物的正确态度，这是非常重要的。如果忽视德育，让幼儿接受一些不良的影响，以后再进行矫正，就要花费很多的工夫了。如有的幼儿在游戏中要独占好玩的玩具，有的幼儿不守纪律，就要反复进行细致的教育才能逐渐改正。德育关系到幼儿发展的方向和道路，关系到幼儿以后能否为我国四化事业做贡献，因此必须从小为他们打下最初的基础。

美育以生动的绘画、手工、音乐、艺术语言活动和对现实生活中美好事物的认识为手段，具有直观性、形象性，带有愉悦的情感，符合幼儿认识的特点。鲜明的色彩、线条、形象和悦耳的歌声能激发幼儿的兴趣，吸引幼儿的注意，动员幼儿各种感官积极活动，发展幼儿智力，特别是观察力、想像力和思维能力，促进大脑右半球通过形象来学习的能力，并且能感染和陶冶幼儿的思想感情。美育和智育、德育是密切结合的，也是进行智育、德育的有力手段。美育和体育也是相互联系的，在幼儿的衣食住日常生活和体育器具上，要随时随地注意环境和设备的整洁和美化；体育活动也可常常伴随音乐来进行，并培养幼儿动作的美。所以，就某种意义来说，美育是幼儿教育的基础，在幼儿教育中一定要重视美育，把它放到应有的地位上。

在进行体、智、德、美教育的过程中，还要使幼儿能生动活泼地主动发展，在各项活动中培养幼儿的主动性、积极性，发展幼儿的创造力。如在绘画、手工中，在回答问题和解决问题中，在游戏或活动中，应该鼓励幼儿动脑筋，进行新的尝试，提出和别人不雷同的问题或办法，而不是被动地依样画葫芦。在我国日新月异的四化建设中，需要大批有创造力的社会主义建设者，我们必须从小为他们打下良好的基础。

以上所讲的体、智、德、美四育，各具有本身的独特作用，又相互联系，在幼儿园中应全面地进行，不可偏废。幼儿是身心统一的整体，我们必须全面地进行体、智、德、美几方面的教育，才能使他们获得初步的全面发展。

在幼儿园里，教师是教育幼儿的主要人员，每一位教师都必须把实现幼儿教育的任务作为自己应尽的职责，把贯彻幼儿教育任务落实到每日教育工作之中，合理地安排一日和一周的教育活动，充分运用各种教育手段，如游戏、上课、日常生活、劳动、散步、体育活动、娱乐等，向幼儿初步进行体、智、德、美教育，使幼儿园真正成为向幼儿进行教育的机构。

教育是教育者和受教育者的双边活动。幼儿园教师不仅要明确并贯彻幼儿教育任务，更为重要的是要了解自己的教育对象——幼儿，并和幼儿建立良好的关系。因为教育效果是以教育对幼儿发展所起的影响和作用如何来衡量的。幼儿是活生生的人，他们自出生后就不是被动的容器，而是教育过程的积极参加者。他们可能接受教育，也可能抵制这些影响。教育只是影响幼儿身心发展的外部条件，任何教育只有为幼儿所接受，才能转化为他们内部行动的动机和兴趣，教育要促进这一内部活动，调动幼儿的积极性。教师心目中不能只有教育任务，而没有幼儿。如果不考虑教育对象，那么这种教育工作不过是形式主义地无的放矢罢了！

教师要了解幼儿，不仅需从书本上了解幼儿生理和心理的情况和特点，还要具体地了解本班每个幼儿身心的发展水平，了解他们的身体健康和心理健康的情况，智力、语言和动作的发展水平，性格、行为习惯、需要和兴趣等等。全班几十个幼儿，在身体、智力、才能、兴趣和性格上会有明显的个体差异，教师只有了解并针对幼儿的实际情况进行教育，才能使教育的内容和方法适应并促进幼儿的发展，并注意对个别幼儿的教育。

教师和幼儿的正常关系的关键在于教师是否热爱幼儿。师生间的感情在各级各类学校的教育中都起到很大的作用。特别是在幼儿园更为重要，因为幼儿年龄小，不能独立生活，得完全依靠教师。幼儿是有思想和感情的，他们渴望得到教师的爱抚和关心，这和他们饥饿时需要食物和营养同样重要。教师对幼儿的热爱与关怀，能使他们信赖教师，感到安全和愉快，这是幼儿身心健康发展的必要条件之一。人类学家的一些研究证明，由于各种族对儿童照料的方式不同，如成人关心儿童，会使他们性格温和，长大以后就能处理好人与人的关系；如从小成人对他们不关心，只是给他们喂食，就会有相反的结果。还有些研究表明，冷漠无情的环境就是孤儿院儿童发展迟缓的重要原因。再者，我们要认识到，热爱幼儿是教师基本的职业道德。教师必须热爱每一个幼儿。对聪明、活泼的幼儿固然要爱，而在某一方面比较差的幼儿，更需要教师爱他们。要把幼儿看做是成长着的下一代，是独立的个体，他们有自己的思想、情感、需求和兴趣，教师要热爱和尊重他们，保护他们的自尊心，培养他们积极向上的愿望，使他们在幼儿园中活泼地、愉快地成长，使幼儿园成为他们生活和学习的乐园。

《幼儿教育》，1983 年第 2 期

第十四讲　幼儿游戏的意义和教育作用

一、幼儿游戏的意义

1. 游戏适合幼儿生理和心理发展水平

幼儿的骨骼肌肉较柔弱，高级神经系统的发育还不成熟，他们不适宜长久地保持一种姿势或动作。游戏是轻松、可变的，幼儿能自由调节身体，这既给幼儿提供了活动的机会，又不会让幼儿在活动中感到疲劳。

幼儿的认识过程有具体形象性、不随意性和情绪性的特点。游戏适合幼儿这些认识的特点。游戏有玩具和游戏材料，并有操作过程，游戏的内容丰富多彩、灵活多变、引人入胜，在游戏中，幼儿容易认识外界事物。

2. 幼儿通过游戏可以反映现实生活

现实生活是幼儿游戏的源泉，幼儿在游戏中模仿生活，在“假装”的条件下，以一物代替另一物，以想像的情景代替真实的情景。虽然游戏是“不当真”的活动，但其中包含着真实性的因素。幼儿生活在人类社会里，他们所处的时代、地区、文化、习俗以及人与人的关系都会反映到游戏中来，可以说，幼儿在游戏中学会了适应生活。

3. 游戏给幼儿带来了快乐

玩游戏没有压力和负担，在游戏过程中伴随着各种动作和活动，幼儿能体验到愉快的情绪。有些游戏，比如结构游戏，幼儿需要开动脑筋，克服困难，这些游戏的结果能使幼儿感到自信，体验成功后带来的愉快感。

二、幼儿游戏的教育作用

1. 游戏可以作为一条体育锻炼的途径

各种体育活动，采用了游戏形式，就易为幼儿接受和喜爱。在玩耍之中，幼儿的运动技能和技巧得到提高。户外游戏，使幼儿充分接触新鲜空气和阳光，有益于身体健康。各种活动性游戏，对促进骨骼和肌肉的发育，加强血液循环，增强体质都有很大的好处。

2. 游戏能激发幼儿的学习兴趣，增长知识，发展智力

在游戏中，幼儿的感知觉、观察力、注意力、记忆力、想像力和思维能力都得到发展，一些科学研究的结果说明，幼儿在游戏条件下识记词汇比在一般教学情况下识记的数量多。游戏是借助想像进行的，幼儿把过去获得的知识经验，在游戏的情景下重新组合起来，如把同伴想像成医生，用瓶盖当听诊器，玩起医院游戏来。在这个过程中，不仅

想像力得到发展，而且创造力也在萌芽和发展。幼儿的思维具有很大片面性，对事物的理解力也较差，有的心理学家将幼儿的思维方式称为“自我中心思维”。游戏需要幼儿扮演不同角色，比如，有时扮演“医生”、“病人”，有时扮演“老师”、“学生”，这就要求幼儿从不同角度去看问题。因此说，游戏有助于增强幼儿思维的灵活性，改变“自我中心思维”，逐步学会全面看问题。

3. 在游戏中教育幼儿遵守规则，有利于培养良好的行为习惯和道德品质

游戏总有一定的规则，为了玩好游戏，幼儿必须遵守规则，自觉约束自己，集体游戏还能培养幼儿团结友爱、互相协作的精神。游戏能培养意志力，有人做过实验，发现幼儿在游戏情境中保持站岗姿势的时间长于非游戏情况。游戏对于幼儿个性健全发展的作用也是不可低估的，游戏的规则，以及游戏者之间的相互关系能对幼儿性格的形成产生深刻影响。幼儿在游戏中不只是再现人物的动作和语言，还能体验人物对周围环境的感情和态度。这样，幼儿就把社会要求的行为规则转变为自己的主动要求。幼儿在游戏中通过活动对这些规则多次地重复和练习，加深了感情体验，从而积极地影响了性格的形成。让鲁莽的幼儿在游戏中担任需要安静和认真工作的角色，如图书管理员，这对培养良好的个性是有利的。

4. 游戏有助于幼儿树立美感和对周围生活以及艺术作品的审美能力

在做做玩玩之中，幼儿的艺术创造力得到了培养和发挥。比如用积木搭公园，教师可以引导幼儿想出许多方法来把公园装饰得很美。音乐游戏更是能直接培养幼儿的音乐感受力。

总之，对教师来说，游戏是重要的教育手段；对幼儿来说，游戏是重要的学习途径。因此，对于游戏是幼儿的基本活动这一点，我们要有足够的认识。

《幼儿教育》，1985 年第 1 期

第十五讲　幼儿园各类游戏的特点和指导方法

幼儿园游戏可分为两大类：创造性游戏和有规则游戏。创造性游戏是幼儿主动地、创造性地反映现实生活的一种游戏，包括角色游戏、结构游戏和表演游戏等。这类游戏主要由幼儿自己玩，可以充分发挥幼儿的主动性、积极性和创造性。有规则游戏是成人在幼儿自发游戏的基础上，为实现一定的教育教学目的而编制的游戏，有一定的规则和玩法。这类游戏有智力游戏、体育游戏和音乐游戏等，先由成人教会幼儿，然后让幼儿自己去玩。

现将各种游戏的特点和指导要点分述如下。

一、角色游戏

角色游戏是幼儿通过模仿和想像，并且扮演各种角色，创造性地反映现实生活的游戏。这种游戏是幼儿主动的活动，他们自己提出游戏的主题，按自己的意愿进行。扮演角色是这种游戏的核心，幼儿撇开现实的情景，假想出游戏情景，以逼真的动作和语言扮演另一个人物，以一物品代替另一物品。

开展角色游戏需创设的必要条件：

1. 制订游戏计划，安排游戏时间

根据本班幼儿的发展水平、知识经验以及教育教学任务，提出游戏的要求及指导计划。玩角色游戏时间一般较长，可安排在上午课后或下午进行。

2. 提供游戏材料

根据游戏内容需要，供给幼儿各种玩具，也可利用废旧物品和自然物，自制游戏材料。同时要启发幼儿通过想像来补充玩具属性的不足。

3. 划定游戏场所

角色游戏应有其固定的场所，以便幼儿游戏时做到井井有条，互不干扰。

指导角色游戏的要点：

1. 丰富幼儿对周围生活的知识和经验

幼儿的知识和经验是开展角色游戏的基础。要着重使幼儿认识人的活动及人与人的关系，并鼓励他们在游戏中把这些反映出来。

2. 帮助幼儿组织和开展角色游戏要以侧面指导为主

侧面指导的方法有提问、提示、评论、适时出示玩具和游戏材料、教师以角色身份参加并影响游戏等。对小班幼儿，要启发他们想好玩什么，对中、大班的幼儿，可以让他们自己确定游戏主题。分配角色时，尽量让幼儿自己协商。在游戏开展过程中，教师要随时观察和了解游戏开展的情况，保证游戏是安全的、有教育意义的，并从游戏的主题和情节、角色的扮演、游戏的目的性和计划性、组织游戏的能力等方面提高游戏的水平。教师在指导幼儿游戏时，要注意保护幼儿游戏的天真色彩和创造性，避免让幼儿依样画葫芦。

二、表演游戏

表演游戏是幼儿按童话、故事中的内容和角色进行创造性表演的游戏。表演游戏比故事表演灵活，可以改变故事中的语言、动作，也可利用木偶或桌面的小型娃娃和动物玩表演游戏。它有助于幼儿更好地理解和掌握故事的思想内容，发展幼儿语言。

表演游戏的要点：

1. 选择适当的童话、故事

表演游戏采用的童话、故事，应符合幼儿生活经验，故事情节有起伏，易于用动作表演，场景要简单。

2. 帮助幼儿掌握作品的内容、情节和人物形象特点

要注意指导幼儿用不同语调表现不同角色的语言，并伴以相应的动作。

3. 帮助幼儿组织游戏

教师要帮助幼儿准备道具，并和幼儿一起商量分配角色。游戏中的主角可先由表演能力和组织能力较强的幼儿担任，以后再轮换。

4. 始终关心和支持幼儿的游戏

鼓励幼儿自己用语言、动作有感情地表演。及时解决幼儿游戏中的困难,并给予提醒和建议。

三、结构游戏

幼儿使用各种结构材料(如积木、积塑或沙、土等)进行建筑和构造的游戏,称为结构游戏。这种游戏有具体材料供幼儿操作,变化多,在发展幼儿感知觉、手的操作技能、主动性和创造性方面有特殊作用。

指导结构游戏的要点:

1. 丰富和加深幼儿对周围物体,尤其是建筑物的印象

幼儿对这些物体的外形、各部分结构和特点有了较清楚的认识,才能在结构游戏中把它们反映出来。

2. 教会幼儿结构游戏的基本技能

在游戏时,首先要向幼儿介绍结构材料的名称和性质,提出游戏的规则。然后通过示范、范例、建议等方式,帮助幼儿掌握技能,并让他们有充分的自由练习时间。

3. 积极引导,加强游戏的教育作用

启发幼儿在结构游戏中要有目的性,鼓励中、大班幼儿互相配合,共同活动。还可让幼儿把结构游戏和角色游戏结合起来。玩沙也是结构游戏的一种。沙能堆高、筑堤、挖河,能造公园,并可利用小动物、小人,以沙箱为场景进行表演游戏。

四、智力游戏

智力游戏是将学习的因素和游戏的形式紧密结合起来。智力游戏的内容很多,有发展感知觉的游戏、分类游戏、比较异同游戏、计算游戏、语言游戏以及运用玩具动手操作的游戏(如几何图形嵌板)等等。智力游戏对发展幼儿的智力有较大作用。

指导智力游戏的要点:

1. 选择适当的游戏

游戏的内容应和语言、常识、计算等各科教学以及幼儿智力发展水平密切结合。在选择智力游戏时,应包括有集体的、小组的和个人

玩的游戏，有上课用的，也有在游戏时间玩的，还应广泛采用民间游戏。

2. 教会幼儿游戏的方法

智力游戏有一定的规则，教师要以简明生动的语言和示范，帮助幼儿掌握玩法，督促幼儿按规定的方法和步骤进行游戏。

五、体育游戏

体育游戏是以发展幼儿基本动作为主的游戏。它的种类很多，有追捉游戏、玩球和跳绳游戏，有爬攀登架、滑梯游戏，有骑车、推车游戏，有包含角色和情节的游戏（如“老狼几点钟”），还有民间游戏（如“跳房子”）等等。玩体育游戏有利于幼儿身体健康，并能培养他们活泼愉快、勇敢、灵敏的性格。各类幼儿园首先应多开展这种游戏。

六、音乐游戏

音乐游戏是在音乐伴奏或歌曲伴唱下进行的游戏。这类游戏不仅能促进幼儿音乐感受力的发展，还能增添幼儿玩游戏的兴趣。

《幼儿教育》，1985 年第 3 期

幼儿园教育工作改革的设想和尝试

幼儿园是对3～6岁幼儿进行教育的机构，是我国学制的第一环。近二三十年来，由于生理学、心理学、教育学的发展，特别是对大脑研究的进展，人们越来越清楚地认识到，学前期是儿童身体和智力迅速发展时期，可塑性大。幼儿教育能为新一代的健康成长打下最初基础，有着远期的影响。在为国家培养建设四化的有用人材的战略任务中，在教育改革中，幼儿园占有重要的地位，是不可缺少的一环，将直接影响我国的教育质量。

回顾我国幼儿园建立和发展的历史沿革，有助于我们进一步了解幼儿园的现状，从而促进幼儿园的改革。19世纪中叶，在一些工业发展较早的国家，先后建立了幼儿园，并开始建立和发展幼儿园教育理论体系。我国虽在悠久的古代文化中积累了灿烂的学前家庭教育思想和经验，但在长期的封建制度的统治下，生产力发展缓慢，19世纪中叶，又沦为半殖民地半封建社会，直到20世纪初，清政府才提出创建幼儿园以及幼儿园的教育内容、方法；先仿效日本，后受欧美影响，强调儿童发展的自发性，强调遗传在智力发展中的作用，传播“儿童中心”及“自由教育”的观点。新中国建立后，幼儿教育有了很大的发展和提高，从根本上改变了幼儿园的性质，改革了幼儿园教育内容和方法，在苏联幼儿教育理论的影响下，强调教育和教师的主导作用，强调有目的、有计划、有系统的分科教学。再者，我国传统的教育思想要求幼儿顺从、听话、文静，各种类型的幼儿园人力物力不足，集体教育的管理和组织上有实际困难，这些因素也都有一定影响。而且从20世纪60年代开始,对幼儿园的教育内容和方法未能进行系统的实验研究和理论探讨,也缺乏国际间的交流。直到十一届三中全会以后,才改变了这种状况。怎样遵循幼儿教育与社会要求、儿童发展互相制约、互相作用的规律,进行幼儿园教育改革,使幼儿园适应我国社会主义现代化建设的需要,最佳地促进幼儿全面发展,怎样建立具有我国特色的马克思主义的幼儿教育理论和实践,这是历史赋予我们的重要和迫切的命题。

当前,我国为全面开创社会主义现代化的新局面,面临着以经济建设为中心的一系列改革,而且国际上正在涌现一场新的技术革命的浪潮,这一切将使我国社会生产力突飞猛进地发展,将引起社会生活的新变化,引起教育领域的新变化。教育要面向现代化,面向世界,面向未来。现在幼儿园的孩子正是21世纪肩负着建设重任的生力军、历史的创造者。新的形势对教育领域已提出挑战,幼儿园的教育改革势在必行。

现仅就个人教学和科研的体会及对少数幼儿园的了解,联系在南京市第一幼儿园小二班所进行的点滴尝试,提出对当前幼儿园教育工作的一些看法及改革设想。

(一)发展幼儿的主动性、创造性,改革“填鸭”的教育模式

在幼儿园的教育工作中,把幼儿当作被动的容器,教育就是直接灌注,幼儿的一切活动完全由教师直接指挥和安排,忽视幼儿的主动性,这种“填鸭”的教育模式,在幼儿园中往往是常见的。如在一日活动中,不仅上课、游戏、散步等活动由教师直接指挥,在各项活动过渡环节的几分钟也在教师严密的组织下,或排队、静坐,或拍手念儿歌等,只有入厕有时是例外,厕所是幼儿的自由天地。上课的方式大都是教师示范或演示一些教具等,幼儿则坐着听、看,即使由少数幼儿做一些活动,但活动的每一程序则按照教师的指示。在上课或游戏中,很少提供幼儿发展创造性的机会。如在美工课上,习惯于让幼儿先看范例和示范,让幼儿自由创作的比重极少。在游戏时间里,进行集体游戏和有规则游戏的分量多,幼儿主动游戏的分量很少,或者没有。

结构游戏中，往往所提供的结构材料很少，幼儿不可能创造性地建造出一些物体。角色游戏中由教师拟定游戏的主题，分配游戏角色，幼儿在游戏中要看教师的眼色而行动，等等。

幼儿主动性是指幼儿对外界事物或活动有积极反应，主动地去探索、去发现，提出问题，解决问题，不是被动地接受外界的刺激。创造性是指幼儿思路开阔地想问题或进行活动，不与别人雷同，也不是机械地模仿。在被动的教育模式下，则压制和扼杀了幼儿的主动性、创造性，使幼儿像算盘珠似的，拨一拨，动一动，给幼儿的成长带来严重的危害。

幼儿园教育模式的形成，除受社会生产关系、生产力的制约，受传统教育思想影响外，还受儿童发展的制约。随着生理学和心理学的发展，对回答儿童是怎样发展的这一问题，有种种不同的理论，相应地幼儿园也有种种不同的教育模式。如有些心理学研究者们认为儿童的智力发展大部分是遗传决定的，或是强调成熟（指活动所需要的神经机制的成熟）在儿童心理发展中起决定性作用。那么，幼儿园教育工作就不应干预儿童，而应让儿童“自由发展”，主张“自由教育”。有的心理学研究者认为儿童的学习就是刺激与反应间形成的连接，有什么刺激就有什么行为，以“刺激-反应”公式作为解释行为的原则，那么幼儿园的教育工作就只重视机械训练行为、技能及灌输知识。有的学者强调教育和环境在儿童发展中的作用，忽略儿童先天因素及主动性，在幼儿园教育模式中，就强调教育和教师的主导作用，以教师为中心。有的学者从精神分析理论出发，认为儿童情绪的发展、早期经验对以后个性发展有远期影响，幼儿园教育模式中就应重视儿童情绪的发展。近年来，国内外关于儿童发展的理论有进一步的研究，为建立幼儿园的教育模式，提供了心理学的基础。其中，皮亚杰认识理论对儿童心理学和教育学影响很大。一些心理学家和教育学家认为儿童的发展受自然因素和社会因素相互影响，在主体和客体的相互作用中主动地发展，而不是被动地接受外界影响；任何有效的教育必须通过幼儿自身的活动，通过内因，才起作用；儿童认识的发展有阶段性，并具有自己的认知结构；幼儿对周围事物的直接经验是重新组织认知结构的必要条件，应鼓励幼儿对周围事物主动地探索，激发幼儿提出问题和解决问题，教育的作用在促使幼儿能产生最好程度的认知不平衡，以促进认知结构的发展。学习并不是由成人简单地“传递”，而是通过幼儿自己实现的。

当前科学技术的飞速发展，微电脑在人们生活中将越来越普遍地运用，人工智能的不断发展，尤其重要的是我国四化建设对人才所提出的要求，我们所培养的一代新人不仅需要有较高的智力，有知识，并且要富于主动性和创新精神，才能在信息社会中为人类、为祖国做出贡献。这点也始终是共产主义教育的主要原则。

结合我国幼儿园的实际，发展幼儿的主动性和创造性是否可行呢？我们曾在南京市第一幼儿园小二班进行了实验，通过游戏发展幼儿的主动性、创造性。小班重点开展搭积木和角色游戏，通过了解全班幼儿搭积木的水平，鼓励幼儿创造性地搭出物体，教幼儿学习搭积木的基本技能等做法来发展幼儿的主动性和创造性。这在中班时表现很为明显，一些幼儿能自己想出办法搭大桥，并不断创新使桥墩牢固、桥头堡逼真等。在班级进行幼儿自选游戏的实验，游戏活动中，由幼儿自己选择玩什么，自己分配角色，自己拿玩具，自己开展游戏。通过实验，初步发现下列变化：幼儿称心、情绪愉快；积极性高；纠纷少；自愿谦让，有自然调节；上课注意力集中。教师也从忙于安排游戏、处理纠纷中摆脱出来，而转移到观察和指导游戏。

我们所提出的发展幼儿的主动性、创造性，和资产阶级的“自由教育”有根本性区别。发展幼儿的主动性、创造性与教师的指导作用不是相矛盾，而是紧密结合的。教师必须始终不渝地实现幼儿园的教育任务，关怀和促进每个幼儿在体力、智力、情感、社会化等方面的发展，计划每天的教育工作和指导幼儿的各项活动。实验说明，如果没有教师的启发和指导，幼儿活动的内容会较贫乏，幼儿各方面的发展也会较缓慢。

发展幼儿主动性、创造性是一项内容广泛的课题，应贯彻在幼儿的一切活动中。教师应注重培养幼儿对体育、美工、音乐、语言、认识自然等各项活动的兴趣，鼓励幼儿在各项活动中的主动性和创造性，鼓励幼儿自己的探索和实验。教师在制订教育工作计划时，不应只考虑怎样教，更重要的是考虑全班幼儿如何学，给幼儿自己安排、选择活动的机会。

（二）了解幼儿发展水平和个别特点，因材施教；改革教育内容上的机械划一

儿童的发展受着自然因素和社会因素的影响，每个人是不同的。初入园的小班幼儿，由于不同的先天遗传，不同家庭的环境和教育，不同的抚育方式，已具有明显的个体差异。近年来，由于科研工作的需要，曾对五个小班进行身体、动作、语言、数概念、兴趣爱好等方面的全面了解，调查结果说明同年龄（3～4 岁）的幼儿在各个方面发展都有明显的差异。现以某幼儿园 1982 年小班（幼儿 29 名，男 15，女 14，独生子女 25 人）部分调查材料为例，简要说明。

年龄：2.10 岁 1 人，3～3.3 岁 11 人，3.4～3.6 岁 6 人，3.7～3.10岁 11 人。入园前抚育方式：曾进托儿所 23 人，其中 15 人是 2 岁后入托；家庭抚育（老人/保姆/私人）6 人。

父母文化程度：大学 9 人，中专、高中 11 人，初中 8 人，初小 1 人。

父母职业：一般干部 16 人，教师、医生 6 人，工人等 7 人。

家长对幼儿未来的期望：成才或上大学 11 人，有知识、全面发展 3 人，医生 7 人，工程师、科学家、发明家 4 人，普通劳动者 1 人，没有设想 3 人。

动作发展水平（27 人）：

走：手脚动作协调 16 人，手脚动作不协调 6 人，双臂挥动不自然 3 人，单臂挥动 2 人。

原地跳起：双脚离地着地较轻 12 人，双脚离地着地较重 8 人，不会跳 7 人。

数概念发展水平（27 人）：

唱数：不会，2 人；1～4，1 人；5～10，11 人；11～20，8 人；21～30，1 人；31～40，1 人。

实物点数：不会，2 人；1～4，4 人；5～10，15 人；11～20，6 人。

按数取物(25 人)：不会，0 人；1～4，15 人；5～10，10 人。

语言发展水平(27 人)：

学说两句话：完整地复说 7 人，基本会说 11 人，说一句或半句 6 人，不肯说 3 人。[1]

看图说话：说出个别物体 14 人，说出个别情节 10 人，说出简单情节 2 人，不肯说 1 人。

兴趣爱好(家长反映，29 人)：

听故事 19 人次，看书 14 人次，听音乐 11 人次，游戏 7 人次，跳舞 6 人次，画画 5 人次，玩汽车、枪 5 人次，大自然 2 人次，搭积木 2 人次。

以上材料说明，同年龄班中，幼儿在动作、数概念、语言等方面发展水平有显著个体差异，兴趣、爱好也不同。年龄并不是说明发展水平的惟一标准，必须根据马克思主义的基本原理，具体问题具体分析，正确处理共性与个性的关系。教育要取得实效，必须针对幼儿实际水平，考虑个别特点。而一些幼儿园的教育内容、方法是机械划一的，一切活动都是一锅端、一刀切，显然，这样的教育工作会陷入盲目性和形式主义。从 1978 年开始，笔者曾先后调查几个小班，了解到幼儿个体差异，他们在机械划一的教育下，在幼儿园中度过三年。如果我们能提供合理的教育，一定能更好地促进他们的发展。面对具体的班级、具体幼儿，我们能不深思吗？

幼儿园教育内容和方法应考虑具体班级的发展水平，适合本班 60％～70％幼儿的需要，既能带动发展水平较差的幼儿，又能给发展水平较高的幼儿提出一定的任务。近年国内外关于儿童发展研究的成果，及我国幼儿园实践经验的总结，为选定教育内容提供了科学的基础。教育教学的组织形式应多样化，既有全班集中的，又有分组活动及个别活动。结合当前幼儿园的实际情况，可以全班活动为主，但小组活动和个别活动应占 40％，其目的在于使发展水平不同的幼儿，

〔1〕 让幼儿学说的两句话是：“老师喜欢小朋友，小朋友喜欢老师。”“我不哭，也不闹，高高兴兴上幼儿园。”

在其原有的基础上得到提高，使教育收到最大的效益。1978年，我们曾在四个班进行计算教育的实验，根据幼儿实际发展水平提出计算教育要求，集体上课与小组活动、个别活动相结合。一学期后，幼儿数概念和计算能力有较快的提高。全班幼儿按发展水平可分3～4小组，以便各组都能进行适合他们水平的活动。小组并不固定，可以随时调整；对个别幼儿按他们的实际需要，给予个别指导。这样，可以真正面向全体幼儿，既有统一要求，又能因材施教。

(三) 开发多种渠道的教育效能，改革只单一地注重"上课"

幼儿园有多种教育渠道，或称教育手段：游戏、体育活动、上课、观察、劳动、日常生活等。怎样开发多种渠道的教育效能，这是需要进一步研究的问题。在幼儿园的实际工作中，盛行的看法和做法，认为上课是幼儿园教师工作教学工作的基本形式。对教师工作的评价，对幼儿园教育质量的衡量，往往也从"上课"的质量来看，幼教互相观摩和交流也是主要看"上课"。幼儿园教师大部分的精力花在备课和上课上。每学期开始，教师制订本班一学期教育工作计划，主要是选定每月每周各科上课的课题。在制订每周教育工作计划时，主要是写每天上课计划，明确教学目的，选定教学方法，准备教具及拟定教学过程。而如何通过上课以外的多种渠道向幼儿进行教育，在教育工作计划中没有具体的考虑。这样，在实际工作中也只重视上课，对如何开展各项活动，通过多种渠道实现各项教育任务则很少考虑。

上课是幼儿园的一种教育手段，通过上课可以较集中地完成教育任务，培养幼儿的集体性和自制力，但不能充分考虑到每个幼儿的发展水平和学习能力，不可能既指导全体又照顾到每个幼儿，而且一天中上课的时间极短，只15分钟～1小时左右。所以要取得真正的教育效益，上课必须与其他渠道相结合。

在生活环境中通过多种渠道学习是幼儿教育的特点之一，自然的、自发的教育在学前期占较大的比重。3～6岁幼儿仍处在从自然实体逐步社会化的过程，他们是世界的生客，摆在他们面前的学习任务很多，如发展基本动作(走、跑、跳、平衡、投掷、钻爬和攀登)；发展手的精细动作；

学会照料自己(洗手、吃饭、穿衣);认识周围环境中的物品和现象,认识自然和社会;学会清楚、正确地发音,丰富词汇,发展口语表达能力等等。但他们身体各系统的结构和功能正在迅速发展中,尚柔弱且不完善。他们主要通过操作和活动,通过游戏,通过探索和实验,在与外界事物相互作用中,在与人们进行交往中,获得直接经验和体验,获得初步的概念和分析概括能力。周围环境能提供生动的实物和情景,激发幼儿的动机,是向幼儿进行教育的最好源头。幼儿主要通过游戏、劳动、日常生活等渠道进行学习,幼儿园要充分发挥各种渠道的教育效能。

游戏有着广泛的内容,是幼儿园最有效的教育手段。我们在实验班进行了开展游戏的实验。在小班时,着重研究搭积木和角色游戏,使幼儿学习了游戏的常规和基本技能,把游戏开展起来,丰富了幼儿生活,使幼儿情绪愉快,并活跃起来;培养幼儿友好关系和集体生活习惯;培养幼儿能动手动脑,发展思维力、想像力和语言表达能力。中班时,除继续开展上述游戏外,着重开展智力游戏,按照分类、序列、空间、时间四个方面,由浅入深编制智力游戏。如在分类方面有认识事物的关联,按物体特点(形状、颜色、大小和性质)分类(概括性分类准备在大班进行)。在认识身体各部分和衣着的关联游戏中,让幼儿选择相关联事物的图片(头和帽子、手和手套等),或随意拿一张图片(如帽子),做出与之相关联事物(如帽子戴在头上)的动作,并用语言说出等。在游戏过程中,激发幼儿兴趣,向幼儿提出要解决的问题,集中幼儿注意力,练习分析、判断能力,训练思维的灵活性和敏捷性,培养他们用脑的习惯。这对发展幼儿智力有很大作用,同时也能培养幼儿良好的意志品质和行为习惯。结合幼儿园的实际条件,通过游戏及劳动、日常生活等各种渠道,向幼儿进行教育,是可以行得通的。

以上三方面的设想和点滴尝试,只能为幼儿园教育工作改革提出讨论的问题,今后应和同志们一起进一步进行实验研究,在大家的共同努力下,幼儿园的教育改革一定会取得丰硕的成果!

1984年6月

试论学前教育的社会观和儿童观

——幼儿园教育改革的理论探讨

在当前幼儿园教育改革中，探讨教育改革的理论依据是十分重要的课题。不论我们有没有意识到，学前教育实践总是受一定的理论或观点指导的。学前教育的社会观和儿童观反映了学前教育和社会的关系，学前教育和儿童发展的关系，是学前教育理论的主要线索，对幼儿园教育改革有直接指导意义。现就这个问题谈点个人学习心得和看法，请同志们指正。

学前教育的社会观表述了学前教育和社会的政治经济、文化科学、妇女解放等因素的关系，以认识学前教育与外部的联系。学前教育是社会的实践活动，是社会培养新一代的事业。同时，又能减轻家长抚育子女的负担，做好后勤工作，和当前社会建设有直接的联系。建立正确的社会观，认识和处理好学前教育与社会的关系是幼儿园教育改革的重要的理论依据。

根据马克思主义原理对学前教育和社会的关系的分析，社会物质生活资料的发展决定社会的政治经济，也决定社会思想、文化教育发展和变化，学前教育是教育事业的一部分，是受社会的政治经济制约的，同时又反过来促进社会的政治经济发展。再从系统观点来看，社会是一个合乎客观规律的由各要素组成的有机整体，学前教育是社会大系统中的子系统，学前教育和社会的关系是部分和整体的关系，是相互依赖、相互制约的。社会对学前教育的制约体现在社会政治经济的发展决定学前教育的服务对象，培养目标，学前教育的任务、内容、手段和方法，以及学前教育事业发展的速度和规模等。另一方面，学前教育也从为社会培养新一代和解放妇女、做好后勤工作这两方面的社会职能促进了社会政治经济的发展。学前教育和社会密切联系，与社会的发展、变革息息相关。幼儿园产生、发展的历史和我国幼儿园的实践都充分证明了这一点，但是有些教育理论只强调学前教育以儿童为中心，忽视了教育与社会的关系，这是不全面的。

解放以来，我国学前教育理论虽认识到教育的社会性，但对这一规律的具体分析和运用还是不够的。在考虑学前教育的规划、教育任务、内容和方法时，仅和社会的政治经济发展相结合，和社会的文化教育、科学技术、妇女解放、家庭结构、计划生育相结合，以及和民族文化传统、乡土特点等因素相结合，还是不够的，特别是忽视联系社会的未来发展，忽视联系世界科学技术的发展和竞争。学前教育还未能充分适应社会的要求，还存在着脱离现代化建设，脱离世界发展潮流，脱离未来人才需要的弊端。

邓小平同志所提出的"教育要面向现代化，面向世界，面向未来"，从宏观上精辟地说明了教育和社会的关系，是树立正确的学前教育社会观的指针。在"三个面向"的指引下，我们要纠正脱离实际的思想方法，打开眼界，走出幼儿园的狭小的天地，把学前教育和社会密切联系起来，立足中国，面向世界，放眼未来，使学前教育与国内外当前形势和未来的发展相联系。

我国在进入社会主义新的历史时期以后，面临着重大的社会变革。当前，为实现四个现代化的宏伟目标，农村和城市正在进行以经济改革为中心的一系列的改革，对外开放，对内搞活经济，改革过去的闭关自守和吃"大锅饭"的弊端。学前教育要面对我国当前实际，要适应我国社会主义现代化建设的需要，同时还要看到当前国际上正在迎接第三次浪潮，从工业社会转入信息社会(知识、智力社会)，学前教育应适应国际交流和国际竞争的需要。学前教育又是周期很长的事业，所培养的幼儿将生活和工作在 21 世纪。因此，学前教育还必须面对未来社会科学技术的发展，适应未来社会的需要。国内外科学技术的飞速发展，必将引起社会生活的重大变革，对幼儿园的培养目标、教育内容和方法、幼儿园的发展类型和体制、幼儿师资培训等方面都提出了新的要求。

学前教育是培养新一代的基础教育的第一步，对儿童以后的发展有远期的影响。现代化的生产和科学技术的发展，引起社会劳动力结构的变革，社会对人才素质有更高的要求，而学前教育是提高人才素质的第一环。这样，对学前教育的培养目标就需要有新的理解。要培养有共产主义远大理想、有道德、有知识、有体力的新人，就要特别重视对他们幼儿时期智力和能力的培养，主动性和创造性的培养，为他们将来成为思想活跃、具有创造精神和开拓精神的新人打下最初的基础。过去在有的幼儿园实际工作中，常常只把听话、守纪律、机械服从、安分守己、依样画葫芦作为好孩子的标准，压抑了幼儿生动活泼的精神和主动性、创造性。这种做法或者受了旧教育观点的影响，或者从成人工作方便出发，是与培养目标背道而驰的，必须加以改革。为实现培养目标，在教育内容和方法上也必须有相应的改革。关于这个问题结合下面所谈儿童观问题时，一并讨论。

另一方面，学前教育的事业发展、类型和体制要适应社会四化建设的需要。当前国际上不少国家大力发展学前教育，有些国家儿童入园率高达90%以上，有的国家已普及学前一年教育。国际竞争是科学技术的竞争，也是人才的竞争。我国四化建设需要高质量的人才，广大职工也急需减轻教养子女的负担，投身于工作和学习，而我国当前学前教育事业的发展远不能适应社会的需要。入园难，入好园更难，已不是少数人的问题。应大力进行学前教育重要意义的宣传，鼓励用多种渠道开办幼儿园，鼓励厂矿、企事业单位、城乡居民组织办园，也可制订个人办园的条件和标准，由个人办园。

幼儿园的类型要多样化，以适应家长的不同要求：幼儿园可以是全日制，也可以是半日制，以使更多的儿童能受到学前教育，必要时也可有少数寄宿制；幼儿园在实现全面发展的教育目标的基础上，可以有自己的特点，如在音乐、绘画、手工、体育、认识自然、游戏等发展智力某一方面实施得更好；也可以增加实验内容，如乐器、英语、拼音识字等；可根据社会的实际需要，开办不同性质的幼儿园，不应强求一律。如可以办为解决家长参加工作的实际困难，照管儿童的幼儿园；也可有着眼于促进幼儿全面发展，提高教育质量的幼儿园；有暑假加强幼儿体质锻炼的幼儿园，有短期或临时寄托的幼儿园，等等。在农村或偏远地区，可以设立咨询站或巡回辅导，向家长宣传教育子女的内容和方法，提供书籍、资料和儿童的玩具、图书等，并定期开展游戏、教儿歌、唱歌、讲故事等活动。

学前教育要适应社会的要求，不仅在幼儿园的教育改革方面，还要对学前教育各级各类师资培训工作同步进行改革。在师资培训工作中，要把培养学生的教育知识和能力放在重要地位。学生不仅应具有热爱学前教育事业、热爱儿童的思想，还必须具有了解每个儿童的体力、智力、情感、性格等方面的知识和能力，组织儿童、教育儿童的知识和能力。改革过去偏重于音乐和美术技能技巧的培养，偏重于学习各科教学法，教什么，怎样教，而忽视学习关于儿童学什么，怎样学。各级学校学生都应具有完整的专业知识结构和能力结构。

学前教育的改革还应包括积极向社会宣传学前教育的重要意义和内容、方法，扩大学前教育的影响，改变社会上有些人对学前教育重视不够的传统观念。

学前教育另一重要理论是儿童观。儿童观表述了对儿童的看法，主要是关于儿童是怎样发展的，教育和儿童发展的关系怎样，以认识学前教育内部的规律。儿童观的形成受社会政治经济的制约，受传统文化思想、哲学、生理学、心理学的影响，特别受儿童发展理论的影响。学前教育的对象是儿童，对儿童的看法不同，那么教育儿童的内容和方法也就会不同，同时还影响教育的培养目标。因此，在幼儿园教育改革中，树立正确的儿童观是十分重要的。

人类对儿童的正确认识是近两百年才开始的。在过去漫长的历史时期中，人们对儿童有种种不正确的看法，其中主要的有两种：其一，把儿童看作是家长的私有财产，成人可以任意处置儿童，如让他们担负沉重的劳动、做童工，或买卖儿童，在古代甚至有把儿童作为殉葬品的做法。由于对儿童有这样的看法，因此对儿童的教育非常严厉，强调惩罚，要求儿童绝对服从。其二，把儿童看作是具体而微的小大人，认为儿童的本质和成人一样，只不过身体比成人小，是缩小了的成人。因此，事事以成人的眼光要求儿童，从小要求儿童循规蹈矩，不许多说多动，要求儿童成天坐着背诵诗书，教育方法上一味压服。在西方，整个中世纪文化教育为教会所垄断，从教义出发，认为儿童是天生有罪的。对儿童这些错误的看法到十四五世纪时仍很流行。一直到资产阶级文艺复兴时期，人文主义教育家反对经院教育，开始提出发展儿童兴趣、尊重儿童人格的教育理想。到 17 世纪，捷克教育家夸美纽斯(1592～1670)对这一理想作了理论的综合，他提出："人是造物中最崇高、最完善、最美好的"，"儿童是无价之宝"，"要求我们对他们的尊敬"，"要求我们关心儿童"，他还提出教育要适应自然。当然，夸美纽斯受历史的局限和宗教影响，虽提出尊重儿童，但仍把儿童当作上帝的造物、自然的造物。由于当时封建势力顽固，他的教育主张并未能实现。把儿童当作发展中的人，是 18 世纪法国启蒙思想家卢梭(1712～1778)提出的，他认为儿童时代是人生的重要阶段，有其独特性，主张让儿童在自然状态中表现本性的善，反对把儿童看作小大人或天生有罪的，反对摧残儿童个性的旧教育。卢梭尊重儿童、让儿童自然发展的号召，有力地冲击了传统的旧儿童观，有人把他的著作《爱弥儿》称为"儿童时期的宪章"，卢梭的主张在当时影响是较大的。十八九世纪一些早期的教育家如瑞士的裴斯泰洛齐(1746～1827)、德国的福禄倍尔(1782～1852)等都认为儿童具有自己的特点，不是成人的缩影，儿童天生具有一切道德的、理智的、身体的、能力的萌芽；儿童的发展是一个逐步"展开"的过程，儿童将成为什么样子由天然禀赋决定，教育应让儿童按自然本性发展。英国的欧文(1771～1858)虽然提出了环境和教育在儿童发展中的作用，但仍主张尊重儿童天然禀赋，让儿童按自然的本性发展。

以上一些教育家主要通过经验、直接观察、日记等方法来了解儿童，到 19 世纪末叶，儿童心理学的建立和发展，研究儿童的运动兴起，通过很多的实验研究，才对儿童发展问题科学地进行探索。在这些研究中，围绕着遗传、环境、教育(或称为生物因素和社会因素)在儿童发展中的不同作用而有种种不同的发展理论。如遗传决定论认为儿童的智力和行为都是天生的，后天不可改变，因此主张“儿童中心”，实施“自由教育”，否认教育和环境的作用；环境决定论则抹煞遗传上的差异，认为儿童一生下来犹如“白板”，任环境随意描画；教育万能论强调教育可以决定儿童的发展。这几种理论都把儿童看作环境和教育的消极产物，而看不到人在改造环境和教育、改变人自己的本性中的能动作用，在学前教育中以“教师为中心”、“教材为中心”，而忽视儿童。当然现在人们已经认识到这些理论是错误的，但是仍残留有相当的影响。

20 世纪以来，随着生理科学、心理科学的发展，西方对儿童发展的研究有很大进展。对学前教育影响较大的有下列几种发展理论。

1. 成熟论

儿童的发展是预先决定的，按一定顺序而演进，发展主要由成熟(指活动所需要的神经机制的成熟)决定，环境和教育只是为发展提供适当的时机而已，因此教师不要干预儿童发展的自然进程，而让儿童自由发展。

2. 精神分析论

强调遗传因素，认为人的本能是反社会的，早期情欲受到压制是以后心理变态的根源，并强调早期经验对以后个性发展的作用。提倡在学前教育中注意儿童的社会化发展和心理卫生。

3. 行为主义理论

早期行为主义者以简单的刺激反应模式解释人的行为，现在已不能使人信服。当代行为主义者以操作性条件反射可以通过强化(奖励、惩罚)进行控制，说明有机体所处的环境变化和行为变化存在着函数关系，但结论仍是人的一切行为都依赖于现在或过去的环境和刺激。在学前教育中在于创设环境，依靠外部控制改变儿童的行为，重视教师的指导和系统的教学，对儿童进行一系列的干预，使期待的行为得到支持，不良行为将被控制。

4. 人本论

人本论心理学是当代兴起的一个心理学流派，强调人的本性和价值，认为人有生理需要和社会需要，应依赖人类内部动机系统自我指导，以实现潜在力量、个性特点，使自我得到充分的发展。人的自我实现和为达到目的而进行创造的能力才是人的行为的决定因素，而环境和教育只能促进或限制人的潜能在一定范围内的实现。在学前教育中，儿童的求知欲和好奇心是行为的基础，儿童可以自己决定学习什么，教师的作用在于帮助儿童学会怎样学习，怎样实现潜能。

以上几种发展的理论的基本论点是对儿童的看法，有人从对儿童本质的不同理解，把它们归纳为两大流派。

一派是行为主义论，把儿童看作是一个消极的为外部刺激所控制的有机体，通过强化可以控制儿童的行为；可从外部所观察的行为来了解儿童。

另一派是人本论，包括格式塔学派、场论、认知论和现象学派，人本论者认为人为自己的内在意识所控制，人的内部动机是行为的决定因素，人有自己选择的自由；不可以从外部行为来认识儿童。

在20世纪50年代后期，苏联心理学界就开展了关于儿童教育和发展相互关系的讨论，认为在人的发展中“社会的和生物的影响是两个相互作用的因素。人的发展及其个性的形成是统一的完整的过程”；强调人以自己的活动和交往与社会互相作用，批评了在教育过程中“不见儿童”的弊端；认为儿童心理的发展在活动中形成，任何活动都是符合于一定需要，为一定动机所推动，由动作所组成，借助于操作而实现；儿童自出生后在直接情绪性交往活动、摆弄物体活动、实物活动、角色游戏等活动中，获得经验，发展能力；主张教育的教学在儿童的发展中，在有明确教育目的的条件下具有决定性作用，在专门组织的发展性教学和教育条件下，儿童就能显露出巨大的潜在的可能性；主张对儿童进行系统的作业教学。

以上简略地介绍了在历史上儿童观发展的情况，以及当前国外一些主要的发展理论。我们应以分析态度，吸取其中的有益部分。

回顾历史，我国长期是封建专制社会，闭关自守，儿童私有及儿童是小大人等错误的儿童观流传很久，传统上要求儿童“少年老成”，服从听话，在学习上主要是死记硬背，而且至今这些观点仍有影响。20世纪初，我国开始建立幼儿园，福禄倍尔等关于幼儿园的理论和实验，日本、美国关于幼儿园的经验，以及对儿童心理学的研究，一些观点如“儿童是发展中的人”、“儿童的发展是自然禀赋的展开”、“发展是由成熟决定的”等观点逐渐影响我国的学前教育，一般幼儿园大都“以儿童为中心”，实施“自由教育”。在20世纪50年代以后，批判了“自由教育”，学习苏联学前教育经验。当时苏联在批判儿童学后，强调环境和教育在儿童发展中的主导作用，贬低遗传作用，在教育中忽视儿童。加之“环境决定”、“教育万能”以及早期行为主义发展理论的影响，传统的“儿童私有”、“小大人”观点的影响，往往把儿童与环境和教育的相互作用简单地理解为机械地被动地接受外界影响，忽视儿童的主动性，忽视儿童的个别差异。当前有些幼儿园按小、中、大班统一教材，有的地方甚至统一进度；教师只注重研究教材，不研究儿童；只注重上课，不注意通过各种渠道进行教育，只注重研究各科（语言、常识、音乐、美工、体育、计算）教学的内容和方法，不注意研究各科间的联系，只注意研究教师的教，不注意研究儿童的学等等，都是一定儿童观的具体体现，需要从理论上研究儿童观来加以改革。近年以来，心理学、儿童心理学的研究取得很大进展，有许多新的科研成果，为建立科学的儿童观提供了良好的条件。

我们应持有什么样的儿童观，这是一个需要社会学、经济学、生理学、心理学、教育学进行综合研究，进一步加以科学探讨的问题。现仅就笔者对我国幼儿园实际的初步了解，结合有关的心理学、教育学等理论，提出新的儿童观应考虑的一些看法。

儿童的发展是生物因素和社会因素多层次的互相结合、互相作用的过程；发展不是孤立的、静止的，不是某一因素的单独作用。儿童的发展是在主体和客体互相作用中主动地发展，不是被动地发展的。

儿童具有发展的潜力，在与适当的教育和环境的相互作用下，有可能最大限度地发展儿童的潜力。

每个儿童都是独特的个体，发展水平和速度不同，兴趣和爱好不同，不能以年龄或班级为标准来机械地划一。

儿童通过活动而发展，在对物体的操作和与人的交往中发展知识和能力，不是坐着，只通过听或看教师的说和做而发展。

儿童作为一个整体在互相联系的体、智、德、美几方面发展，不是孤立地进行某一方面的发展。

每个儿童有权利受到尊重和爱护，不是可以随意处置或轻视的。

根据以上的几点看法，结合幼儿园的实际和教育改革的可行性，当前幼儿园教育改革可从以下几个方面着手：

发展儿童的主动性、创造性和教师的指导作用相结合；

进行有系统的分科教学和注重各科间有机联系相结合，开展多种活动、运用各种渠道和上课相结合；

集体教育和个别教育相结合；

培养儿童身体的、智力的、道德的、情感的全面发展和发展儿童个人兴趣、爱好相结合。

让儿童通过观察、操作、活动，动手动脑获得直接经验，通过自己的实验和探索得到知识、发展智力。

以上对学前教育社会观和儿童观的探讨只是开始，我们要进一步学习国内外社会发展的理论和实际，学习生理学、心理学和教育学的最新成就，进一步研究社会观和儿童观的问题。我们的有利条件是有坚强的领导和有作为的学前教育队伍，理论研究有辩证唯物论和历史唯物论为指导，我们有信心认为我国的学前教育在不远的将来就能赶上和超过世界先进水平！

全国学前教育研究会第三届年会论文

1985 年 3 月于南京

对幼教改革的设想(提纲)

一、对幼教改革现状的思考

当前幼教改革比较集中在提倡综合课程模式,打破了单一分科教学的模式,改革了一些弊端。但教育改革范围很广,课程模式改革不是惟一的路,也并不是只有提出什么课程模式才称得上改革,我国是发展中国家,正在进行改革,幼教发展不平衡,财力、物力、人力有限;幼儿园有多种类型、多种水平,改革应按各幼儿园的实际,也应是多层次、多样化的。儿童学习的内容也很广泛,各种知识技能、不同的学习内容,需用不同的方法去学习,对不同的儿童(年龄、发展水平、个别差异)所用的方法也不同,俗话说得好,"一把钥匙开一把锁",我们应因材施教。

对于儿童是怎样发展的、怎样学习的,各个心理学派有不同的理论,根据不同的心理学理论,有不同的幼教课程模式。20 世纪 60 年代,美国在幼教领域内对各种课程模式进行了实验,并长期追踪研究,研究结果说明各种课程模式的效果相似,教育效果好坏的关键在于教育管理和教师质量。现在虽有进行专门课程模式实验的,但一般幼教机构博采各家之长,主任教师能自己选订课程,制订教育计划。美国的经验可供我们参考。

二、幼教改革的设想

怎样把有限的人力、物力用在刀刃上,保存和发扬我国幼教 40 年好的经验和优点,改革弊端,积极进行改革,这是改革中的重要问题。

首先应明确幼教改革为实现幼儿教育的目标任务,这是政治、经济、社会、家长对教育的要求,这是改革的方向。而改革的内容、形式、方法则要多样化,在幼教实践中已涌现多种改革,如单科和专题改革、综合主题、活动角、游戏化等等。各种在改革中都要以正确的新教育思想观点指导，落实到每一项教育措施上。为了便于大家掌握，现把新的教育思想观点以简明的形式加以说明。

1. 发展性

教育要适应儿童发展水平，促进儿童发展。无论从年龄、班级或个体儿童来看，儿童在身体、智力、语言、知识、数学、绘画、搭积木等各方面的发展水平个别差异很大，教育工作要适应儿童发展水平，避免成人化、小学化、一律化，给予儿童宽松环境很重要，使儿童有伸缩余地。

2. 活动性

儿童通过自身和外界环境互相作用而发展，而成人只是要求儿童坐着、听讲、看教师演示，老关在屋里，这种做法是错误的。应让儿童直接和外界事物和人们接触，进行各种活动。建湖县混合班的教师让儿童在大自然中进行各种游戏和活动，这对促进儿童发展有利。

3. 兴趣性

调动儿童的内部动机，符合儿童需要和发展水平，使儿童兴致勃勃，而不是依靠神秘的教具教法。一般的玩具、积木、游戏都能激发儿童的兴趣，教师不能只按教材规定教育计划，还要注意儿童的随机兴趣，并加以引导。

4. 主动性

儿童的主动性是积极性、创造性的基础，而在我们的教育工作中，普遍存在的是教师直接灌输或生硬要求、训斥，儿童被动地学和服从，儿童生动活泼的主动学习则很少，“解放儿童的头脑和双手”是当前重要的改革内容，教师和儿童的关系应从主导、指挥儿童发展到指导、建议和辅助儿童。

5. 游戏性

游戏能调动儿童的内在动机和愉悦情绪，游戏是幼儿的主要活动，幼儿园中应多开展游戏，并尽量多地使各项活动带有游戏成分。

6. 实效性

应结合本园实际，考虑可行性和实际效果，改革追求形式的坏风气；并逐步制订科学评价效果的标准工具，改革个人权威、情感用事等做法。要从儿童发展看效果，并且应核算金钱、时间和人力是否用在刀刃上，是否经济。实效性首先主要落实在对儿童发展有什么好的影响上。

在江苏省幼儿教育研究会年会上的报告
1989 年 11 月于扬州

学前教育课程简介

什么是课程？课程指课业的进程，英文是 Curriculum。教师为儿童提供的有组织的获取经验的形式，包括基本理论、目标、选择内容、组织内容（方法）、教师和儿童的关系及评价，把宏观教育理论和幼儿园具体实施的微观领域结合起来，是把理论与实践结合起来的桥梁。

有了教和学的活动，就有了课程，但是对学前课程的研究，起步很晚，英美在 20 世纪初才有人开始研究，我国学前教育课程研究则更晚，可以说刚起步，我只是把自己开始学习的内容心得提供给大家，希望大家共同学习讨论。

一、制定课程的因素

（一）社会的需要

学前教育是年轻一代教育的最初阶段，是为幼儿、家长和社会服务的，社会变革，如家庭结构变革，商品生产扩大，城市化加速，技术运用的增长，社会价值观在改变，文化价值观也在改变，这就影响教育目标、教育内容、教育方法的制订。在我国要培养有理想、有道德、有文化、有纪律，热爱社会主义祖国，有为社会主义事业献身精神，具有实事求是、独立思考、勇于创造的科学精神的年轻一代，幼儿园的课程为实现这统一的教育目的而服务，适应社会对学前教育提出的要求，为培养合格的人才从小打好基础。

（二）儿童发展的需要

制订课程要考虑儿童的生理的和心理的发展水平和规律，不断运用心理学及有关科学的最新成就。同时由于不同的心理流派对儿童是怎样发展的、儿童的知识技能如何获得、行为心理如何形成等基本问题各派有不同的理论，因而幼儿园课程随之不同，如 20 世纪初，基于成熟理论，认为儿童的发展因为成熟，教育有助发展，不起决定作用，那么教育上就主张儿童自由发展的课程；20 世纪 30 至 40 年代，受精神分析论的影响，教育上就重视儿童个性培养及表达和处理情感的课程，等等。

（三）知识、经验之选择与组织

哪些知识和经验是年幼儿童必须学习或可能学习的？首先要考虑科学和技术的最新发展和与下一阶段学习的衔接和需要。第二步应考虑用什么方式方法组织知识经验，是从学科出发分科目，如语言、数学，还是从儿童的兴趣出发，制定主题课单元；是让儿童直接参加活动，还是采取口耳相传方式，教师讲授、示范，儿童坐着听、看，等等。

（四）教师和教师的作用

首先是要求教师具有一定的水平和素质。其次是应明确教师和儿童的关系：是领导？指导？还是协作？如是领导作用，教师事先选定教材和教法，缜密考虑整个教学过程，知识是文化传递，关键在教；如是指导作用，教师先考虑儿童的兴趣和动机，儿童通过自己的摆弄和操作而获得知识经验，教师主要在于提供设备和环境。

（五）幼儿园的场所、班级人数及设备

幼儿园班级人数和设备直接影响课程的实施。场地的大小、活动室的面积制约儿童的活动方式。随着社会经济的发展，幼儿园的条件不断改善，提供了实施各种课程模式的可能性。

二、普通教育课程发展的概略

普通教育课程对学前教育有深远的影响，所以先作简略的了解。

在 15、16 世纪，随着反对教会统治、禁欲思想与出世主义，恢复古文明三潮流，在普通教育方面出现人文主义课程论，重视发展儿童个性、兴趣，提倡体育，扩大智育学科，反对体罚和严酷纪律。17 世纪捷克的夸美纽斯提出泛智主义课程论，主张使人受到完善的教育，教给学生当前和未来生活都需要的知识，零到六岁儿童进母育学校，通过周围生活发展儿童的感官和观念。17 世纪时，出现感觉主义课程论，以培根和洛克为代表，提出感觉是一切知识的源泉，通过感觉来认识自然。18世纪法国卢梭提出遵循人的本性的自然主义课程论，主张"回到自然"，不要给儿童过多干涉。19世纪德国赫尔巴特为代表的主知主义课程论，以知识作用为本位，以教师为中心，实行学科教学，使学生系统地掌握知识。英国斯宾塞正式提出智育和德育，以自然科学知识为主要内容的广泛学科，形成系统学科知识为内容的传统的课程体系。20世纪初，美国杜威提出实用主义课程论，主张"有用的就是真理"，认为儿童的本能是他们获得"经验"的基础，在"做中学"，课程只能顺应和满足这种自然现象，儿童是中心，教育的一切围绕着儿童转，即儿童中心课程，应先设计主题并围绕所设计的主题(单元)进行各项活动，又称单元课程。这种理论在学前教育中影响很大，我国在三四十年代也实施单元课程，在四五十年代又提出要素主义课程，提出加强基础知识和基本技能的学习，把人类文化遗产中的精华传授给下一代。五六十年代后，以皮亚杰结构主义心理学为依据的结构主义课程论，主张通过学生主动活动和探索、发现而获得知识。还有以苏联赞可夫为代表的发展主义课程论，强调促进儿童整体发展，不仅传递知识，还要发展智力、能力，培养态度、情操，锻炼意志，发展整个人格等。后两种课程也是现在推行的课程。

普通教育中各种课程论的发展，扩大了我们的眼界，丰富了我们的知识，使我们更好地了解和认识学前教育的课程论。

三、学前教育课程的发展

早期学前教育课程对以后影响很大的主要有福禄倍尔课程和蒙台梭利课程。

福禄倍尔(1782～1852)1837年在德国创办了第一所不用书本的学校，称为幼儿园，他提出，上帝、自然、人为宇宙统一体，要尊重儿童自然本性，主张让儿童自由发展，主张游戏是儿童期重要活动。他创制了20种游戏和作业的材料(称为恩物)，如六种彩色绒球，立方体、圆柱体小木块(演变为现在的积木)、金属圆圈等，供儿童进行游戏和作业。作业内容很多，有泥工、木工、纸工，串珠、画图、刺绣，游戏和唱歌，语言和算术等。他的影响遍及许多国家。意大利人蒙台梭利(1870～1952)是医生和教育家，为幼儿开办了“儿童之家”，她把教育看作是促使儿童内在力量自我发展的过程。儿童发展过程中有一些敏感期，她主张教育从感官入手，创造一套进行各种感官练习的材料和教具，让儿童进行学习，并自我校正。此外还有智力教育、语言教育、写字、数学等。蒙台梭利教学法流传至今。

20 世纪初以来，学前教育课程主要有下列三种。

(一) 行为主义理论的教育课程

行为主义理论以“刺激-反应”公式作为行为解释原则，儿童可看作是与刺激相互作用的应答系统，儿童的行为可由外部刺激控制和改变，由两种反应构成。

1. 条件反射式反应

不被后果所控制，不可训练。

2. 操作性条件反应

为反应的结果所控制，可以训练。行为由积极强化所控制，学习是一系列操作性条件反射的结果。恰当的行为得到表扬，不良行为被惩罚。教师按规定的教材，有计划地组织儿童学习，学习被分成小的步骤，有顺序地进行；对儿童进行适当奖惩和行为矫正，儿童的行为在教师的控制之下。学习的内容有阅读、数学、手工、绘画、音乐、故事等。

(二) 以儿童为中心的学前教育课程

以儿童为中心的学前教育课程依据成熟论的理论，儿童的发展是由于成熟，受机体内部基因固有程序的制约，并依据儿童天生具有的内在动机去认识世界，儿童通过直接经验自行发现周围世界。在教育上以儿童的动机与兴趣为中心，在教师与儿童关系上，儿童是主动活动者，教师处在应答地位，是反应者、促进者，为儿童获得经验和发展提供条件，鼓励儿童主动参加自由游戏，并制定单元或主题，为儿童活动或讨论的中心，所以又称为单元教学课程。

(三) 认知理论的学前教育课程

这种课程以皮亚杰结构心理学为依据，这种理论认为儿童的发展是一种结构的重建，并不是简单的增长，通过同化、顺应达到平衡，认知结构才能发展。儿童的发展是通过他们主动地对环境的操作与探索，与伙伴及成人的交往而认识周围世界的，不是被动的、死记硬背的学习。儿童是自主的学习者、探索者、提问者和问题解决者，教师提供良好的学习环境，鼓励儿童主动学习，与儿童共同制订活动计划，帮助儿童发展心理表征能力，由动作表征阶段向抽象思维发展。

我国第一所官立幼儿园始建于1903年，课程效法日本，设有游戏、歌谣、手技等，教法也很机械，有如小学。但由教会设立的幼儿园设立得较早，多效法福禄倍尔与蒙台梭利课程。我国教育家陈鹤琴、张雪门于20世纪20年代结合国情进行了实验研究。1929年政府颁布了《幼稚园课程暂行标准》，参照这些研究成果，采用设计教学（亦称单元教学），课程范围包括音乐、故事和儿歌、游戏、社会和常识、工作（沙箱装排、积木、画图、纸工、泥工及纸浆工、缝纫、木工、织工、园艺、其他），并指出实施时应打成一片，无所谓科目，应以一种为中心（秋天的红叶、娃娃的生日等）做一日或两三日内的作业中心，一切活动都离不开中心的范围，推行中心制，或称单元教学，是当时学前教育课程的主要方向。

1949年新中国成立后，随着政治制度、经济制度的革命，教育和幼儿园课程也进行了改革，分析、批判了幼儿园单元教学的缺点和问题，主要是培养目标和教育目的不明确，教学内容只注意横向的联系，缺乏系统性和计划性。当时苏联的幼儿园课程理论和实践，对我国幼儿园有很大的影响，于是我国的幼儿园废除了幼儿园单元教学的模式，采用分科教学课程模式。1951年教育部颁布了《幼儿园暂行教学纲要》，提出幼儿园的科目有体育、语言、认识环境、图画手工、音乐、计算，并提出各科的教学目的，小、中、大各班教材大纲等。教师通过制订学期的、每月的、每周的教育工作计划，进行教育教学工作，使教育教学工作有目的、有计划、有系统地进行。在此基础上，1981年教育部颁布《幼儿园教育纲要》（试行草案），在教育内容上增加生活卫生习惯和思想品德，在教育手段及注意事项中特别提出因材施教，即要让儿童多看、多听、多想、多说、多做，突出了新的要求。

在我们学习了教育课程和学前教育课程的知识及我国学前教育课程的发展沿革后，可较清楚地分析我国自 20 世纪 80 年代以来所进行的幼儿园课程改革，进一步吸取其中优良的经验，提高我们的认识。

要结合自己的地区或所在的幼儿园，从制订幼儿园课程因素，分析研究本幼儿园应如何进一步改革课程，考虑具体的改进计划。

根据我对有关课程理论的学习及对幼儿园实践的认识，我个人对课程改革的设想是：

首先，幼儿园的质量主要在于管理水平和教师的素质、水平，不在于实施哪种课程。美国对各种课程的追踪研究证明，各种课程模式教育效果是相似的，可供我们参考。

其次，各幼儿园应根据本园、本地区的实际，考虑采用一种或几种课程的内容方法，博采各家之长，不同科目、不同类型的知识，甚至不同的教师、不同的儿童，可以有不同的最适合的内容和方法，我赞成课程多样化，不必非单一某课程不可。

西北五省学前教育科学研究班讲稿

1989 年 6 月于兰州

幼儿园的教育改革

一、为什么要进行教育改革

(一) 社会的要求

教育是培养人的工作,学前教育是教育的最初阶段;教育变革,学前教育也应随之变革。当前我国正进行改革开放,技术运用增多,商品生产扩大,经济发展很快。为适应社会需要,教育要培养四有(有理想、有道德、有文化、有纪律)人才,他们热爱社会主义祖国,有为社会主义事业艰苦奋斗的献身精神,不断追求新知识,具有实事求是、独立思考、勇于创造的科学精神。这些优良素质都要从小打好基础。要从儿童抓起,促进儿童的身体健康,发展动作;要发展智力,丰富知识,培养爱学习、爱动脑动手的好习惯;培养有礼貌、团结友爱等好品质;培养活泼开朗的性格,使之具有审美兴趣爱好。

(二) 儿童心理学和学前教育学的发展

儿童是怎样发展的,儿童的知识技能如何获得,行为习惯如何形成,在心理学上有各种流派,由此幼教也有不同的理论和课程模式。如美国 20 世纪初推行成熟论,认为儿童的发展由于成熟,教育虽有帮助,但不起重要作用,在教育上主张自由放任。20 世纪三四十年代依据精神分析论,认为个性的形成,早期经验有重大作用,重视情感和性格培养。行为主义理论,认为儿童的行为受外部刺激作用,为强化所控制,教育上强调外部刺激和直接教学,如注意好的行为,或表扬肯定加以强化,不注意坏的行为。随后重视皮亚杰认知理论,这一理论指出认知发展是心理结构的重建,不是简单的增长,儿童通过与外界事物和人们的相互作用,以原有结构吸收外界信息或改变原有结构适应外界信息,不断地通过矛盾、平衡过程而发展,并把知识分为三类,不同种类的知识有不同的学习方式：

(1) 物理知识来自对物体的行动而得到的经验，应让儿童多对实物进行接触和探索。

(2) 逻辑数学知识来自对物体间相互关系的认识、思考，如比较大小、分类，什么是家畜、野兽等，应多注意培养儿童动脑筋的习惯。

(3) 社会知识来自人与人的交往和成人的传授，如礼貌、按次序轮流等，在与人们交往中培养。这一理论认为儿童是通过自身与外界事物、与人们的相互作用而发展和积累知识的，这与传统观念相反，传统观念认为知识是直接传授、讲授的，以记忆力记住，智力等于记忆，幼儿园教育工作中应让儿童多用实物操作、探索，多与人们交往，多活动。

由于心理学的发展，学前教育理论随之发展，推动了幼儿园的教育改革。同时心理学和教育学的研究，说明儿童早期经验对以后的学习和发展有很大的影响，如亨特指出"生活条件和教育在出生头几年有决定作用"。美国 17 年的追踪研究也说明人智力发展的最重要时期在出生后 8～36 个月，这加强了社会对早期教育的重视，也推动了幼儿园的教育改革。

（三）我国幼教发展的需要

1840 年福禄倍尔在德国建立了世界上第一所幼儿园。我国第一所幼儿园是清末(1903 年)在武昌建立的，其教育内容、方法等最初效法日本，以后又受欧美教育思想影响。我国的教育家提倡创办适合国情的幼儿园，如陈鹤琴于 1923 年创办了南京鼓楼幼稚园，张雪门创办了北平香山慈幼院/幼稚园。20 世纪三四十年代我国的幼儿园教育受欧美影响，采用单元教学；建国初期，大力学习苏联，幼儿园废除单元教学，采用分科教学，制订教育工作计划；70 年代末期，随着改革开放、发展经济国策的实施，国际文化教育交流的增多，幼教也受到国际教育思想的影响，加强了教育改革的需要。首先表现在幼儿园课程模式的改革，提出综合主题教育，打破单一分科教学模式，推动了幼儿园教育改革的进程。

为了使教育改革更加有的放矢，回顾建国初期实行分科教学以来在实践中取得了的经验与弊端是很有必要的，从我个人能领悟的来看，好的经验有：

(1) 有明确的教育任务，除总的教育任务外，在制订学期教育工作计划时，有学期的教育任务，在每周教育工作计划中，有周教育任务；

(2) 各科教学内容能有计划有系统地进行，由近及远、由浅入深；

(3) 能有目的、有系统地进行教育教学工作，制订了学期、月、周的教育工作计划；

(4) 上课能提供全班幼儿都有学习活动的机会；

(5) 儿童活动内容丰富、多样，并重视角色游戏。

存在的弊端：

(1) 各科孤立进行，内容割裂，忽略各科内容的内在联系及儿童经验的整体性；

(2) 分科过细，各科内容拔高，向高、难、深发展；

(3) 教师只注重上课，忽视游戏和日常生活的教育作用，注重知识传授，忽略德育和情感教育；

(4) 教师只注重面向全班幼儿教育，而忽略个别教育，机械划一，忽视儿童的个别差异；

(5) 以教师为中心，教师指挥一切，抑压了儿童的主动性；

(6) 注重形式，不讲究实效；

(7) 教育教学方法大多采用填鸭法，直接灌输：教师讲，儿童听；教师示范，儿童看；少活动，少探索。

在经验与弊端中，有的是由于采用分科教学的课程所造成的，有的则不是。

二、幼教改革现状

20 世纪 80 年代初期，幼教改革首先是课程模式的改革，一些幼儿园提出并推行综合主题课程模式，打破单一的分科教学模式，改革了各科间的孤立和割裂状况，是有贡献的。继之，出现了各种改革，如单科改革或专题改革，又如增加游戏成分，增加儿童的操作，注重社会性发展，自信心的培养，注重各科知识的联系，这些都取得了可喜的成绩。

在幼教改革中应加强改进的方面有以下几点。

（一）以正确的教育思想和观点的指导，集中在树立正确的儿童观和教育观

儿童观是指怎样看待和对待儿童观点的总和。在我国，长期的封建社会的陈腐观念主要有两种，一种认为儿童是家庭和宗族的私有品，没有独立自主的人格，如溺婴、买卖儿童、虐待、打骂等，要求儿童对长者绝对服从；第二种认为儿童是小大人，只不过形体较小，以成人眼光要求儿童，循规蹈矩，不许多说多动，成天坐着背诵诗书，教育方法上一味压服。随着社会发展，这两种观点都得到颠覆，但社会上仍有残余影响，对教师也有。如1987年江苏幼教研究会对620名民办、公办教师调查好孩子的标准，认为安静、听话、服从的孩子是好孩子的教师，城市幼儿园教师占30%，农村幼儿园教师占46%。

人们对儿童观的认识有一个长期的、复杂的过程，我们应有怎样的儿童观？现在简括地说：儿童是独立的个体，有权利受到尊重和爱护；儿童的发展受到遗传、环境和教育的影响，是多层次的相互结合的过程，是在主体和客体互相作用下主动发展的，每个儿童发展的水平、兴趣爱好都是不同的。

有怎样的儿童观，随之就会有怎样的教育观，两者是互相联系的，如认为儿童是小大人，就会忽略儿童的生理、心理特点，要求儿童长时间静坐，背诵不懂的内容等等，所以首先要树立正确的儿童观。

（二）要明确全面贯彻幼教任务

促进幼儿体育、智育、德育、美育的全面发展，改革重智育、轻德育，重知识、轻能力的做法。重视情感教育，重视培养幼儿自尊自信。

（三）改革以教师为中心，教师指挥一切的观点和做法

从制订教育工作计划到组织各种活动，都从教师出发，从教材出发，在各项活动中，都听教师的安排，要求儿童绝对服从，这是很大的

弊端。应该是从了解儿童、考虑儿童发展的需要出发,从契合儿童生活实际出发,从考虑儿童的兴趣出发,进行各项教育活动,教师的角色要从主导者转变为启发者和引导者。

(四) 培养儿童的主动性

在一切活动中,多给儿童自己选择、自己决定的机会,培养儿童自己动脑筋、想办法,如游戏中让儿童自己选择玩什么游戏,自己确定主题,选择玩具,自己分配角色等,表扬儿童主动性的表现,重视儿童的主体作用,教师的指导必须和儿童的积极性相结合。

(五) 重视儿童的直接经验

让儿童多活动,多操作,改革教师灌输、儿童听,教师示范、儿童看的做法。

(六) 重视儿童个别特点

因材施教,改革强调共性、忽视个性、机械划一、一刀切的做法。

当前,幼儿园的课程改革是十分活跃的,可以预想我国的幼儿园改革形式多种多样,学前教育的理论与实践也将进一步发展和提高。

西北五省学前教育科学研究班讲稿

1989 年 7 月于兰州

美国学前教育简介

了解美国学前教育的目的在于吸取其有益的经验，提高我国学前教育理论和实践的水平。中美是两个很不相同的国家，除了社会制度不同外，美国经济发达，工业、交通、通讯比较先进，生活水平较高，城乡差别较小，还有一个特点是历史短，1776 年 7 月 4 日美国《独立宣言》发表前为英殖民地国家，只有二百多年建国历史，而且美国移民很多，来自世界各国。我们要结合我国实际，去粗取精，学习美国优秀的教育经验。

一、学前教育的历史沿革——纵的线索

18 世纪美国处于殖民地时代，受欧洲的影响，认为儿童是有罪的，要求儿童读圣经、赞美诗，训练严格，体罚严厉。19 世纪三四十年代，为了减少移民和工业化所带来的贫穷与犯罪，开始有托儿学校的建立。后来，在裴斯泰洛齐、福禄倍尔等思想的影响下，才开始打破死板的课程，放弃粗暴的训练。托儿学校逐渐发展起来，在 1889 年时有 175 所，第一所公立幼儿园建立在 1873 年。

学前教育的发展受着社会政治经济的影响，在美国有两个突出的例子。在 1929～1935 年社会处在经济危机时期，为增加就业机会，全国普遍建立了日托中心，但在经济好转后，联邦停止提供经费，于是纷纷关闭。1939～1945 年第二次世界大战时，一些妇女参加为战争服务的工作，也建立了一批日托中心，解决了工作母亲的困难，但是在战争结束后，大批日托儿中心也停办了。虽然还有私立托幼机构，但收费较贵，贫苦人民的幼年子女依旧未能受到良好的教育。一直到 1964 年有了“早开端”设施才解决了这一问题。

自然科学、心理学和教育学的发展对美国学前教育发展的影响是

很大的，特别是心理学，对儿童是怎样发展、怎样学习的，有不同的理论解释，在学前教育方面也有不同的突出的重点和课程模式。20世纪初，在达尔文适者生存理论的影响下，一些心理学家研究儿童发展理论，继之各种心理学派先后流行。心理学家格赛尔提出成熟论，认为儿童身心的发展受机体内部基因固有程序决定，教育与环境不能改变发展本身的自然成熟顺序，因此在教育上不要强制要求儿童。行为主义心理学者如华生等以“刺激-反应”公式作为行为解释的原则，认为儿童的行为可由外部刺激控制，学习是一系列操作性条件反射的结果，在教育上提倡重视运用适当的奖励和惩罚的影响，重视教师的教育和领导。

还有，弗洛伊德的心理分析学说，主要指人格理论，在教育上强调年幼儿童的情感生活，游戏作为儿童内心深处情感的表现及困扰的发泄，可掌握潜意识，掌握环境，主张儿童自由游戏，教师不要干涉与妨碍儿童。

由于不同心理学说的影响，在学前教育中形成不同的课程模式，集中表现在教师与儿童的关系上，是以儿童为中心，还是以教师为中心。

此外，杜威提出进步教育理论，主张儿童从实际活动和生活经验中学习，从“做中学”，一切教育措施都围绕儿童转，反对以教师为中心，对当时学前教育影响很大。还有蒙台梭利学说，蒙台梭利是意大利的医生与教育家，开办了儿童之家，她认为教育是帮助儿童心理发展，而不是“教”，儿童心理是通过与环境的相互作用而发展的，应重视自我教育、感官教育与生活实践教育，教师的作用在提供有秩序的优良的环境。她创立了一套关于训练感官及增进知识的教具。她的影响范围不大，但至今还保留着。

20世纪50年代以后，结构主义心理学在学前教育中应用盛行，一直到现在，代表学者是皮亚杰，他们认为儿童通过对经验的反映来心理地建构知识，由于认知的不平衡，通过同化顺应建构图式而达到平衡。儿童是学习的主动的建筑师，儿童对物体的及与同伴的自主活动是早期课程模式的基础。儿童的发展有不变的发展顺序的阶段，每一阶段以只组织思维与活动的特有方式方法来标明。教师的任务是提供儿童主动参与的环境，鼓励儿童主动活动，积极反映他们的经验，以及计划未来的活动。这一理论对学前教育影响很大，一直盛行至今，如发展适应性课程模式，High/Scope 课程模式等。

在五六十年代，根据各种心理学流派的不同的学前教育课程模式很多，但通过对其教育效果的研究，相互间的差别很小，影响教育质量主要因素是教师的质量与教育管理水平。当前虽仍有一些课程模式的实验，但一般学前教育机构都采用众家之长。

二、当前学前教育的概况——横的剖面来看

首先明确几个概念。在学前教育机构收托儿童时，年龄的规定不是很严格的，如幼儿园收三岁到四岁的儿童，而有的五岁儿童仍留在日托中心。

美国儿童年龄划分及相应的教育机构

年　龄	名　称	教育机构
出生～一个月内	新生儿	
出生～一岁	婴儿	婴儿教育　日托中心
十三个月～三岁前	学步儿	婴儿教育　日托中心
三岁～四五岁	学前儿童	托儿学校
五岁～六岁		幼儿园设在小学内
出生到八岁		统称早期教育

（一）学前教育机构的多种类型

根据美国 1987 年人口调查材料，六岁以下儿童的母亲参加工作的比例 1978 年为 37%，1987 年为 57%，参加工作的母亲日益增多，对学前教育机构的需要增大。

1. 日托(Day care, Child care)

对象为初生到五岁的儿童,保教结合,偏重保育。

(1) 家庭托儿:1987 年一项调查结果表明,母亲全职工作,五岁前子女的安排,家庭托儿所占比例很大,亲戚照看占 39%,在家里无亲戚占 6%,家庭托儿占 25%,日托中心占 30%。对承办人要求注册,并有一定要求。如佛罗里达州规定 21 岁以上、高中毕业、有助手证书及食物处理者证书,对房屋场地有一定要求,如烟警报器,灭火机、隔离室,并有规定的设备与物品清单。

(2) 日托中心:日托中心是学前教育最普遍的类型,突出特点是保教结合,偏重保育,灵活多样,各州都有规定,如各州规定最少的儿童人数不同,如宾州规定 7 人以上,有的州 12 人以上。经费来源也很多,有家长、州及联邦各种项目的资助,私人及慈善机构、宗教机构的资助等。另有由私人及公司、商业办的赢利的日托中心,注重教育质量。各日托中心托儿时间很灵活,按家长和儿童的需要而定。

2. 托儿学校(Nursery School)

收托三至五岁的儿童,偏重教育,注重认知发展和社会化发展。

3. 实验学校(Laboratory school)

亦称儿童发展中心,收托两至六岁儿童,附属于大学,为学习心理学、教育学学生见习、实习的场所,设备较好,人力充足,质量较高,大都向群众开放。

4. 早开端 (Head Star)

1964 年联邦政府在经济机会法(The Economic Opportunity Act)中规定支持低收入家庭的幼年子女教育,这是一项综合的对学前儿童及其家长教育与健康支持的项目,为儿童提供的服务包括:① 医学与牙科;② 家庭与父母教育;③ 促进儿童发展,入学准备,帮助儿童从小克服贫穷带来的影响。60 年代初期公民权运动进一步开展,同时有很多研究成果说明早期教育的重要性,如 1961 年亨特(J. M. Hunt)在《经验与智力》一文中指出,智力不是固定的,而是很大程度上依赖于在早期的刺激与活动。1964 年布鲁姆(B. Bloom)根据纵向研究中的结果指出,生命的头五年是促进智力发展的最佳时期。加之参加工作的母亲日益增多,因此,当时学前教育成为社会改革及扫除贫穷的重要措施。早开端项目的实施推动了全国的学前教育,而且大大促进了学前教育各种课程模式的实验研究及学前教育效果的研究。如有项纵向研究的资料表明,早开端项目培养的儿童与未进学前教育机构的儿童相比,较多的人高中毕业,较多的人进大学,较少的人在特殊教育班,在少年犯罪、少年怀孕、依靠救济方面比率较低,在职人员的比率较高。这说明学前教育的效果是比较好的。

5. 幼儿园

收托小学一年级前的五岁儿童,设在学校内,下面将单独讲述。

6. 其他适应各种需要的多种多样的学前教育机构

(1) 寄养:父母不能或不愿抚养的年幼儿童,有家庭寄养与机构寄养,约有 25 万儿童。

(2) 病儿养育:由家庭、医院或托儿中心担任。

(3) 残障儿童教育机构:对弱智和肢体残缺儿童,对行为、语言有障碍的儿童,遗传疾病等残障儿童从幼年起就加以早期干预、治疗,并主张残障儿童与正常儿童一起受教育,可减少环境不利影响。

(4) 军队日托中心:由于军人有特殊任务,军队日托中心提供所有服务,在全球有六百多所。

(5) 临时托儿:在超市或单位有临时托儿,为顾客服务。

(6) 上学前或放学后的活动小组,以满足家长需要。

(二) 学前教育机构的质量要求

全美早期教育协会有质量鉴定中心项目,对学前教育机构的房舍环境、健康与安全、营养、职工质量、课程等进行各项评估,为学前教育的质量提出了一定标准。其他一些机构也提出有一定标准,如六岁以下儿童教育南方协会提出日托中心必须满足儿童六项基本需要等。

1. 日托中心质量要求

(1) 适应儿童各发展阶段的需要和兴趣,如婴儿身体照顾,学步儿探索周围环境，学前儿童身体的、认知的、社会情感的全面发展。

(2) 为各年龄儿童提供安全的、愉快的环境和设备。

(3) 教养人员与儿童的比例应能使儿童获得个别照顾与注意。成人与婴儿1∶3，成人与学步儿1∶5，成人与学前儿童1∶8～9，全组儿童人数15人以下。

(4) 为各年龄阶段的儿童设置完善的以发展为基础的课程，以促进儿童身体健康的认知的、社会情感的发展，并注意户内、户外活动、游戏与学习技能的平衡。

(5) 与家长的联系与合作。

(6) 工作人员的进修，按儿童发展协会国家鉴定项目的规定实施。

(7)为下一阶段做好准备，使儿童适应新环境的要求。

2. 幼儿园的质量要求

幼儿园招收的对象是入小学前五岁儿童，有半日的和全日的两种，任务是为儿童做好入学准备，以促进与保证儿童在学校学习顺利与成功。入学准备是身体的、认知的、社会的与情感发展的总和，其中学习技能与行为的准备尤其重要。

幼儿园的入学准备主要有下列各方面：

(1) 语言：学习与生活的成功都需要语言，具体内容包括：① 接受语言，倾听教师与同伴的说话，按照教师的指示去做；② 表达语言，对教师和同伴有流利的语言表达能力，清楚地表达自己的需要与观念；③ 文学语言，对认字有兴趣，认识自己的名字、人名、地名等。

(2) 独立性：具有自我服务能力和独立工作能力。独立完成学习任务，并有创造性。

(3) 控制冲动：包括一系列的行为，这些行为保证儿童顺利参加学习，完成学习任务，如能坐在椅子上一段时间，发展注意的广度，认真参加学习，不妨碍同伴的学习，不打人。

(4) 社会交往能力：在集体中与别人交往、相处和合作的能力，向别人学习的能力，尊重、关心别人，这是学习做人的重要内容。

（5）一定的生活经验：儿童的生活经验、见闻是构建知识和认知发展的原始材料，这些经验来源于多参加活动和游戏，如日常生活、劳动、学习、活动、参观、到大自然旅游等等，儿童对外界的接触和活动也能锻炼与发展儿童的认知能力。

（6）健康：儿童必须具有身体的和心理的健康，才能参加整日的学习活动，应为儿童提供积极的、有益的环境，以及成人的关爱，充分的营养，合理的生活制度，培养其良好的卫生习惯等。

怎样才是一所质量好的幼儿园？内布拉斯加州教育部门所拟优质幼儿园的条件可作为示例说明：

（1）幼儿园和家庭建立合作的伙伴关系，家庭和幼儿园互相支持，而不是互相矛盾或各自孤立。

（2）提供有计划的、以儿童为中心的环境，鼓励儿童以探索与发现来进行学习，而不是要求儿童坐在教室里，通过纸和练习簿来学习。

（3）儿童能够用具体材料，根据个别差异，进行不同程度的多样活动，并按每个人的能力去完成，不是要求全体儿童达到同一水平，完成同样任务。

（4）儿童在所提供的材料范围之内，可以自己选择和决定，而不是由教师统一领导。

（5）儿童所学的知识常常不只是一个对的答案，通过开放性材料及成人与儿童间非正式的谈话，发展和鼓励儿童发散性思维，而不是每天的活动由习题纸所控制，讨论一些规定好的答案。

（6）按照儿童自己的语言、经验与发展阶段，制定基本的阅读与书写活动，而不是都采用市场上现成的前阅读与前书写的项目和材料。

（7）培养儿童喜欢书籍，爱好文学，通过日常故事时间创造性地表演、复述。有多次机会去听、学简单的摇篮曲及其他诗歌，而不是故事时间很短，只从教育性电视节目中欣赏音乐。

（8）儿童参加日常的、计划好的、能促进大肌肉及精细肌肉发展的运动活动，包括跑、跳、拍球、敲钉、玩泥等，而不是只是长时期静坐或需超过儿童当前能力完成的运动技能。

(9) 儿童学习数学知识，提高使用熟悉材料的频率，如沙、水、积木与计数器，而不是要求儿童在练习簿以对正确答案画"✓"的方式死板练习。

(10) 培养儿童关于自然及类似因素的好奇心，形成科学的、观察的、实验的、讨论的学习方法的基础，有计划地与自发地与植物、动物、岩石、土壤、水等接触，而不是仅在限定时间内学科学，或只知道书本上讲的结果或教师做的实验。

(11) 培养和鼓励儿童对各种形式音乐的爱好与欣赏，而不是只在限定时间内让儿童接触音乐。

(12) 在每天的课程中，用各种材料和手段去做艺术表现，而不是只复制统一的范例，涂色复制品，剪贴同一样式。

(13) 所有的活动都是有计划地去促进儿童积极地、自我评价和对学校、同伴正确的态度，而不是只从儿童实现所规定内容的能力来衡量儿童的价值。

(14) 把游戏看做这一年龄的学习中介，而不是贬低游戏，认为儿童在日托学校已玩够了，现在应为"真正学习"做好准备。

这些标准具体说明在幼儿园如何实施新教育思想及改革旧的教育思想。

为了使每个儿童都能成功地进行学习，除了在幼儿园的一年教育外，在入园前有一测验，发展迟缓的儿童则进幼儿园预备班学习一年，以减少儿童将来在学业上的失败。

(三) 对我国学前教育的思考和改进

1. 尊重儿童

儿童是独立的人，有独立的人格，有人的权利。只有尊重儿童，才能培养儿童的自尊和尊重别人，这是社会生活的重要原则。自尊心是一个人道德观念的基础，自我完善的内在动力。过去我国封建宗法制的儿童观，认为儿童是家庭和家长的隶属品，对长辈只有人身依附关系，没有独立自主的人格，同时认为师道尊严，教师有绝对的权威。成人不按原则行事，而是凭个人的好恶，任意打骂儿童、处置儿童，这会对儿童造成极大的伤害，应绝对禁止。

2. 重视儿童的个别差异，促进每个儿童的健全发展

每个儿童都具有自身的个别特点，在身体、认知能力、情感、个性、兴趣、爱好上都存在个别差异，教师和家长要了解每个儿童，针对每个儿童的个别特点，除全班的教育活动外，要有小组的和个别的教育活动，以有效促进每个儿童发展，使教育取得实效。

我国学前教育过去强调共性，对儿童的教育和培养全班一刀切，采用一个要求，一个做法，忽视儿童的个性差异，不但难以收到好的效果，甚至会阻碍或伤害幼儿的正常发展。虽然因为具体条件的限制——比如某个班级儿童人数太多——也要尽可能多组织个别或小组的活动，尽可能照顾到儿童的个别特点。

3. 培养儿童独立性和创造性

中美学前教育很大的区别在于美国注意从小对儿童独立性的培养，在儿童发展最近区范围内，让儿童跳一跳够得到，自己爬、走、进食，选择喝什么饮料，决定玩什么游戏、进行什么活动，在这过程中培养了儿童的独立性和社会活动能力。独立性是创造性和进取精神的基础，也是自我完善、发展科学、增强国力的基础，在学前教育工作中要切实培养儿童的主动性，克服和改正种种使儿童被动地绝对服从的做法。

4. 以儿童为本

学前教育设施在体制、类型、收托时间等方面应多样、灵活，以满足家庭和儿童的需要。

5. 提高师资水平，联合心理科学力量，提高学前教育理论和实践的质量

美国学前教育师资为大学本科毕业，学习的重点学科为心理学和教育学等，不是音乐、美术等技能，心理科学把学前教育机构作为理论的实验场所，所以研究人员多，力量大，如进行各种心理学流派和课程

模式的研究和实验，开展儿童身心发展的研究，提高学前教育质量的研究等，这样做大大提高了学前教育质量。重视教师心理科学的基础，联合心理科学的力量，这些方面是值得我们学习的。

华东师范大学教育系美国学前教育讲座讲稿

1993 年 11 月

角色游戏在幼儿人格建构中的重要作用

健康的人格建构不仅关系个人发展，也是关系到国家和世界未来的重大问题。研究人格结构有种种不同的学派和理论，如西方精神分析学派、行为主义和社会学习学派，人本主义和认知学派，人格特质学派、瓦龙等人格结构理论，苏联列昂节夫、包若维奇的人格结构理论等，各自从不同的哲学立场，侧重不同的心理方面，研究人格结构。一般说来，人格结构"是个体内部决定其独特地顺应环境的心理、生理系统中的动力组织"（奥尔波特的定义），也可说是心理生活的系统网络，包括动力结构、特质结构（能力、气质、性格）与自我调节，是人的先天素质与后天社会环境相互作用的结构。从初期的人格特征到和谐的人格结构形成是有目的、有方向的动态过程。幼儿期（三至六岁）或称学前期是人格建构开始时期，表现在心理活动的整体性、倾向性的初步形成，心理活动独特性、积极能动性和稳定性的萌芽。人格建构的起步对一生人格的构成是极其重要的。我国古代就有"三岁看大，七岁看老"的谚语，当代心理、神经生理、教育等科学领域的众多研究已证实儿童早期的教育和发展有远期效果及重大影响。精神分析学派也提出人的早期是人格形成的关键时期。

游戏是年幼儿童普遍喜爱的活动，不论地区、不论民族，有童年就有游戏，儿童以极大的热情和专注进行游戏。游戏也是儿童的一项权利（1948 年《联合国儿童权利宣言》），儿童有权自由地从事游戏。游戏的性质可概括为下列几点：① 儿童主动的活动，因内部需要引起的活动；② 没有强制的目的和社会实用价值（和学习、劳动相比）；③ 游戏注重活动的过程,而不是活动的结果;④ 是虚构的活动,不是真实的;⑤ 伴随着愉悦的情绪;⑥ 是儿童对社会生活的特殊反映。角色游戏具有游戏的典型特征,也是幼儿期特有的游戏。角色游戏是幼儿的模仿和想像,通过扮演角色创造性地反映现实生活的游戏。在游戏中,幼儿以人代人,以物代物,扮演他人而不是自己,以椅子当汽车,也称为象征游戏(symbol play)、假扮游戏(pretend play)等。

游戏和儿童发展的关系,历史上许多教育家早有论述,幼儿园之父福禄倍尔在 19 世纪 20 年代就提出:"儿童早期的各种游戏是一切未来生活的胚芽,因为整个人就是在游戏中,在他最柔嫩的性情中,在他是内在的倾向中发展和表现的。"[1]对游戏有系统的研究在 20 世纪 20 至 30 年代即兴起,大多从游戏动机进行研究,苏联社会文化历史心理学派形成苏联游戏理论体系,把游戏,特别是角色游戏作为学前儿童的主导活动——制约本阶段儿童的心理过程及个性心理特点的最重要变化的活动。也有心理学者称游戏为基本活动或主要活动,在这一理论影响下,苏联幼儿园特别重视开展角色游戏。西方自 40 至 50 年代游戏的精神分析观点占优势,强调游戏对儿童社会性和情感发展的作用。到 70 年代后,不少研究证明象征游戏对儿童的认知、语言、创造性发展及以后顺利学习的技能的获得有重要作用。当前的研究侧重在游戏对儿童社会化和人格发展的影响,并注意社会、文化对游戏的影响,这也受学前教育研究第三次浪潮(在结合家庭特点,儿童教育中心质量对儿童发展的作用)的影响。我国自 20 世纪 50 年代起,随着学前教育改革,逐步开展了角色游戏的实践和研究。这些研究为论述角色游戏在幼儿期人格建构中的特殊作用打下了基础。

角色游戏是幼儿最喜爱的游戏,在游戏中幼儿身心活动处于积极状态。在我们多年来对幼儿园幼儿角色游戏的观察和研究中,发现当幼儿得知将玩角色游戏时都会喜形于色。游戏时,幼儿都致力专注,津津有味,遨游在游戏情景之中。我们曾通过与幼儿个别谈话的方

---

〔1〕 张焕庭主编:《西方资产阶级教育论著选》,人民教育出版社 1979 年版,第 322 页。

法，进行幼儿最喜欢什么游戏的调查。1962 年第一次对南京五所幼儿园，小班（三至四岁）、中班（四至五岁）、大班（五至六岁）共 11 个班 213 名幼儿，进行调查；1982 年第二次对南京四所幼园，小、中、大班共 12 个班 120 名幼儿，进行调查；各班最爱角色游戏幼儿百分数如下：

	小 班	中 班	大 班
第一次调查	41.3%	48.1%	52.3%
第二次调查	32.1%	33.3%	35.2%

第一次调查，幼儿在各种游戏（表演、体育、智力游戏、沙、水、积木游戏等）中最喜爱角色游戏的占第一位；第二次调查，小班角色游戏与积木游戏的百分数相同，同是第一，中、大班都是占第一位。当然，南京可能是当时幼儿园开展角色游戏较好的地区，但也可说明只要开展角色游戏，幼儿是最喜欢的。

幼儿在喜爱的游戏活动中，兴趣很高，动员了身心的力量，正如维果斯基所指出的，游戏创造了儿童的“最近发展区”，儿童的表现高于平日的行为，超过原来的发展水平。幼儿为了把角色演好，把游戏玩好，以一种愉快的、主动的、不费力的自然方式，学习和巩固知识，锻炼和发展能力，培养行为习惯、性格倾向和意志品质，促进健康的人格建构。以下试从发展能力与培养习惯、意志、情感与性格两方面加以说明。

一、角色游戏促进幼儿各种能力的发展

角色游戏是幼儿的特殊实践活动。游戏的准备和进行，为幼儿提供了锻炼和发展各种能力的机会。游戏场所的布置、游戏材料的制作促进了幼儿身体和四肢的运动能力的发展和手的操纵物体能力的发展。在“家家”、“理发店”、“菜场”、“照相馆”等等不同主题角色游戏中，要求具备不同的手的操作能力，如穿脱衣服、剪发、标物、画照片等能力。有一项在北京十一所幼儿园，小、中、大班 624 名幼儿，在不同

动机(为游戏、为完成任务)下做圆圈卡片的实验[1]。实验结果:① 为游戏画卡片,幼儿表现出很大兴趣,积极性高,力求把圆圈画圆并大小一样,注意排列和整洁,边画边数,避免出错,幼儿说:"要不然画错了,就没法玩游戏了。"幼儿间的互相提醒也较多。在为完成任务画卡片,幼儿虽也认真,但积极性和质量上(圆圈的大小、排列、画面、差错率、相互提醒等方面)都稍差。② 两组完成相同做圆圈卡片任务所需的时间不同,为游戏画卡片所需平均时间较短。

不同动机下画卡片的平均时间

年龄班	人　数	为游戏而做的时间	为完成任务而做的时间
大　班	286	5.7 分	8.8 分
中　班	188	9.4 分	10.2 分
小　班	150	3.5 分	6 分

角色游戏在对幼儿智力发展的关系上突出表现在促进幼儿表征能力的发展,是从具体思维向抽象思维过渡的主要途径。角色游戏的要素是幼儿在游戏中撇开自己,扮演一个假装的角色,角色是游戏的中心。幼儿扮演角色要求达到一定的心理水平,并进行积极的智力活动;了解和认识成人的行动和活动;能脱离具体的成人进行概括,把头脑中已有的人物表象重新组合,得出这一成人角色的典型特点,如"妈妈"、"做家务"、"带娃娃"、"煮饭"。幼儿以概括的动作表现角色,这样才可充分发挥想像,有广阔变化的余地,而不是具体某人动作的翻版。史密兰斯克在 1968 年对社会角色游戏的著名研究中也提出社会角色游戏发展儿童对角色性质进行概括的能力,并使角色观念更为广泛。

角色游戏还要求幼儿对物品、动作和情景进行假想,以物代物是

〔1〕 北京师范大学学前教研室游戏组会议材料,1979 年。

感知记忆、想像、思维等多种心理成分参与的心理过程，如幼儿用半边皮球当锅，首先对当前刺激物（半边皮球）的外形特征进行感知分析，觉察它，并与不在眼前的物体（锅）来命名当前刺激物（半边皮球），这包括知觉、原有信息的重组、意义的转换（假装）、想像等心理过程。有时儿童还可以脱离实物，通过想像以手的动作来表征，如以动作做“匙”来“喂饭”。在游戏中，幼儿还要假想游戏情景，如以活动室的一角做“医院”，另一角做“汽车站”。幼儿在游戏中对角色、物品及情景的假想实际上是在有趣的游戏中对心理过程的智力特别是表征能力的操作练习，有力地促进了这些能力的发展。维果斯基与皮亚杰都曾提出，在游戏中依赖表象的表征活动，是发展思维的练习，在幼儿期有重大意义。

游戏对发展认知能力的巨大作用的课题，自早期对高等动物使用工具的研究提出高等动物较低等动物游戏多、智慧也高的结果后，引起不少学者研究年幼儿童游戏与解决问题能力的发展。其中，美国心理学家布鲁纳的研究较普遍地被引用，该研究把3～5岁幼儿分成不同环境条件的五组：自由游戏组、观察成人解题全过程组、观察成人按原理操作组、操作用具组、未见过用具组；共同的任务是用两根棍子及一个夹钳去取放在远处的物品。实验结果表明，自由游戏组幼儿比其他组有较明确的目标，有较好的主动性和坚持性，能较好解决问题。此后又有些学者进行相似的或扩大的研究，幼儿年龄、原有的使用工具的经验及所解决问题的性质都是有影响的因素，各研究的具体结果在有些方面是不完全相同的，但游戏可以提高幼儿解决问题的能力则为各研究所共同肯定。萨尔资（Saotz）等在70年代的实验，把3～5岁儿童编成四组：表演游戏组（按童话故事《三只山羊》、《三只小猪》表演游戏）、想像讨论组（幼儿听并谈论相同的故事）、角色游戏组（按生活经验玩“医院”、“动物园”游戏）、控制组（通常的教育活动，如剪、粘贴等）。半年以后进行同一内容的测试，两个游戏组，尤其是表演游戏组，平均智商较高，能很好地分辨真实与幻想，了解事物进行的正常程序。萨顿·史密斯（Sutton Smith）于二十多年前也指出运用游戏材料的游戏，提供创造性使用材料的条件，是解决问题能力的基础，游戏，特别是角色游戏能促进解决问题能力的发展。通过我们对幼儿园角色游戏的长期观察，角色游戏不仅需要幼儿假想和设计游戏情景，同时也会解决随之而来种种的矛盾和冲突，如果不解决就会玩不下去或玩不好。在游戏中儿童身心处于积极状态，或是“最近发展区”，儿童以高于原有水平的心理活动去解决摆在面前的矛盾，锻炼和发展了自身解决问题的能力。在我们角色游戏研究的实验班小班第二学期，四岁女孩陶某在家家游戏中担任了并不重要的大姐姐角色，但为了把游戏玩好，她在不断变化的游戏情景中，提出许多新主意、新办法，解决了面临的许多问题，使游戏丰富多彩、天真有趣，也有力地促进了她的想像力、创造力和解决问题能力的发展。

创造力与思维的流畅性、灵活性与独创性及创各造性想像相联系。游戏激发幼儿专心探索的热情，提供无拘无束的自由发挥的天地及鼓励创造新事物的情景，有利于幼儿超越原有信息，对事物加以变通或转换，开拓新途径。角色游戏是发展幼儿创造力的重要途径。游戏的特性，内部动机、自发的、自我引导的、愉悦的、不严肃的及灵活的，这些与创造力的要素——流畅性、灵活性与独创性相符合。角色游戏过去也曾称为创造性游戏。日益众多的心理学家和研究者提出角色游戏与创造力是紧密联系的。皮亚杰指出，游戏，特别是象征游戏可能是创造性想像的源泉。萨顿·史密斯认为游戏提供了对相似情景作了不同方式反应的机会，游戏与分散思维是互相联系的。布鲁纳指出游戏的优点之一是在没有风险的气氛中，自由地行动，进行创造性的实践，引起的结果毫不重要，可尽量地自由发挥和创造，这是在其他环境中从未能尝试的。

幼儿期是语言发展的关键时期。角色游戏的组织与游戏的开展，能增加幼儿与同伴商讨和交往的机会，产生语言交流的迫切需要，在自然与有趣的方式下练习和应用语言。游戏中又要求以角色身份和新的情景来会话，提出增加新的观念与表象、不同的语气等新要求，丰富和发展了幼儿的语言。

二、角色游戏在幼儿情感、意志与性格发展中的作用

儿童从自然人转化为社会所要求的社会成员过程中，在环境与教育的影响下，发展了情感、意志和性格等心理特征。在幼儿园中，幼儿与同伴及教师的交往，幼儿所参加的活动，特别是角色游戏对幼儿的社会性发展有着重大影响。

自我意识是人格结构的组成部分，幼儿期仍处于初步发展阶段，逐渐意识自己的行为和内心活动，进行评价与调节，逐渐形成自我满足、自尊心、自信心。角色游戏是幼儿的独立的活动，为发展自我意识提供了条件。幼儿在扮演角色的开始就要区分自己和别人，撇开自己，扮演别人，增强幼儿的自主意识，游戏中表现了自己的掌握环境的能力，发展了自信心。游戏中角色身份和真实身份还要转换，“医生”把药交给“病人”，然后追上去说“快把药送过来，不然我就没有药了”。这就要求幼儿对这两种身份加以区别。在游戏结束后常举行的游戏评价中，对游戏的自我评价和听别人的评价也是发展自我意识的一种练习，这种练习加上了有趣的游戏色彩。

通过角色游戏可培养幼儿社会交往最基本的行为规则。幼儿园的角色游戏是和同伴一起进行的活动，培养与同伴交往中轮流、分享、协商、尊重别人的意愿及合作等规则也是玩好游戏所必需的。从“玩什么”到分配角色都会出现个人愿望和客观情况的矛盾，任何角色游戏中的人数都是有限的，有时不得不放弃自己的愿望而参加另一游戏。幼儿对角色也有偏爱，在我们实验研究的一次调查中，幼儿最喜欢的角色第一是司机，第二是妈妈，其次为医生、售票员等。幼儿都喜欢当这些主要角色，小、中、大班 272 名幼儿中有 253 名(93%)喜欢当主角，愿意当配角的 19 名幼儿，或因年龄小，或不会玩，或暂时为配角的某一游戏材料所吸引(如姐姐有书包)。分配角色中的矛盾是很大的。小班中个别幼儿因未当上主要角色而流泪，也有幼儿想当“妈妈”、“爸爸”、结果当了“姐姐”和“哥哥”，“上学”后就不回“家”了。但通过游戏中轮流担任角色的实践和练习后，他们都能按轮流和分享的要求进行游戏了。而且当配角的幼儿还能以合理的方式，积极地使游

戏能够玩得很好。如一例角色游戏中的"大姐姐"就想出多种办法使游戏丰富、有趣,通过游戏培养了社会交往的重要准则。幼儿是以生活参与者的身份进行游戏的,对所扮演的角色有积极的情绪和真诚的体验,不仅再现了他们的动作和语言,同时也能体验对人对事的态度,把道德观念和人们交往方式变为自己扮演角色的内隐规则,把有礼貌、有同情心、帮助别人、爱清洁、讲卫生等行为规则寓于角色扮演之中,变成幼儿自愿的乐于遵守的要求,并且在反复的实践行动中,潜移默化地受到感染。一个五岁女孩在乘公共汽车时,把座位让给抱孩子的阿姨,并说"阿姨,你请坐",婆婆问她怎么想起让座的,她天真地说:"我们在幼儿园玩汽车游戏就是这样做的。"

角色游戏是幼儿独立的自愿的活动,又是几个同伴一起进行的活动,不是由教师直接指导的,通过游戏培养幼儿的组织能力有重要作用。实验班中,幼儿从不会组织游戏,到会主动提出游戏主题,布置游戏场所,收拾整理玩具,再到会商量分配角色,能出主意使游戏玩下去,最后还会协商处理游戏过程中的问题,带领或教别人玩游戏。这些组织能力的发展是通过幼儿经常参加角色游戏,轮流担任主要角色而逐步发展的,对综合运用已有知识经验和智力,处理社会交往间的关系有重要作用。到大班时有 80%幼儿能担任主要角色,1/4 幼儿有初步的组织游戏的能力。有一则记录幼儿园游戏中"老师"的组织活动,生动地说明了游戏对幼儿组织能力的练习和培养。

幼儿的意志活动处于开始发展阶段,行动的目的性差,带有很大的冲动性。为培养幼儿的目的性,在实验班第一学期时,教师每次在开展游戏前,都要向幼儿提出"先想好玩什么"。教师的问题促使幼儿思考起来,有的幼儿能想出要玩什么,有的只会跟着别人讲,有的则讲不出来。在游戏开始后,有的幼儿并不理解要照着所要求的游戏去玩,有的说后就忘记了,有的常在游戏过程中改变。但是经常通过游戏培养目的性是有效果的。笔者在小班第二学期对全班 24 名幼儿逐个了解他们要玩什么,然后观察记录每个人的游戏情况,事先有目的并坚持玩下去的有 11 名,占 45.8%;能明确目的但游戏中有改变的有

5 人，占 20.8%；目的不明确并常改变的有 6 人，占 25%；没有目的有 2 人，占 8.3%。幼儿在角色游戏中的坚持性也比在其他活动中长，这是由于游戏中幼儿既能自主，又能灵活多变，在以上调查中有 8 个幼儿能在一小时中坚持玩一个游戏。

角色游戏是建立积极情感，调整消极情感的途径。弗洛伊德在 20 世纪早期提出，游戏能满足孩子现实生活中不能实现的愿望（如当父母、当司机等），把想像中的事物与现实中的事物联系起来，并从中获得快乐。游戏又能再现那些难以忍受的体验（打针等），宣泄和抒发情感，缓解心理紧张，从而达到自我调节，掌握环境。精神分析理论曾较多地论述了游戏对情感发展的作用。角色游戏是由内部动机和需要引起的，又有弹性目标，灵活多变，引人入胜，并使幼儿感到能控制环境，使幼儿产生积极的、愉快的感情。在角色扮演中体验到"妈妈"对"女儿"的爱，"医生"对"病人"的关心，体验成功的喜悦等，培养了幼儿爱、关心、成功等积极感情。在幼儿有挫折或困扰时，可以在游戏中以自己能接受的情景，再现不愉快的经验，能消除紧张，减轻恐惧，宣泄消极情感。幼儿游戏，正像成人写作诗歌、散文，通过游戏，幼儿可表达他们的思想感情，从而促进情感的发展，促进心理健康，预防情感与行为障碍。而且以这种理论为基础，还可进而发展为游戏治疗。通过游戏，主要是角色游戏，让幼儿自由表达，治疗者观察幼儿游戏中的语言、行动，了解问题产生的原因，并让幼儿自己能意识到；还可以通过游戏寻找解决办法，减轻困扰和压力，以消除幼儿情感障碍或不适当行为，恢复心理健康，促进健康人格的建构。

角色游戏对幼儿性格培养有着重要作用。在周围环境与教育互相作用过程中，两岁左右的儿童出现最初性格的萌芽，幼儿期开始形成性格特点。角色游戏以其独特的吸引力培养了幼儿的积极性、主动性和创造性，为形成良好性格打下最初的基础。从所记录的角色游戏中"大姐姐"、"爸爸"、"妈妈"的活动，可看到幼儿在实际行动上表现的积极性、主动性和创造性，通过经常的游戏活动，在性格上打上烙印。同样，其所扮演的角色特点也感染着幼儿，如"司机"、"民警"的责任心与坚持性,“医生”的同情与关心,“妈妈”的细心爱护,在潜移默化中也影响幼儿性格。在角色游戏实验班中,也有通过游戏培养幼儿活泼开朗性格的实例。女孩A初入园时(三岁九个月),常哭,不玩游戏,不说话,老是一副不开心的样子;开始时在教师引导下参加游戏也是不声不响,但在两个月后,在游戏中有了一位朋友,经常在一起玩,才逐渐愉快起来,但仍胆小怕羞;第二年在游戏中有说有笑,并主动要当“幼儿园”的老师;到大班时积极参加游戏和其他活动,能组织同伴一起玩,处理事情有条理,上课能大声发言,已成为一个活泼、开朗、有信心的女孩。角色游戏对幼儿性格的影响在一些幼儿园的经验总结中也反映出不少。如过分好动的幼儿在担任“民警”过程中,能逐渐控制原有的冲动,培养了坚持性和较稳重的性格。游戏的力量能吸引幼儿向良好性格发展。

综上所述,角色游戏能适应幼儿的发展、需要和喜爱,以天真有趣的活动方式,对发展幼儿的能力,特别是智力,及培养幼儿意志、情感和性格起着特殊重要的作用,有如促进童年发展的养料和阳光,是其他任何活动所不能取代的。作为教育工作者要更加珍惜人类的童年,更加珍视角色游戏,让千千万万幼儿能拥有优良素质,拥有健康的人格结构。

《海峡两岸婴幼儿人格建构研讨会论文集》

华东师范大学出版社 1996 年版

第四篇

其他

勤奋向上　追求新知

我出生在20世纪20年代一个知识分子家庭，在时代的风云中，在风雨交加的道路上，完成了高等学业，进入社会工作。

1949年8月，我怀着激动与兴奋迎接新中国的诞生，参加南京市一所幼儿园工作。当时这所幼儿园主要收托二岁半至六岁的120名革命干部子女，幼儿在园住宿。工作实践使我深感在新的时期如何教养幼儿的学习需要。1950年5月初，我有机会参加了北京师范大学幼儿教育研究班，在两个月中，如饥似渴地向苏联幼教专家学习了苏联幼儿教育理论，看到了在教育领域中广阔的新天地。回来后，我和老师们一起试行改革单元制教学，制定教育工作计划，注重教育工作的目的性、计划性和知识的系统性。通过实践、思考、理论与再实践结合的反复循环过程，改进了工作，也提高了自己的认识能力。我将学习与体会编写成了《幼儿教育理论与实践》一书，填补了当时我国自己幼教书籍的空白。1953年，我调到高校幼儿教育专业担任教学工作，新的知识领域又展示在眼前，深感自己知识的狭窄、浅薄，又系统地学习了马列主义理论、心理学、教育学和俄语。学而后知不足，只有专注、勤奋，才能在知识的海洋里前进。

1978年后，在改革的浪潮里我依然坚持求知信念，扬帆前行。参加编撰高师学前教育学教材和学习英语的新任务又摆在我的面前。当时中英文幼儿教育资料和书刊都较缺乏，60年代以后，苏联的翻译资料也非常少，西方国家教育理论书刊刚刚开始传入。我虽学过英语，时隔30年未曾应用，大都遗忘，况且我已58岁，记忆力差，刚查过字典记住的英语生词，一会又遗忘了。1978年到北京开会，看到教育部有一本外国友人赠送的英文幼教书(The Whole Child)，我就手抄了第一章回来阅读，第一次接触到西方现代幼教理论，开阔了视野。我跑遍南京、北京各图书馆，阅读了大量的有关幼儿教育的书籍，通过摘录、思考、整理，逐渐形成了自己的思路。在英语方面通过勤学苦练，反复查字典，反复阅读，还参加英语提高班的学习，使自己获得了使用英语工具书的能力。我所主编的《学前教育学》成为我国高师第一本学前教育学教材；我所编的《学前教育学参考资料》（上下册）由人民教育出版社 1992 年出版。这两本书也是我个人这一阶段求知和学习的成果。

西方学前教育的理论和实践究竟怎样，有哪些可供我们借鉴？特别是幼儿园课程理论和游戏两大方面怎样才能进一步弄清楚？这些问题常常萦绕在我的脑海里。1987 年，我有机会去美国一所大学访问、讲学，并到不少城市和地区参观各种类型的日托中心及幼儿园，得到了进一步学习的机会，虽然这时我已退休，但是求知的热情并未减退，设备充实的图书馆，琳琅满目的图书，这些对我仍具有很大吸引力，使我感到畅游在知识海洋中的愉悦，丰富了精神世界，充实了自我。我的行动也得到美国朋友的支持。第二次出国访问时，我已经 70 岁，回国时已 73 岁了。生命是有限的，但人类对新知的追求是无限的，这种追求既使生命增添了绚丽的色彩，又为社会主义大厦增添了砖瓦。

黄人颂，女，1920 年 9 月生，南京师范大学教育系教授，1987～1993 年在美国犹他州立大学、蒙大拿州立大学、中心密歇根大学作访问学者，成果曾获江苏省哲学社会科学优秀成果二等奖。代表作：《学前教育学》、《学前教育学参考资料》。

《江苏学人随笔》，江苏省哲学社会科学联合会编，
南京大学出版社 1997 年版

幼教五十年

征文汇编——纪念中国幼教100周年

抗战时期我在大后方读书，毕业后在四川北碚儿童福利实验区担任托儿所(2～5岁)的个案研究工作。当时该托儿所还进行寄宿制儿童家庭制的试验，这是我从事幼教工作的开始。1945年，抗战胜利后，机关单位纷纷南迁，1948年，我在女师院附中任英语教师。1949年春，我们刚到南京不久，就迎来了解放。当时革命形势急剧发展，干部的年幼子女急需寄托，南京市妇女筹委会筹办第一托儿所(现南京市第一幼儿园)，我担任了该所保教组长。经过月余的紧张筹备，在9月1日收托了第一批儿童。宽大整洁的园舍，较全的设备，完备的规章制度，健康活泼的儿童，加上工作人员振奋的精神面貌，展现了这所新型托儿所的不凡风采。

社会的革新要求教育革新，这是摆在我们面前的重大课题。但是教师是原景海幼师毕业的，我对托儿所具体的教育内容和方法并不熟悉。我们就根据教育向工农开门、为生产服务的方针，讨论制订了新保教原则：① 供给儿童适宜身心发展的生活环境。② 培养儿童爱祖国、爱人民、爱劳动、爱科学、爱护公共财产的新民主主义道德。③ 培养儿童的独立性、纪律性及坚韧性。④ 培养儿童良好的生活习惯(饮食、睡眠、卫生习惯及纪律、礼貌的训练)。但教育工作的实施仍是以单元为中心，由教师先订出半年的计划，如9月份单元为：我们的托儿所，宝宝的好习惯，宝宝的身体，家畜的生活。基本上每周一单元，教师根据该周的单元选出故事、儿歌、唱歌的教材，并按单元画出挂图，附有儿歌，教师按这些教材进行教学，教育的目的性和系统性很差。加之当时新教材非常少，寄宿制托儿所工作繁重，实际工作中遇到的问题和困难很多。我曾多次求助于当时南京大学师范学院院长、幼教专家陈鹤琴。1951 年由于工作需要，经他的介绍，我参加了北京师范大学苏联幼教研究班的学习。

当时教育部聘请苏联幼教专家戈林娜在北京师范大学开设苏联幼儿教育讲座，并在三所实验幼儿园进行实习，实验实施新教育工作计划，改革单元教学。学员主要是北师大保育系教师。戈林娜的讲座分为报告、习明纳尔(讨论)、实习及辅导四部分。她主要根据苏联甘列宁娜学前教育学进行讲授。由于翻译上的问题，后改由张天麟老师作传达报告，虽发有讲义，但译文也很费解。在三个实验园及北师大婴幼园的实习分量很重，几乎每周两次。每次观摩后，先由老师自我分析，然后大家发言，最后由苏联专家作详尽的分析和讲解，学员得益很多。我参加学习的时间晚，通过努力补习了讲义和实习内容，并在学习结束时，按要求作了题为"幼稚园的艺术培养"的专题总结。这次学习收获很大，粗浅地了解了苏联学前教育理论和实践。苏联幼教的目的性和计划性强，我非常信服。此外，我还参观了北京 15 所幼稚园等，真正开阔了眼界。回南京后，我兴致勃勃地介绍了学习的收获；在第一托儿所实验制订教育工作计划，并在南京各保教培训班作介绍，在《新儿童教育》杂志(陈鹤琴主编)上发表了关于学习后的体会：《参加保教教研组以后对保教工作的体会》、《改进工作的几点经验》、《苏联幼儿园的艺术培养》、《在幼儿园中怎样实施爱国主义教育》、《苏联幼儿园的道德教育》、《看了"七岁儿童的教育"以后》及《幼儿园的语言教学》等文；并着手写了《幼儿教育的理论与实践》书稿，较系统地论述了新幼儿教育理论，初步结合了我国幼儿园实践，1954 年此书由江苏人民出版社出版。

1953 年秋，工作调动，我带着九岁的女儿来到兰州西北师范学院幼教系，开始了在高校的教学生涯。

在西北师范学院我先担任的课程是幼儿园美术教学法，后来教学前教育学部分章节。为了提高教学质量，我系统地学习了辩证唯物主义、历史唯物主义、心理学和教育学以及速成俄语，同时还在幼儿园做科研,并写了一篇论文《幼儿园图画教学中观察、范例、示范、讲解教学方法的作用》。在西北工作的三年里,高高的黄土坡、晴朗的天空、奔腾的黄河、诚挚的人际关系,给我留下愉快的回忆。

1956年,我又从西北调回南京师范学院幼教系。最初,我担任"幼师教育科目教学法"课程教师,并具体负责幼师实习,有时也到郊区协办农村托儿所。

了解儿童、联系幼儿园实际是提高学前教育理论的根本。在这一阶段,联系幼儿园工作也还断断续续地坚持着。1961年开始,我在大石桥幼儿园进行角色游戏的观察和研究,写出了《幼儿园小小班角色游戏几个问题的研究》及《幼儿园小小班角色游戏的教育作用》等文。

1972年,当时幼儿园最大的困难是缺乏教材。在学校领导下,我和几位教师与鼓楼区幼儿园合编幼儿园教材。在编写教材过程中,逐步打破了思想上的禁区。在讨论中,自己鼓足勇气,说应该教幼儿认识动植物,但仍有畏惧心,当时所说的动物只限于牛羊猪等家畜、蚯蚓、蚕等,所说的植物也只限于稻麦蔬菜等。通过几个月的努力,我们编写了7种教材(儿歌、故事、常识、音乐、美工、体育、计算),以应幼儿园的急需。

我的幼教工作走上正轨是在1978年。

首先令人兴奋的是学前教育专业的恢复和招生,因此高师教材编写工作也提上了日程。1978年5月,北京师范大学教师率先编写了学前教育学的讨论稿,邀请我校教师共同讨论。由于上海幼师左淑东校长的支持,讨论就在上海幼师进行,参加讨论的人员主要有北京师大陈俊恬、梁志燊两位教师,我院王志明和我,以及上海幼师、南京幼师的两位教师。我编写《学前教育学的对象、任务和方法》、《学前教育本质》及《游戏》三章。在初稿完成后,1979年4月由北师大主持举行了第二次讨论,邀请了兄弟院校、部分幼师以及北京市的有关单位,实际上是一次专业学术讨论会。会后议定增加了《美育》一章,并推选我为主编。同年,教育部以此为基础,委托编写高师学前教育学教材,列入全国重点教材编写计划。这本教材先于1980年初印成讲义(约13万字),它不仅为两校提供了教材,也为兄弟院校以及幼师所采用或参考。建国后,我们采用苏联教材(主要为苏罗金娜所著的《学前教育学》,幼师用),1959年我们自编教材也只结合我国实际,加了《我国幼儿社会教育的发展》及《幼儿教育必须贯彻党的教育方针》两章。建国前,只有幼师《幼稚教育》教材,而且大都是在20世纪30年代出版的。为了提高教材理论水平,我到南京、北京各图书馆搜集有关书籍和资料,如教育史、教育学、心理学、儿童心理学、教育名著、中国古代有关书籍等,包括古今中外,主观上希望能“一网打尽”,再结合自己对幼儿园和儿童实际的认识,摘录和整理有用的资料。经过改写和重写,又送请教育学专家和人教社总编审进行审阅,充实了教材内容,还补写了《学前教育的科学研究》、《学前教师及其培训》及《婴儿教育》等新章节,其中《婴儿教育》一章是1988年我在美国访问时完成的。最后全书增至33万字。与此同时,出版社要求编教材姊妹篇《学前教育学参考资料》,以补教材的不足。在1988年我回国后,组织编译了大量新资料。此书约117万字。两书由人民教育出版社1990、1991年分别出版,为国内该学科第一批高师教材。这两本教材对有关概念作了界定,对学前社会教育的发展、学前教育理论的发展与研究的轮廓,对苏联及西方有关理论作了初步介绍和分析,并联系我国实际,融合各家之长。

1978年以后,我另一主要教学工作是讲授学前教育学课程,并于1982年开始招收学前教育基础理论硕士研究生。工作重点转至研究生课程,主要有皮亚杰理论在学前教育的应用及学前教育课程理论两方面。在科研工作方面除继续角色游戏的研究外,于1978年开始在两所幼儿园开展幼儿园识字教学的三年试验研究,1983年又开始积木游戏的研究,1984年开始,我还积极编写各类书籍,与幼儿园教师合编婴幼儿用书《婴幼儿智力游戏》(1～4),与科研合作者编写《幼儿识字》(1～4),主编了幼儿园教师用书《幼儿园教师实用手册》,并撰写了多篇论文。1979年,江苏省幼儿教育研究会成立,我担任秘书长一直到

1985年。1983年担任中国教育学会理事。

1979年，在北师大讨论教材时，我第一次看到一本英语专业书籍——《把儿童作为整体》(The Whole Child)，教育部只有这一独本，我就手抄了一章，回校阅读和翻译。这是我事隔30年后重新开始学习英语。通过努力，克服了记忆力差的困难，终于能重新应用英语这一工具，这为提高教学质量、编写教材和参考资料提供了有利条件。

1987年3月，我飞往美国盐湖城，开始了旅美访问讲学生活的新篇章。当时我对美国了解不多，英语听力也不够好，但他们为我提供的条件极好。此行访问美国华盛顿10天、纽约半个月及9个州的12个城镇，参观26所学前教育机构，14所残障儿童教育机构，2所3岁以下教育机构，4所小学，6所中学，6所大学，参加了4次大型学术会议。如果要用几句话说明我对美国幼教的最深的感受，那就是：一是人的素质较好；二是在幼儿教育中首先重视培养儿童的主动性、积极性；三是图书馆、博物馆设施较完善，数量较多。这次访问，我除了重视早期教育课程模式和游戏外，还有机会涉猎残障儿童教育学及家庭科学，设计了研究课题“幼儿家长教育观调查”与调查表，为我第二次赴美访问打下了基础。1990年7月，我第二次访美时，已年过70，在中心密歇根大学访问的三年中主要整理课题调查材料，撰写文章，整理、修改科研录像带，阅读资料，参加系里的有关活动，访问其他大学，参加有关学术会议，得到了在那里工作和学习的华裔教授和中国留学生的关照，时时感受到祖国的凝聚力和同胞情谊。

在美访问时，我在人民日报海外版上读了华东师范大学袁校长给海外学子的邀请函，就写信与之联系。回国后，我去该校教育系讲学一周，介绍了美国学前教育课程方案，同时该系聘我为名誉教授，因此，在工作上就有了些联系，有时该系邀请我参加有关的学术活动，如华裔叶殷博士讲学，庆祝幼教50年、幼教研究会20年大会等。最近几年我先后完成了《幼儿游戏概述》、《角色游戏在幼儿人格建构中的重要作用》等文章，重写了《幼儿家长教育价值观调查》，发表了《美国发展适应性早期教育课程方案述评》。1999年完成《我的五十年幼教历程》第一稿，2001 年在南京市实验幼儿园进行“搭积木——开发幼儿创造潜能”课题的实验研究，并把自 1983 年开始进行的关于积木游戏的研究的几个课题整理为《积木游戏系列研究》，于 2002 年底完成。

“吾生也有涯，而知也无涯。”愿人生能在不断追求新知的路途中前进！

“吾生也有涯，而知也无涯”

——访黄人颂先生

作者：皮军功

以前，我与黄人颂先生从未谋面，只知她曾主编过我国第一本高师教材《学前教育学》，是著名的学前教育专业工作者。2002年12月14日，依约定时间，我到了黄先生家里，对她进行了专门访问。黄先生已82岁高龄，满头白发，可她精神矍铄，思维灵活，谈话中，她流露出对专业的深厚感情，并表达了精到的专业主张。自此，我脑海里便建立起关于黄人颂先生的丰富而实在的印象。

黄人颂先生近照

皮军功（以下简称“皮”）：对不起，黄先生，我只知您是一位有名的学前教育专业工作者，但对您的学前教育专业工作生涯并不了解，所以先请您谈谈这方面的情况。

黄人颂（以下简称“黄”）：我一生的专业学习都是紧扣学前教育的，我一生只搞了学前教育这门工作。在这个意义上，我是一名纯粹的学前教育专业工作者。

……

回顾我一生的专业生涯，可以用两个字概括，那就是——学习。正是由于不断的学习，才有了自己不断的进步。正所谓“学海无涯苦作舟”，“吾生也有涯，而知也无涯”。

皮：您一生不断学习和勤奋探索的专业生涯描写的是一位学者的人生路途，但我觉得对我，或许对所有其他的人都是有启发的。的确，所有的人生都是在不断追求新知的路途中前进的。您刚才谈到了您主编我国高师第一本教材《学前教育学》的情况，但谈得较简略，我想进一步知道这方面的具体情况，能请您再谈谈吗？

黄：《学前教育学》是我国该学科第一本高师教材，它对有关概念作了界说，勾画了学前社会教育的发展、学前教育理论的发展与研究的轮廓，对苏联及西方有关理论作了初步介绍和分析，联系我国实际，融合各家之长，为我国学前教育理论的建设走出了第一步，出版以来广受欢迎，曾加印多次。

需要说明的是，这两本书的编写，工程浩大，非个人之力所能为，它们得以出版并产生重要影响，完全是所有参编单位和人员共同支持和辛勤努力的结果。特别是北京师范大学教育系的老师们，要是没有他们首先拿出讨论稿及后来大量深入细致的工作，这件事情是难以顺利完成的；责任编辑李淑玲也做了大量的组织和修改工作，要是没有她的辛勤劳动和自始至终的坚持，这两本书也是难以顺利完成的。

皮：我国的学前教育似乎从来就没有离开过学习外来的东西，20世纪五六十年代学习苏联，后来又学习西方和美国。这些历史您都见证过。请您就此谈谈看法。

黄：学习外来的东西是难免的，也是必要的，任何国家的任何事业都是如此，任何学科也是如此。50年代学习苏联，对建立我国社会主义的学前教育体系意义重大，后来学习西方和美国，对我们吸纳世界新的学前教育理论功不可没。问题在于学习的态度和应用的方法。学习苏联时，我们很少研究自己的国情、教师和儿童，也没有考虑到各种理论和做法是各有其精华和糟粕的，未能取其精华为我所用，而是完全照搬，更大的问题还在于我们对自己的历史文化传统一概否定，如对陈鹤琴等幼教专家的理论就一棍子打死。这些都是不正确的。后来学习西方和美国时，我们的态度和方法大有改进，当然也还有不少问题，如在结合自己的情况做进一步的验证和研究方面就做得还不够。

皮：您一生从事这个专业的学习和研究，应该说您是这方面的专家。请您就这个专业谈谈学术主张，并就这个专业的研究工作谈谈认识。

黄：专家学者还称不上，但认识总是有的。我认为，学前教育的理论最主要的是了解和认识我们研究和工作的对象——儿童，包括认识和了解他们身体的、感知运动的、认识的、社会的、情感的和审美的一般特点，以及每个具体儿童的个别差异；其次，要认识和理解他们所处环境对年轻一代的要求，包括生态环境和社会环境对他们的要求，并结合儿童的具体发展状况，考虑每个儿童所处的具体地区和家庭的特点，从而制定适宜的教育目标和任务；在深刻理解了儿童和教育目标之后，再选择、采用适合的教育内容和方法。这些便是学前教育理论的主要内容。这其中，深刻理解儿童和教育目标是根本。

要深刻理解儿童和教育目标，就离不开研究工作。任何研究从来都应该是非常具体的，学前教育的研究也是如此。对儿童的具体了解是我们这个专业的重大课题。我一生所进行的专业研究几乎都是围绕于此，如关于幼儿角色游戏的研究，关于幼儿识字的研究，关于幼儿搭积木的研究等等，都是很具体的关于儿童的生活和学习的。

很遗憾，直到目前，我们对儿童所做的具体研究并不多，因而我们对儿童的了解便并不深入。我非常希望今后的学前教育研究能在这方面多做工作，以此来丰富我们对儿童的认识，并藉此来优化我们对儿童的教育。

学术年表

1944年　在四川北碚儿童福利实验区托儿所进行儿童个案研究。

1946年　任国立女子师范学院附中高中部师范部教师。

1949年　南京市第一托儿所保教工作。

1951年　参加北京师范大学保育系学龄前儿童教育教研组组织的学习班，学习苏联幼儿教育理论；在《新儿童教育》杂志上发表多篇文章。

1952年　编著《幼儿教育理论与实践》，1954年由江苏人民出版社出版。

1953年～1956年　在西北师范大学幼教系任教，讲授“幼儿园美术教学法”及“学前教育学”部分课程；进行科研，撰写论文：《幼儿园图画教学中观察、范例、示范、讲解教学方法的作用》。

1956年～1987年　调南京师范大学任教。讲授“幼师教学法”及部分“学前教育学”课程。

1959年　参加教研组《学前教育学》教材的编写，进行幼儿园角色游戏和表演游戏的科学研究。

1972年　与南京幼儿园教师合编幼儿园各科教材。

1975年　参加江苏省教育局、省妇联举办的江苏省幼教干部训练班，主讲题目：《努力把幼儿班办成无产阶级专政的工具》。

1978年　在两所幼儿园小班进行了三年识字教学实验，撰写的论文《幼儿园识字教学》(合作)获江苏省哲学社会科学优秀成果三等奖；开始编写高校教材《学前教育学》，参加在上海举行的《学前教育学》教材讨论会。

1979年～1985年　任江苏省幼儿教育研究会秘书长。1979年起参加江苏省幼儿教育研究会年会，审阅在年会上发表的论文；到苏州、无锡、扬州等地视察幼儿园。

1979年　参加在北京举行的《学前教育学》第二次讨论会，任该教材主编。

1980年　参加甘肃省幼儿教育研究会成立大会。

1982年　参加中国学前教育研究会第二届年会，发表论文《幼儿园角色游戏初探》。

1983年　与人合作编著的《婴幼儿智力游戏》(1～4册)由江苏人民出版社出版。开始招收"学前教育基本理论"硕士研究生。任中国教育学会理事。

1984年4月　退休。

1985年　参加中国学前教育研究会第三届年会，发表论文《试论学前教育的社会观和儿童观——幼儿园教育改革的理论探讨》。出席在江苏无锡举办的全国家庭教育工作骨干培训班，讲授《游戏与玩具在家庭教育中的作用》。出席广西全区幼教师资培训班。在杭州大学教育系讲授《学前教育学》。与人合作编著的《幼儿识字》(1～4册)由上海教育出版社出版。

1986年　参加新疆乌鲁木齐联合大学幼儿教育讲座的讲课。

1987年～1988年　赴美国犹他州立大学早期干预研究所任访问教授，作学术报告《中国的学前教育和早期干预》等，参加华盛顿早期干预学术会议。到伊利诺伊大学、纽约城市大学、哥伦比亚大学、银行街学院、惠洛克学院等处参观访问，参观了多所学前教育机构，访问了加州教育厅，并作了《中国学前教育》的报告。在蒙大拿州立大学作访问教授期间，与美方共同研究的课题为"中美幼儿家长教育观点的调查"，并撰写《学前教育学》教材《婴儿教育》一章。出席1988年全美早期教育学会年会，论文为《中国幼儿园的角色游戏》。

1989年　整理并修改了所主编的《学前教育学》、《幼儿园教师手册》，编著了《学前教育学参考资料》。《学前教育学》获江苏省哲学社会科学优秀成果二等奖。6月在西北五省学前教育科学研究培训班讲课,内容为《幼儿园的教育改革》、《学前教育课程简介》等。

1990年～1993年　美国中心密歇根大学人类环境研究系任访问教授,在美国密歇根州立大学、密歇根大学进行访问、交流,继续对美国学前教育进行考察,完成论文《中国幼儿家长教育价值观》。出席1991年全美早期教育学会年会,论文为《教师的指导与儿童的创造性相结合——中国幼儿搭积木游戏》,多次在中心密歇根大学有关学科及地方学术团体讲课,内容分别为《中国的学前教育》、《中国的职业妇女》、《中美教养幼儿的比较》等。

1993年　在华东师范大学教育系美国学前教育讲座主讲,被聘为该系名誉教授。

1996年　《幼儿家长教育价值观调查》论文发表。9月出席在华东师范大学举行的海峡两岸婴幼儿人格建构研讨会,论文为《角色游戏在幼儿人格结构中的重要作用》。

1998年　撰写并发表《美国发展适应性早期教育课程方案的述评》。与美国南茜·潘博士合作开始“中国小学生认字的方法和策略”课题的科研,论文为《Decoding Strategies Used by Chinese Primary School Children》, 2003年,文章在美国文学研究期刊(Journal of Literacy research)第35卷2期发表。参加美国加州教育厅美籍华人叶殷在华东师范大学有关教育评估的学术活动。

1999年　参加新中国幼教事业发展五十年暨中国学前教育研究会成立二十年学术研讨会,撰文《幼教五十年》以为祝贺。

2000年　继续“积木游戏”研究课题并在幼儿园开展研究。

2002年　完成《搭积木——开发幼儿的创造潜能》一文。

2003年　完成《积木游戏的系列研究　搭积木——开发幼儿的创造潜能》研究论文。

附：英文文稿

Ⅰ. Research

1. Parental Values of Rearing Young Children 3 to 6 Years Old in Contemporary China
2. Experimental Research of Reading Chinese Characters in Preschool Classroom
3. An Experimental Study of Dramatic Play in Preschool Institution in the PRC
4. Block Building of Young Children in China——Integration of Young Children Initiative and Teachers Instruction
5. The Development Stage of Block Building in Young Children in the PRC
6. Decoding Strategies Used by Chinese Primary School Children (Cooperating with Dr. Nancy Pine)

Ⅱ. Papers

1. An Introduction of Early Childhood Education in the PRC and Some Comparison with Early Childhood Education in the USA
2. The Development of Preschool Education in China
3. Preschool Education in the PRC and Some Thoughts on Mainstreaming
4. An Introduction of Early Childhood Education in the PRC
5. The Curriculum of Early Childhood Education in the PRC
6. Child Rearing in Contemporary China
7. Early Childhood Education in China
8. Women in China
9. An Introduction of "Basic Theory of Early Childhood Development and Education" —— The First Textbook for University Students in the Contemporary PRC
10. My Fifty Years' Experience in Preschool Education

后　　记

随着新中国的诞生，我有幸赶上我国学前教育发展的浪头，得到锻炼。1949 年 8 月参加创办一所新型幼儿园；又跟随苏联专家学习学前教育理论；1953 年起在高校学前教育专业讲授“学前教育学”等课程；80 年代初首先招收学前教育基本理论硕士研究生；在全国高校“七五”规划中，编写了《学前教育学》。1987 年退休后，两次去美国大学访问交流。这本文集收集了我在这前后五十年的文稿，是我在不同时期学习的积累和成果。

面对旧作，回顾自己在学前教育工作中的路程，许多人的身影浮现在眼前，首先要感谢学前教育前辈陈鹤琴院长和北京师范大学关瑞梧教授，20 世纪 50 年代初，正是他们的引导使我走上学习和研究的道路；感谢我的老师们对我的鼓励和教育，使我懂得学无止境；感谢我的同事、朋友和幼儿园的老师们的支持和帮助，是他们一直伴我前行；感谢我的家人对我的呵护，使我的生活有了庇护的港湾。

因为我自幼生长在长江之畔，深爱着长江水，曾经想过，如果我整理一本文集，书名将为《学海流沙》。愿这粒流沙，能随着那浩浩荡荡的东逝水，那无尽的波涛，奔流向前，永不停息。

2005 年 12 月初稿，2006 年 12 月修改

图书在版编目(CIP)数据

黄人颂文集/黄人颂著．—南京：江苏教育出版社，2007．7
(学前教育家文库)
ISBN 978-7-5343-8204-8

Ⅰ.黄… Ⅱ.黄… Ⅲ.学前儿童—教育理论—文集 Ⅳ.G610-53

中国版本图书馆 CIP 数据核字(2007)第 103894 号

书　　名	**黄人颂文集**
作　　者	黄人颂
责任编辑	刘明燕
出版发行	凤凰出版传媒集团 江苏教育出版社(南京市马家街 31 号 210009)
网　　址	http://www.1088.com.cn
集团网址	凤凰出版传媒网 http://www.ppm.cn
经　　销	江苏省新华发行集团有限公司
照　　排	南京展望文化发展有限公司
印　　刷	江苏淮阴新华印刷厂
厂　　址	淮安市淮海北路 44 号(邮编 223001)
电　　话	0517-3941427
开　　本	880×1240 毫米　1/32
印　　张	9.25
插　　页	1
字　　数	278 100
版　　次	2007 年 7 月第 1 版 2007 年 7 月第 1 次印刷
印　　数	1-3 140 册
书　　号	ISBN 978-7-5343-8204-8/G·7841
定　　价	22.60 元
批发电话	025-83260760,83260768
邮购电话	025-85400774,8008289797
短信咨询	10602585420909
E-mail	jsep@vip.163.com
盗版举报	025-83204538

苏教版图书若有印装错误可向承印厂调换
提供盗版线索者给予重奖